MF

MODERN FINANCE SERIES

现代金融译丛

理论类

对金融危机的误解

——我们为何无法发现其来临

(英) 加里·B. 戈顿 (Gary B. Gorton) 著

纪晓晴 兰修竹 梁雪敏 林是琦 译

中国金融出版社

责任编辑：张智慧　王雪珂
责任校对：孙　蕊
责任印制：丁淮宾

Copyright © Oxford University Press 2012
北京版权合同登记图字 01 - 2013 - 7536
《对金融危机的误解——我们为何无法发现其来临》（第一版）英文原版于 2012 年首次出版。该中文简体字版由牛津大学出版社授权出版。《对金融危机的误解——我们为何无法发现其来临》中文简体字版专有出版权属中国金融出版社所有，不得翻印。

图书在版编目（CIP）数据

对金融危机的误解——我们为何无法发现其来临（Dui Jinrong Weiji de Wujie: Women Weihe Wufa Faxian Qi Lailin）/（英）戈顿（Gorton, G. B.）著；纪晓晴等译 . —北京：中国金融出版社，2016.4
书名原文：Misunderstanding Financial Crises
ISBN 978 - 7 - 5049 - 8360 - 2

I. ①对… II. ①戈…②纪… III. ①金融危机—研究—世界 IV. ①F831.59

中国版本图书馆 CIP 数据核字（2016）第 041387 号

出版 中国金融出版社
发行
社址　北京市丰台区益泽路 2 号
市场开发部　（010）63266347，63805472，63439533（传真）
网上书店　http://www.chinafph.com
　　　　　（010）63286832，63365686（传真）
读者服务部　（010）66070833，62568380
邮编　100071
经销　新华书店
印刷　保利达印务有限公司
尺寸　169 毫米 × 239 毫米
印张　18.25
字数　235 千
版次　2016 年 4 月第 1 版
印次　2016 年 4 月第 1 次印刷
定价　62.00 元
ISBN 978 - 7 - 5049 - 8360 - 2/F.7920
如出现印装错误本社负责调换　联系电话（010）63263947

前　言

　　金融危机所带来的教训在一段时间内可以通过立法体现，但是这些立法持续不了十年，就逐渐被人们遗忘。50年来，金融危机不停地重复着相同的教训和警示；但是即使人们确确实实的借鉴了这些经验，每隔十年十五年之间，这些道理都会被再次温习一遍。

——威廉姆·索姆那《美国银行史》，1896年

　　索姆那（William Graham Sumner）（1840—1910），是一位耶鲁的教授，主要研究方向是银行业。上面这段话是索姆那对美国内战前半个世纪的状况描述。内战后的七十年左右，美国经历了多次反复的金融危机，这种情况一直持续到大萧条期间，联邦存款保险制度的建立，但历史又再度重演，2007—2008年发生的全球性金融危机说明当年的经验并没有被借鉴，那么这些经验是什么？

　　其中一个就是银行债务产生的过程就隐含了金融危机发生的可能性，银行债务是为了交易的进行，除非政府可以设计出完善的监管机制，否则危机会一直持续，这一点并没有被人们意识到。在2007—2008年金融危机发生之前，经济学家们认为美国不会再发生规模如此之大的危机。经济学家们认为金融危机是不会发生的。接下来，这样不可想象并且难以置信的事情却发生了。我们这些经济学家们怎么会错呢？

2 对金融危机的误解

经济学家在很多方面误解了金融危机,包括金融危机是什么,为什么会发生,1934年到2007年之间美国为什么没有发生金融危机以及一系列相关的问题。但是真正的问题是,我们为何会有这样的误解。这个问题是与经济学认识论相关的,经济学如何引入知识,这是经济学家需要研究的问题。

本书以一篇论文为开头,这篇论文最开始是用于2011年5月美联储联邦储备局学术顾问团的一次会议。首先遇到的问题是:实施《多德弗兰克法案》后未来的金融市场格局将是什么样的。因为该法案十分复杂——它需要243条规则制定以及67项研究来执行其中的每一部分——而这些都需要监管者十分谨慎,因此,这个问题真的很难回答。我的答复是谁又知道呢?

我同样也说过考虑这个问题的关键一步是如何看待"看"① 这一词,未来经济形势如何主要取决于观察家们自身条件以及他们的预测能力。在经济学中预测的真实过程是什么样的呢?想想金融危机发生之前经济学家和银行家们对金融发展状况的解释。他们发现了什么?他们并没有发现金融危机发生的可能性,他们也没有看出资本市场和银行系统在近三十年时间是如何发展的。他们对新金融工具的出现和某些货币市场如回购市场的规模毫不知情,他们也不了解货币是如何形成的。经济学家们从一个片面的角度以及某种思维范式中观察现实社会发展,因此漏掉了重要的发展过程。正如福尔摩斯对华生所说"你只是在看,而不是在观察。"

这样的无视是令人震惊的。经济学家们并没有意识到这样的金融危机会发生在美国,这是一个学术上的失败。为什么会出现这样的无视,这样的无视又怎么会发生?外行人认为这是个重要的问题,并且把所有矛头对准经济学以及经济学家,希望他们能够对此进行解释。他们认为经济学过于数学化、过于理想化等等。前美联储主席保罗·沃尔克

---

① 译者注:"看"。

(Paul Volker) 明确地将金融危机发生的原因归咎于经济学家们。这里摘录了他在纽约书评中的一篇文章的开头句:"我们应该很清楚,最近金融危机发生的原因就是对理性预期市场有效性以及现代金融技术的不当信任。(《金融改革:未完成的使命》2011 年 11 月 24 日)

更不用说诺贝尔经济学奖多是由于在理性预期和现代金融技术方面有突出贡献所得。然而最为人所知的经济学批判正是来自 2008 年的诺贝尔经济学奖获得者,保罗·罗宾·克鲁格曼(Paul Krugman):

"就我看来,经济学专业在误入歧途,因为经济学家,作为一个集体,都错将数学模型之美当做真理。在大萧条之前,大部分的经济学家都坚信资本主义的未来是完美或者近乎完美的制度。然而这样的幻想在大规模失业的现实下变得不堪一击,但是随着人们对大萧条记忆的衰退,经济学家们再次陷入对过去理想化的经济学模式的推崇中。在这样的幻想中,理性的个人与完全有效的市场相互作用,这一次这样的幻想被精致的方程式所掩饰。诚然,理想化市场的复兴一部分原因是顺应政治风向,一部分是为了财政刺激。尽管轻理论重实践这一现象不容忽视,但是导致学术失败的主要原因是经济学家们希望获得全面的并且在学术方面巧妙的经济学研究方法,这样的方法可以给经济学家们一个机会来炫耀他们的数学技能。"

经济学家很容易的就能忽略沃尔克和克鲁格曼的评论。这两个人认为经济学过于数学化,经济学家被有效市场和理性预期所迷惑以及其中的利益冲突,这些评论都非常合乎情理的并且经常被提及。弗里德里希·奥古斯特·冯·哈耶克(Friedrichvon Hayek)在接受诺贝尔奖的演讲《佯装有知识》中说道:

"我认为经济学家不能够成功提出政策意见的原因是他们过度地模仿自然科学的研究过程,这样的尝试将会导致我们领域研究的彻底失败。这种研究方法被认为是"科学的"态度,正如我三十年前所定义的,这样的态度在现实生活中是完全不科学的,因为它其中包含了一种机械的，不加辨别的思想习惯，并将这些习惯用在了不适合它的环境中。"

所以不是这些经济学批判标新立异，这就是金融危机的现实情况，金融危机的发生强调了对经济学批判的意义所在。我们应该记得沃尔克是美联储前主席，而且他也曾担任过很多重要的职位。克鲁格曼是耶鲁大学的教授，并且他和哈耶克一样都是诺贝尔奖获得者。因此我们很难轻易忽视掉他们的看法，否则将是极其自负的表现。正如哈耶克在他的另一个诺贝尔奖获奖演说中所说：我们几乎没有理由骄傲：我们作为经济学家，却把专业领域的事情搞得一团糟。

克鲁格曼和哈耶克提出的问题与经济学知识的产生过程有关。什么是经济学知识？正确的经济学思想从哪里来？面对金融危机这一现实，这些都是很重要的问题。在学术方面，对经济学的认识已经发展了很长时间，但它基本都是很形式化的，更多的关于经济学应该如何而非经济学真实的面目。现实中，经济学的发展与形式主义很不同。经济学家用模型来模拟现实社会，并通过模型来观察现实并将其简化成想要强调的方面。

模型的建立基于经济理念如信息不对称，理性预期，并最终整合成某种结构。模型将现实框架化，共同组成一个特定结构。尽管一些经济理论会用统计方法来进行测试，但这些模型都需要有精心设计的前提条件以及相关数据。大多数情况下，检验一个理论的好坏更在于其能否有效地将现实更好地展现给观众。

问题不在于数学模型，通过模型来搭建现实可以有力地解释清楚所要传达的含义。但是，模型也分好坏。这中间的一个问题就是如何决定一个模型的好坏。一些模型未能够通过统计测试。正如克鲁格曼所说，只有当现实发展超过理论分析，模型，通常是范例才会变得不适用，就像在金融危机这样的情况下。这就是凯恩斯主义最初引领宏观经济学的方式。当大萧条出现，之前的模型都不再适合。当现实发展偏离了正常轨道，正统的理论就会被怀疑。这是因为这样的"正常情况"是嵌入在模型或者范例中的，使得模型也变成了主流正统的理论，而金融危机是极度偏离正常情况的。当主流理论被质疑，人们就开始回顾历史，之前被取代的理论又开始盛行。所以凯恩斯主义重新兴起。人们同时也开始关注查尔斯·金德尔伯格（Charles Kindleberger）和海曼·明斯基（Hyman Minsky）的思想和著作。

金德尔伯格的大部分学术生涯都是在MIT度过的，他在1985年担任过美国经济学会的主席。而明斯基在哈佛大学取得博士学位，并先后任教于布朗大学，伯克利大学以及圣路易斯华盛顿大学。他们关于金融危机的观点虽然对经济学研究有着持续的影响，却没有提供任何的政策建议，主要原因是他们不够精确，没有任何模型来支持观点，但他们为我们提供了启发性的思考。

经济学家们很容易忽视沃克尔和克鲁格曼等人的建议，并且在这个过程中，我们这些经济学家可以避免很多尴尬的问题，比如经济学家们为何不能预测金融危机在美国发生的几率，许多经济学家想要规避这个问题。这里就是一个内心的冲突：金融危机发生了但经济学家们并不能对此负责。

人们无须赞同所有的指责来证明其重要性。在过去的三十年中恰逢理性预期改革，经济学经历了飞跃式的发展，我们无法重塑历史，但是这不是重点。

我认为这个问题很重要。这本书的主题，经济学家未能预测金融危机发生可能性的原因，是基于经济思想发展史的，我们如何解释经济学家目前的处境。为了解决这个问题，我希望能够阐明金融危机，的确很多对金融危机的误解都是与未能预测相关的。

经济学家认为经济危机不可能发生的理由有两个，一是他们认为金融危机的问题已经解决，二是他们认为金融危机并不是市场经济的内生因素，而是由于一些无关联因素刚好同时发生导致的，这些因素都不在宏观模型的考虑范围之内。

这两个原因都不具有信服力。在第一种情况下，金融危机这一问题已经被解决，经济学家认为世界是一成不变的，没有金融创新，危机解除是一劳永逸的事情。然而这样的想法却无法解释问题是如何解决的。后一种情况认为危机不是经济环境内生的，而实践证明危机发生的次数比我们想象的还要多并且有很多的共同点，而这种错误的想法公然违背了这一现实，可见我们对于危机有很多的误解。

为什么会这样呢？成百的学术论文都是有关金融危机的，其中大部分都是理论性的——现实不言而喻。（克鲁格曼也提出过类似的观点）关于这一话题有这么多的论文，但却没有一篇是有现实相关性的？现实情况是不是已经证明了金融危机的重要性了？不幸的是，这么多关于金融危机的研究都没有证明他们正确理解了金融危机。的确有一小部分学者给出了含糊的警示，但是事实上没有一个人明确地指出系统性全球金融危机发生的可能性。我觉得经济学家在一定程度上是对这个观点持否定态度的。当我们聊起这一话题时，我发现经济学家之间也有明显的分歧。对于一些年轻的经济学家或者刚毕业的学生，这确实是学术上的失误，然而年纪大一点的经济学家则会在这个问题上支支吾吾，牵强地进行反驳。诚然，这是一个很敏感的话题，就像银行中没有人愿意公开承认自己的市值。

但是如果连经济学家都不愿意承认其中存在的问题，那么谁又会关心这些呢？为什么经济学要反思自己呢？因为这样可以让经济学发展得更好，对金融危机有着更好的理解，制定更好的政策。劣质经济学会导致糟糕的政策。阿根廷就是一个很好的例子。

在1913年，阿根廷的实际人均GDP是美国的72%，这样的发展水平是高于其他发达国家如法国、德国，瑞士。1900年到1930年，阿根廷人均GDP增长率为1.8%，与此同时美国是1.2%，澳大利亚是0.8%，巴西是1.2%以及加拿大是1.2%。但是从那以后，阿根廷开始衰落。在1950年，阿根廷人均GDP只有美国的52%，但是由于"二战"的余波，它仍然高于德国。到了1990年，阿根廷实际GDP只有美国的28%。1913年到1990年，阿根廷人均实际GDP的增长率是0.7%，其他拉丁美洲国家的增长率是1.6%，而美国是1.9%。这样的差距是由于糟糕的政策而非坏运气所导致。

1970年到2005年，35年的时间，阿根廷换了32个央行行长，平均每届任期一年左右。阿根廷在过去七十年左右持续糟糕的环境过于漫长，不像是因为外在的冲击或者坏运气引起的。唯一可以归咎的就是政策方面了，而经济学家的职责就是设定出利于发展的政策。

2007—2008年金融危机带来的损失都会被计算出来，未来的经济学家将会对现在的经济政策以及适用法规进行评价。由于经济学家不能清楚地描述金融危机，使得改革法案成为了这种现实与理论脱轨的产物。《多德弗兰克法案》正是如此。美国人在接下来的几十年就能感受到这些决策的效果。

最后请允许我援引约翰·梅纳德·凯恩斯（John Maynard Keynes）的一段话：

如果一部书的作者执意要将他的观点说清楚，那么他就要多一点自信，甚至比自己想象的还要自信，他一定要给自己的观点一些机会，不能轻易地被质疑所打败。讨论这些问题是一个很艰巨的任务，因此当我在书中的一些章节过于跳跃，过于自信时，希望读者可以原谅我。

本书的一些观点来源于我的同事们。我十分感谢他们的帮助，尤其是荡（Tri ViDang）、本特霍姆斯特姆（Bengt Holmström）、安德鲁·迈特里克（Andrew Metrick）、吉列尔莫·奥多涅斯（Guillermo Ordoñez）和乔治·彭纳齐（George Pennacchi）等人，他们的学术作品在后面的书籍备注都有涉及。

我尤其要感谢安德鲁·迈特里克、吉列尔莫·奥多涅斯、罗伯塔·罗曼诺（Roberta Romano）和大卫·沃什（DavidWarsh）对我的手稿尽心的评价。

我也要感谢道格·戴尔蒙德（Doug Diamond）、亨利·汉斯曼（Henry Hansmann）、阿文德－克里斯纳姆塞（Arvind Krishnamurthy）、罗伯特·卢卡斯（Robert Lucas）、李.奥哈尼恩（Lee Ohanian）、罗伯特·希勒（Robert Shiller）、沃伦·韦伯（Warren Weber）及其他与会者在研讨会胡佛研究所和在联邦公开市场委员会上，对原文的评价和建议。

感谢迈克尔·博尔多（Michael Bordo）、理查德·格罗斯曼，斯特凡·亨特（Stefan Hunt）、特蕾莎·米格尔（Teresa Miguel）、罗曼·朗西埃（RomainRanciere）、艾伦·泰勒（Alan Taylor）、亚伦 Tornell（Aaron Tornell）和约翰·威廉姆（John Williams）为我提供了如下的帮助：提建议，解疑难，以及在数据上的帮助，寻找案例，共享数据以及寻找实例。同样也要感谢保罗·科斯塔（Paulo Costa）、托马斯·波恩切克（Thomas Bonczek）和谢雷（Lei Xie）协助我做调查。以及哈利布利斯（Harry Bliss）做的漫画（图 12.1）

在本书中，我尽可能地为所有提及的经济学家做一个简短的介绍。其中不乏一些知名人士，但大部分人还是那些在这一方面有所贡献但却被遗忘了的先驱者们。我的成就是给予他们的工作——是站在巨人的肩膀上的，他们中有 A. 皮亚特·安德鲁（A. Piatt Andrew）、艾伦·博格（Allan Bogue）、韦斯利·米切尔（Wesley Mitchell）、威廉 N. 帕克（William N. Parker）和弗里茨·瑞德利奇（Fritz Redlich）这样的学者，也有乔治·S. 科（George S. Coe）、休·麦卡洛克（HughMcCulloch）和卡罗尔·怀特（Carroll Wright）这样的监管者和银行家，他们都是被美国货币银行史遗忘的。

最后，我需要说的是在 1996 年到 2008 年之间，我在美国国际集团（AIG）做了 12 年咨询工作。这段经历对我来说意义非凡，改变了我很多。十分感谢那里的同事对我的帮助，在我遇到困难时提供的耐心和友情。

目　　录

第一章　介绍……………………………………………………… 1

第二章　创造平稳期……………………………………………… 11

第三章　金融危机………………………………………………… 31

第四章　流动性和秘密…………………………………………… 47

第五章　信贷激增和狂热………………………………………… 65

第六章　危机的发生时间………………………………………… 83

第七章　脱离历史的经济理论…………………………………… 99

第八章　危机期间的债务………………………………………… 113

第九章　平稳期及其结束………………………………………… 141

第十章　道德风险与大而不倒…………………………………… 153

第十一章　银行资本金…………………………………………… 173

第十二章　有权有势的人，危机的成本以及金融危机的矛盾……… 189

第十三章　2007—2008 年的恐慌………………………………… 207

第十四章　看的理论与实践……………………………………… 225

文献注释…………………………………………………………… 239

第一章

介 绍

第一章 介绍

"留心历史的人总会在其中获益。尽管这些非同寻常的危机发生的环境,进展过程以及结果各异,但他们却有相似的重要特征。"

——商业金融纪事报,1875 年 8 月 7 日

为什么市场经济会经历金融危机?认为危机是很多特殊因素碰巧发生的观点并不能站得住脚,尤其是当我们意识到这些危机发生的有多频繁。他们在全球范围在历史上反复发生——他们贯穿市场经济的始终,正确理解危机对于避免危机是很重要的。但是想要先了解他们,我们首先要弄清楚我们为什么会认为美国接下来不会发生危机。

危机的发生引发了一系列思考,评级机构和银行监管者们为何未能预见危机发生的可能性?银行持有过多的不良资产——真的没有人意识到其中的风险吗?市场上普遍认为没有人预见到危机发生的可能性,以至于畅销书推崇那些不会使用对冲基金的操作者,认为他们才是真正的智者,因为只有他们看到了危险的来临。很多人都意识了危机在扩大,但却没有人看到他们的发展规模,没有发现它已经成为一个全球的系统性危机。

政治家不理解危机也不期待有危机的发生,这样的观点很容易理解,毕竟这不是他们的专业。他们遇到的问题从卫生保健到外交政策再到联邦预算,因此不可能对每一个问题都了如指掌。记者也是同样的,那么监管者呢?他们为什么会忽视危险的发生和累积?他们的职责是来监管银行,而不是对金融体制进行学术研究。因此,他们也未能看到银行业发展的不足,那并不在他们的职责范围。

政治家、记者,监管者和其他人都需要依靠智库,也就是经济学家:宏观经济学家和金融经济学家。总之,经济学家应该在危机方面很在行,即使无法预测发生危机的时间,但是也应该能预见到它存在的可能性。事实上,他们的观点是美国不会再发生危机了,因为危机这个问题已经解决了。

4 对金融危机的误解

基于经济学视角，危机是否是可以避免的呢？我们目前并不知道如何回答。但是正如美国历史中的"平稳期"所证实的，避免金融危机是可以的：1934年到2007年并没有系统性金融危机发生[①]。平稳期说明了合适的金融监管制度设计可以避免金融危机的发生，只要没有金融创新出现，就不需要重新设计监管制度，这样的情况可以持续相当长时间。这段历史也有力地反驳了一个广为流传的观点，认为政府无法救市只能添麻烦。这种观点还需要更多的研究。

然而经济学家还没有发现1934年到2007年没有金融危机的原因这一课题的有趣性。经济学家将其默示为与"大缓和"时期的宏观经济相关，这样的观点是基于对总体经济发展稳定性的观察，从20世纪80年代开始总体经济形势在多个行业都十分稳定。一个解释就是这段时间没有经济危机或者银行业恐慌。但是，"大缓和"时期持续时间很短暂。从历史长期的角度来看银行业恐慌才是常态，但看起来经济学家内心却认为危机已是过去时。

"平稳期"最终以近期的危机和全球性金融危机反复发生而告一段落，这样戏剧又突然的收尾说明了金融危机不仅仅是阶段性，偶发性原因造成的，它有更深层的原因。它反映出市场经济自身是包含金融危机的，如果不及时监督。尽管每一次危机都有其特性，但也有结构性的共性，无论他们是在美国内战前发生，内战后发生，还是美联储成立后，抑或是联邦存款保险制度施行后，甚至是2007—2008年的金融危机。危机的发生在全球性都有其共同点。正如韦斯利·米切尔所说：[②]

"在发达经济体中经济周期在几十年中持续的循环反复，在这样的情况下，那些认为每次危机都要归咎于特殊因素的观点就显得不那么容

[①] 此处没有将美国储贷银行危机作为系统性金融危机来考虑。尽管这个过程损失惨重，许多储蓄机构倒闭。但是其风险只是局限在相关金融机构，金融危机的定义在下面就会提到。

[②] 韦斯利·米切尔（Wesley Mitchell）在芝加哥大学获得经济学博士学位，他是现代经济周期的创始人。他也是美国国民经济研究局的创始人，在1923年到1924年，担任美国经济学会主席。

易站得住脚了。相反地，目前受欢迎的观点将繁盛后再次发生的危机归咎于经济组织或经济活动内在的因素……当然，特殊情况的影响是有的，但那只是使情况复杂化的原因而非金融危机发生的主导因素。"（Mitchell 1913，6）

金融危机发生的原因是交易媒介的脆弱性，金融机构私人部门创造的债务：私人银行发行的货币（在美国内战前和其他很多国家的历史中都存在），活期存款（支票账户），商业票据和回购协议等，这些形式的货币都是金融中介短期负债[①]。他们的存在是有原因的，就是为了进行交易。但是他们却容易受到挤兑，储户突然撤回存款。对这种货币撤回的误解也是问题之一。

恐慌并不是非理性的事件。当有消息说衰退即将到来，恐慌就会发生。事实上，银行有一些潜在的问题可能引发挤兑，而不是挤兑导致了银行出现问题。我们会发现当人们期待政府有所行动时，他们就不会去挤兑，这就使得引发挤兑的深层次问题被曲解，但这样的问题始终存在。

金融危机最本质的形式就是撤回银行债务。这样的撤回可以引发金融系统大范围的去杠杆。问题不在于资产方面（尽管也许有不良资产），而是负债方面。当金融机构的短期债务被撤回或者无法重新发行，它就有可能无法履行其偿债义务。当整个银行业都无法履行其合同上规定的义务，就成了系统性风险。

当然如果经济发展没有银行债务或者有很少的银行债务，就不会发生系统性问题。但银行债务是有其特殊性的，是必不可少的。汽车公司的产品是汽车，咨询公司的产品是建议，航运公司的产品是运输产品，银行的产品则是债务。银行提供债务协助人们和公司进行交易。创造交易者和交易公司都认为有益于交易的债务并不是一件容易的事情。如果

[①] 回购协议就是短期存款以获取利息，有债券作抵押品，也就是存款者持有抵押品，但其收益是属于存款所在的银行的，这个抵押品是为了保证存款安全。

债务是无风险的那一定最好,就像现代社会政府发行的货币,因为这是很容易进行交换使用的。人们和公司会无条件的接受这些货币。但是私人公司不能创造出无风险的债务,这就是一个基本的问题。不像其他产品,银行债务就像一种合同担保:如果你不想要了,银行需要返还你所有的现金。但是银行可能不会有足够的现金,因为现金被借出去了,一美元的现金经过许多阶段创造了超出一美元的银行债务。因此现金无法及时被返还。

无论银行财富是何种形式的,金融危机都是由于银行债务持有者因为恐慌而大量需求现金所导致的。在内战之前,美国人使用的是私人银行发行的货币来进行交易,如果他们不想要这些货币,就会去银行兑换硬币,也就是金或者银的硬币。如果每个人都这么做的话,就会发生系统性银行恐慌。时代周刊记者在圣路易(美密苏里州东部城市)对1857年银行恐慌这样描述:

"这次恐慌最初造成的影响与其他情况并无两样,它引发了对硬币大量的需求。那些自认为自己有能力用硬币支付债务及其他费用的商业团体,很少有成功的,即使成功了也无法维持下去。市场上已经使用纸币很多年并对其形成了依赖,突然转为其反方向,改用流动性稍差的交易体系几乎是不可能的。密西西比轮船的所有者是一个很强大的商业团体,他们聚在一起并且宣布,他们不接受纸币或者银行券来支付运费,这使得他们拿不到任何货物。本国顾客无法通过纸币从批发商那里购买物品,以至于商品都卖不出去……所有的纸币都被嗤之以鼻……商店不接受顾客提供的纸币,出租车司机和公交车司机也不收纸币……旅馆老板拒收纸币。"

开始于纽约的1857年恐慌随后向其他地区扩散。记者对这次挤兑的描述是,没有人想要银行债务(私人银行发行的银行券),他们只想要现金(硬币)。他接着说,现实社会就是交易无法正常进行——商业无法运行,没有东西可以进行运输或买卖。

第一章 介绍

这里有一个关于恐慌简短的介绍，来自一篇小短文：

"那天晚上几乎无人入眠。昏暗寒冷的清晨预示着灾难的开始……我走出家门，走到街上，看到马路上异常多的人群，像是过节但却没有丝毫喜悦的气氛，所有的人都朝向一个方向，大批人推嚷着争抢地向Throne和Quincy's银行走去，银行门口挤满了人。快到中午的时候，我的一个邻居跑到我家向我哭诉，银行发生了挤兑事件，她现在一无所有了……在她还没能继续下去时，就听见外面的愤怒与悲伤的声音响彻云霄，说明银行已经关门了，Throne和Quincy's银行已经倒闭。"（奥克塔夫·萨尼诗（OctaveThanet）《第一市长》，《大西洋月刊》，1889（64），622）

Throne和Quincy's银行所谓的"停止兑付"，就是说它无法满足存款者对现金的需求。倒闭尽管是未经官方授权的，但一般都是银行有组织的行为，同时发生。

2007—2008年的金融危机也是源于银行挤兑，但不是个人跑向银行，而公司跑到投资银行寻求流动性。在现代社会，银行债务形式有很多种，并且央行和政府也可以进行干预。

在平稳期阶段，银行都是有存款保险的，保费的定价与风险无关；活期存款是没有利息的，或者在不考虑风险的条件下，有一个银行可以偿还的限额；美国银行系统中大银行占少数，小银行有很多；没有固定的资本金要求（但有准备金要求）。在这样的情况下，并没有发生金融危机。理解平稳期存在的原因也可以在一定程度上解释金融危机。

平稳期之前被认为是不会结束的，因为它看起来没有终点，因此并没有人质疑这个问题——因为那只是个无尽未来。直到最近金融危机宣告平稳期结束，近些年的金融危机作为平稳期的结束点不仅仅为其下了定义，也提出了相当严肃的问题，也就是我最开始提出的问题：我们为什么会认为金融危机没有再次发生的可能性[1]。

---

[1] 海曼明斯基（1982）的书《它能再次发生?》。

8 对金融危机的误解

一个原因是一旦政府和央行积极参与到经济市场中的金融领域中，识别问题（identification problem）就会发生。如果家庭和企业预期政府在危机发生时会有所作为的话，他们在参与经济活动时就会有所不同，即使政府并没有按人们预期的那样采取行动。人们对政府行为的预期使得挤兑不会发生，由此银行挤兑的可能性就不会被发现。政府一旦开始行动，市场上就会有大范围的损失，但真正的问题在于银行挤兑，而这个问题却被掩盖了。导致市场上会认为银行挤兑是一个历史性的，很古老的事情。市场上认为政府面对危机的行为是有错误的，但他们却没有意识到政府之所以这样做是因为有发生挤兑的内在可能性，并且未被市场观察到。因此使得每一场危机看起来都与众不同，需要各自的解释和解决方案。

不能理解美国经济中存在的系统性危机，这是经济学家在学术上的一个失误。这样的失误为什么会发生呢？我们可以简单地将责任推给过去，但这不是重点。我想要的解释不仅可以解答为什么经济学家认为系统性金融危机不会再次发生，而且可以解释他们为何会认为一些模型看起来那么合理现实。也就是说，经济学家认为系统性危机不会再次发生这一假设在某种程度上是否真的经得起推敲。如果一个人相信平稳期是永恒的状态，那么他会认为金融中介的存在与资本定价理论和宏观经济学是毫无关联的，他也应该相信任何模型中的错误都说明了银行债务的复杂性而不是其脆弱性。除此之外，人们可以将任何一个与银行有关的问题归咎于政府身上。但是为什么人们会认为平稳期能够永远存在呢？

我对金融危机这一话题十分感兴趣，尽管他的研究方法有些与众不同（至少在经济学中是这样的）。我将通过实例来解释为何经济学家认为危机不会再次发生并且当它发生时那么惊慌失措，通过这些证据来为金融危机进行一定的诠释。这在经济学中不是一个常见的提供证据方法。事实上，我主要关注金融危机的本身，而非经济学。我们将会在本书的中间和后面部分涉及经济学的内容。

总之，我的观点是银行输出了短期负债，这些负债以抵押品作为基础，这些抵押品可能是银行的资产也可能是某些债券。但是私人部门是不可能创造出无风险抵押品的，因为当存款者质疑抵押品的质量时，它就变得很脆弱，有不能续借的风险。金融危机最初始的形式就是银行债务的撤回，银行挤兑，这是市场经济的内在问题。

当危机发生时，银行可能无法满足债权人的需求：银行没有足够的现金。从 19 世纪初开始，不允许金融危机时在银行系统获取流动性的这样一项政策逐渐形成。对这一改变最好的阐述反映在一个案子中，在 1875 年的利文斯顿诉纽约银行案一案中，明确地指出危机发生时，银行债务可以不被偿还，银行不能因无力偿还债务而被倒闭。我将它称为利文斯顿规则（Livingstone Doctrine）。根据这一原则，美联储救助了贝尔斯登公司（Bear Stearns），没有这一原则的帮助，雷曼兄弟因此而倒闭。

经济学越来越不关注历史了。的确，由于模型的搭建需要大量的数据，而之前很多的数据已经无法获得了，因此经济学家们通过近期事件来学习宏观经济学，从而忽视了历史。这种目光短浅的行为是可以理解的，毕竟在大萧条以后就没有再发生危机，市场普遍认为不会再次发生危机。后者的观点并不是基于对危机深层次原因的理解而是因为银行挤兑没有发生。银行挤兑一般不会发生，因为市场上的参与者预期到政府会有所行动来阻止危机的发生。政府确实可以避免银行挤兑，但是如果政策不完善，那么政府就成了出问题的原因。

在 1984 年，伊利诺伊大陆银行被政府救助，因为监管者认为他的倒闭将会引发危机。由此危机并没有发生，这样的救助成为了一种新的政策，这只是一个在"平常时期"救助大银行的例子而已。然而雷曼兄弟却被允许倒闭，尽管这样也有引发危机的可能性。不了解政策发展导致了这样的错误。

像伊利诺伊大陆银行和雷曼兄弟等这些案例和危机的起源都带给了

我们很多的疑惑,它的解答需要依靠一些虚拟的推测,我们需要假设一些条件(尽管他们与事实相反),在新的条件下考虑事实的发展。如果美联储不存在,会怎样?如果伊利诺伊大陆银行没有被救助,结果是如何?那么如果雷曼兄弟被救助又会怎样?目前经济学家不能够回答这些假设的问题,因为模型不够完善无法了解市场参与者的预期和观点。我们需要建立一个模型来展示危机解决办法的全社会共识。这是经济学家的任务。

第二章

创造平稳期

- 自由银行时期和《国民银行法》
- 联邦存款保险制度

第二章
创造平稳期

研究货币的人都认为，稳定的通货价值是最好的目标。因此，任何能够减少货币波动的努力都可以接近该目标，都值得被采纳。我们理想中的完美货币，其标准是不变的，并且总是遵循一定的标准，在最高级的经济中使用。

——大卫．李嘉图① (David Ricardo)

在市场经济中，消费者依赖银行创造的货币进行交易：支票，ATM卡，信用卡。在内战之前，政府不发行纸币，银行发行私人的银行券作为货币来使用。公司使用支票或者其他类型的货币。这样的交易在消费者和企业之间十分频繁，每一天甚至一天中很多次交易。

但是这就出现了一个问题，银行创造的货币一定要有其他实物来支撑。在活期存款，支票的例子中，他们的发行是以银行资产作为支撑的。但是支撑资产在经济活动中也是真实的投资产品，一般都是银行发放的贷款，这些资产周期长并且收益很不确定。这里的问题就是银行创造的货币是以价值不确定的资产作为支撑。如果消费者和企业由于不信任支撑资产而开始担心银行货币的价值时，交易就变得很困难，恐慌也就产生了。

如果支持资产，这个抵押品的质量被怀疑，那么与之对应的货币也开始失去价值，需要折价进行交换。票面价值就是印在纸币上的价值——如果10美元的银行券或者支票可以买到10美元的物品或者服务，那么他就是平价交易。如果不能够平价交易，事情就变得麻烦了。这就是大卫·李嘉图的观点。但是问题是：银行如何可以用价值不确定的贷款或者抵押物来平价发行货币？

考虑这个问题的一种思路，也是了解金融危机的一种思路就是用金融改革作为参考范例，这些改革成功地解决了银行平价发行货币问题并

---

① 大卫·李嘉图（1772年至1823年），历史上最著名的经济学家，是英国议会的成员，以及商人。他是古典经济学奠基者之一，最著名的理论是贸易比较优势。

且避免了金融危机。当然也有一些法案未能修正金融危机的错误,但我将不会深入这么多案例。从全球范围看,有很多银行监管的实践,一部分成功,一部分夭折。我从两个成功的美国案例说起。这些案例可以帮我们理清危机,并且告诉我们改革的成功,即使是一定范围的成功,也是有可能。

美国《国民银行法》[①]的通过以及联邦存款保险制度的实施是美国国会历史上的两个里程碑式的事件,他们改变货币支持资产的形式。这项方案也提出了对货币本质,目的以及如何被支持等问题的疑惑。

自由银行时期和《国民银行法》

《国民银行法》是在美国内战时期通过的,它终结了自由银行时期(1837—1863年)。《国民银行法》建立了国民银行以及国民银行券,更重要的是货币由联邦政府发行。在《国民银行法》颁布之前,联邦政府是从不发行以票面价值交易的纸币,相应的,州银行和自由银行发行私人银行券。大约有1500种不同的银行券在市场上交易,并且这些银行券以不同比例进行折价交易。这在今天是很难想象的,比如康涅狄格州纽黑文市的一家私人银行发行的10美元银行券在纽约能兑换价值9.9美元的金子,在巴尔的摩只能兑换价值9.40美元的金子。折价的比例是不确定的;他们不停的变化,人们(经济活动参与者)也无法确切了解。折价比例是根据交易市场来变化的。

当1837年恐慌后,密歇根州,乔治亚州和纽约州通过了《自由银行法》,自由银行时期从此开始。自由银行法的设立一部分原因是减少

---

① 译者注:1863年美国《国民银行法》是美国银行史上第一个统一管理银行业和金融业的联邦金融法。目的之一是满足战争需求。目的之二是国民银行货币取代州银行券,并实现硬币兑换。

因银行注册问题产生的腐败，一部分原因是减少银行券带来的市场恐慌。但不是所有州都通过了该法案，表2.1显示了各州实施的情况。

表2.1　　　　1860年美国各州施行自由银行法的情况

施行自由银行法的州	
密歇根州（1837[a]）	阿肯色
乔治亚州（1838[b]）	加利福尼亚
纽约州（1838）	特拉华州
阿拉巴马州（1849）	肯塔基~
新泽西（1850）	缅因州
伊利诺斯州（1851）	马里兰
马萨诸塞州（1851[b]）	密西西比州
俄亥俄州（1851[c]）	密苏里
俄蒙特州（1851[b]）	新罕布什尔
康乃迪克州（1852）	北卡罗来纳州
印第安纳州（1852）	俄勒冈
田纳西州（1852[b]）	罗德岛州
威斯康星州（1852）	南卡罗来纳州
佛罗里达（1853[b]）	得克萨斯州
路易斯安那~（1853）	弗吉尼亚
爱荷华（1858[b]）	
明尼苏达（1858）	
宾夕法尼亚（1860[b]）	

自由银行法一般有以下规定：（1）成立银行不需要州立法机构的特许注册权，相应的，任何满足最低资本要求的人都可以开设银行，无须议会投票。（2）所有发行的银行券都需要有联邦或者州债券作为抵押，并且保存在州稽核员处（州稽核员一般也会监管各银行券的印制）。（3）自由银行需要支付金银来偿还他们发行的银行券。如果他们不履行义务，州稽核员就会关掉银行，卖掉他拥有的债券和其他资产来偿还持券者。在大部分州，清算资产时，持券者比其他债权人有优先偿还权。（4）自由银行都是有限责任公司。

资料来源：Federal Reserve Bank of San Francisco's American Currency Exhibit. Courtesy of the Federal Reserve Bank of San Francisco.

图 2.1　孟菲斯市的力学银行的银行券

自由银行制度的重要创新在于，这些银行券的发行需要有某种高级别的抵押品作支撑，就是州政府发行的债券。通过用这些几乎无风险的债券来支持银行券的发行，银行券的价值应该可以被保证并且可以平价交易。但是他们并没有。

就如这个例子，田纳西州孟菲斯市的力学银行（Mechanics Bank）发行的银行券在西部不流通，也不在西部银行券报告中有记录，只有少数几家报纸才会报道它的折价率。

图 2.2 展示了种植发展银行发行的银行券在费城的折价率。

折价率非常不稳定，最高点可达到年 25%。试想在费城拿着种植发展银行的 10 美元银行券去买午饭。它值多少呢？它怎么敢确定呢？正如大卫·李嘉图所说：

"在用钱的方面，每个人都是交易者。那些不知如何去运用贸易机制的人也需要有钱，但却无法辨别各银行券的流动性。相应的，我发现固定收入的人在银行业出现危机时，他们会损失惨痛。"

自由银行时代并不是完全混乱的货币体系。由于银行可以根据储户需要将银行券兑换为金银。因此折价率会随着银行风险和持有时间的增加而增大（持有时间也就是银行券的到期期限）。按现在的话说，银行

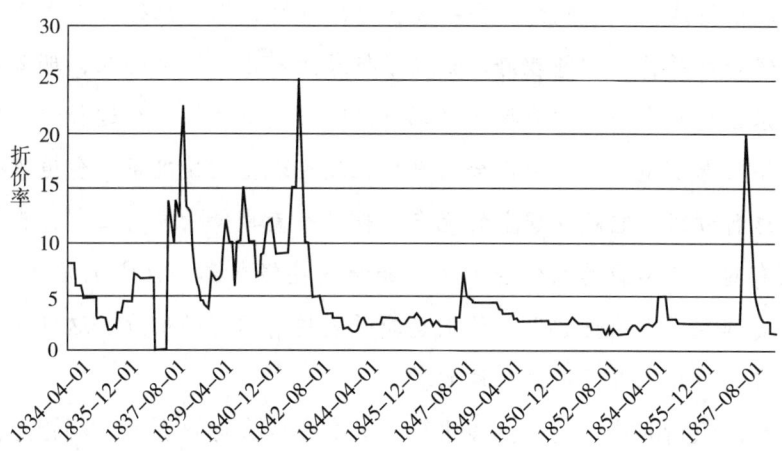

资料来源：Gary Gorton 和 Warren Weber，Quoted Discounts on State Bank Notes in Philadelphia, 1832–1858，Research Department, Federal Reserve Bank of Minneapolis, http://www.minneapolisfed.org/research/economists/wewproj.cfm.

图 2.2　在费城的田纳西银行农场主票据贴现

券市场是有效率的。

但是这种对"市场效率"的表达并不标准。事实上，用银行券交易是很困难的。当一个银行券在商店被用来支付时，店家会在一个叫"发现银行券（banknote detector）"的报纸上寻找这张银行券的发行者，这张报纸有该银行券在市场上的折价率。索姆那（Sumner，1896）在他的《银行业历史》（History of Banking）一书中进行了解释：

"直到国民银行体系建立，银行券验证工具才失去其用途，暴露了它的弊端。现在的学生很难想象出一个社会中存在上百个银行发行可流通的银行券。银行券就是一张小纸片，根据其形状、颜色、大小以及制作工艺来进行区分。有这些特征的纸片都具有货币的功能；人们唯一熟悉的就是银行券的形状。收到这张银行券的人，如果不经常进行贸易或从事银行业活动，他除了接受这张纸以外几乎毫无选择。一个商人会用他的监测器来辨别这张银行券。他在两三分钟之内检查这张又旧又脏的纸片，并且他会认为越旧越脏可能越好，因为这说明了它有着很好的流通性。他把这张纸拿到灯下去检查,仔细观察,因为银行习惯于用细针穿过银行券并将它们整理好。如果银行券上有很多这样的孔,那么就说明这张银行券在银行中有很多次记录说明它是真的。整个过程的繁琐都使得银行券不适合再作为现金。社会在没有现金的情况下,会迫不得已选择这种方式。它缺少现金的优点。我们一直期待崇尚自由,自我管理甚至有些放荡不羁的人们会大声地拒绝这些银行券,让它们无法流通,但是美国人并没有这样做。他们忍受并支持着这样的制度。这样类似的事情在货币史上是没有发生过的。"

自由银行时代一直因其以银行券为交易媒介而被诟病。问题是消费者和厂商受银行券经纪人所支配,这些人以低价买入,然后拿到银行换硬币,以此获利。这些经纪人以牺牲消费者和厂商来谋取私利,因为消费者和厂商并不了解折价率的行情变化。经纪人更了解银行券的价值,以及支撑银行负债的资产情况,并且能够从中获利。由于经纪人之间竞争激烈,因此折价率也可以准确反映其市场价值,但是不了解内情的消费者和厂家则会有所损失。银行券的确是有"效率"的,但它却不是合适的交换媒介,因为它们不能等价交换。

当经纪人发现支撑某银行券的资产是有问题的,他会要求银行券以一个更高的折价率来交易。他们利用这一私人信息来做一笔交易,这就是市场变得有效率的过程,但是问题是银行券不是流动的,"流动性"要求交易双方是平等的,不存在信息不对称情况,不存在经纪人可以获取更好的信息这种情况。流动性最好的资产是一直可以平价交易的资产。如果一个资产不能平价交易,就需要其他资源来确定其价格。银行券在这个意义上就是不流动的。尽管自由银行制度试图让银行券流动起来,但现实并未如其所愿。

由于这些问题,当代社会对私人银行券作为交易媒介都持批判态度。《历史学》的编辑回忆道"法国人和他的银行券,废纸!"(The history of a Little Frenchman and His Bank Notes. Rags! Rags! Rags!)这是读者给他的故事,他称其为"1812 年战后,货币状况的最恰当描述。"

"……我与一个法国人同行。那个法国人看起来从古巴带了 8000 美元的金子,安全起见他把它们寄存在 Sa,.. 的一家银行里。当他回来取钱时,却被告知银行不提供硬币,因此他只能拿银行券。作为一个完全的外行人,他并没有意识到纸币的贬值……他拿着这些没用的废纸开始向北旅行。越往前走,手中的钱越不值钱,现在他将要去波士顿,他完全意识到,到那时他将会成为一个乞丐。"(《国民银行机制的起源》,《历史学》(The Historical Magazine),1864 年 8 月)

很难衡量由于交易困难带来的资源浪费,即使在有效市场下折价是准确的。因此"市场上对于银行券的优点和合适折价率的问题一直争论不休"(Bayles,1916)。如今,我们理所当然地认为我们支付 10 美元时,它就值 10 美元。银行券努力想要达到这一点但却未能成功。自由银行制度,后来成为了国民银行法的立法基础,但是这一制度却发现了银行券支撑的致命弱点。当非自由银行制度的国家继续维持着用贷款支持负债的制度,自由银行制度尝试着让抵押品更明晰更安全。如果抵押品是无风险的,那么银行券在交易时就不会折价。

表 2.2　　　　　　　　　美国州政府债券违约

州	违约日期	行动	行动时间
印第安纳州	1841 年 1 月	继续偿还	1847 年 7 月
佛罗里达州领土	1841 年 1 月	拒绝还款	1842 年 2 月
密西西比	1841 年 3 月	拒绝还款	1842 年 2 月
阿肯色	1841 年 7 月	继续偿还	1869 年 7 月
密歇根	1841 年 7 月	继续偿还	1846 年 1 月
伊利伊诺州	1842 年 1 月	继续偿还	1846 年 7 月
马里兰州	1842 年 1 月	继续偿还	1848 年 7 月
宾夕法尼亚州	1842 年 8 月	继续偿还	1845 年 2 月
路易斯安那	1843 年 2 月	继续偿还	1844 年

资料来源:English(1996) 和 Kim(2003)。

这个发现让我们清楚地意识到，银行发行货币需要无风险的抵押品。但是，用州政府债券来支持银行券的方式却是个错误。抵押品被严格限制在美国各州发行的债券范围内（根据各州情况而不同），但是州政府债券并不是无风险的。州政府经常在利息支付方面违约，并且如果他们不愿意继续还钱，他们就直接拒付，很多私人银行都持有这样的债券。即使州政府不违约，债券价格的下跌也会让私人银行倒闭。

表2.2列出了违约的州政府，违约的时间，是偿还利息还是拒绝偿债，如果还债，其还债时间是何时。

在1838年到1863年，纽约州有34家私人银行，其中大部分都是在1841年或者1842年倒闭的，他们持有印第安纳州，伊利伊诺州，密歇根州和阿肯色州的债券。用自由银行法来完善银行券抵押品质量的尝试并未成功，但它却为成功的法案铺垫了道路。

1863—1864年《国民银行法》通过，联邦政府负责印制纸币，通过对银行券课以重税的方式，使得它逐渐被国民银行券取代。这一法案影响巨大[①]。上千家州立银行被迫成为国民银行，并且失去了发行银行券这一利润丰厚的业务。银行的新格局建立了，并且银行发债时需要有美国联邦债券作为支持，这样就为联邦债券提供了需求方。

有了比州政府债券更好的抵押品作支撑，在美国历史上，纸币首次进行平价交易。这是极其重要的一刻。以美国国债支撑货币发行这一明确要求是一大进步，相比于州政府提供的债券或是银行贷款，美国国债都是最好的抵押品。这就是《国民银行法》的创新之处，也是抵押品

---

① "法定货币"的出现确定了联邦政府发行货币的合法性。但在法定货币的情况之前 Veazie Bank v. Fenno（8Wall。533［1969］）。国民银行系统成立于1863年，但是银行券直到1865年才停止流通，这一年开始，银行券要被收取10%的联邦税。这个举措就是为了取消银行券，缅因州银行将此案上诉给美国最高法院，其中，税收的合法性仅仅被莫属首席大法官塞缪尔·P. 大通所支持，他是南北战争期间的财政部长，也是他引入了《国民银行法》。银行券因此被征税。最高法院支持征税的裁决也是首席大法官大通撰写的。讽刺的是，在法定货币的案件中，赫本诉格里斯沃尔德（8Wall。603［1870年］），首席大法官大通却认为这时国会发行货币是违宪的，使得他曾支持的法律无效化。接着在1871年5月，法院在裁定诺克斯诉李（79美国457［1871年］）一案中，扭转赫本诉格里斯沃尔德的案件。见达姆（1981年）。

的一次进步,银行券的问题被解决了。

图2.3A和2.3B展示了两张银行券。上面的一张是马萨诸塞州的南方阅读国民银行(South Reading)发行的2美元银行券;下面的一张是华盛顿的西雅图第一国民银行发行的50美元银行券。每一个银行券都是由特定银行发行的,但都是由美国联邦债券作支撑的。

(A)

(B)

图2.3　(A)南阅读银行银行券和西雅图第一国民银行银行券,
(B)旧金山联邦储备银行的美国货币展览

讽刺的是,《国民银行法》并没有提供一个很好的交易媒介而是为了内战提供资金。"大批军队需要保障支持;战争是要付出代价的。我们需要借钱来支持战争,也只有金钱能够满足战争的需求,保障支持军队。旧时代的货币市场无法满足政府需求而被关闭"(李曼特里梅因

(Lyman Tremain), 政府顾问, 参见罗德（1863））尽管如此，就像阿方索塔夫脱（Alphonoso Taft）法官给财政部秘书长 Salmon P Chase 的信中所说，"即使内战为国家只带来了统一的货币，它也是有所收获的"。

这样的成就是会被载入史册的。约翰（John W. Faxon）是田纳西州查特怒加市的一个银行家，他在第二十四届美国银行家协会年度大会的演讲中回忆这段历史说：

"在过去的半个世纪里，我们的银行系统经历了很大的发展，没有人会否认这一点；我们很高兴地看到每一美元纸币值一美元黄金，这就是我们进步的标志。我们在座的许多人都清楚地记得不久前商业公司或工业发展的不确定性，在那时每一个商家驻所都有一个 Thompson 和 Dye's 的银行券报告，上面有流通货币的最新折价率报价。在这种情况下，商人几乎不可能当场说出交易的利润，因为在交易的时间里，这种货币可能就会涨或者跌价百分之十到二十。"（《与工业有关的银行业》，《银行家》1898 年 57 期 498 页）

用安全的抵押物来支持货币发行的这一原则因此建立。同样，重要的是，通过这一过程中得到的结论是只有政府可以提供完全无风险的抵押品。其他国家也应用此原则并稍加改动。尽管如此，通过金融创新，私人部门继续试着提供创造货币的抵押品，因此金融危机和恐慌的危险还在持续。

在《国民银行法》出台时，金融创新已经开始。另一种形式的私人货币开始盛行：活期存款和支票。内战后的第一次金融危机是发生在 1873 年的一次恐慌。大规模的储户去银行要求兑换货币——国库券，而非金银。《金融家》称 1873 年的这次恐慌为"储户恐慌"。根据《国家》一书中所说：

最近一段时间，纸币的众多推崇者，也不得不承认无论纸币有多少优点，它都不能阻止恐慌，因为我们正在经历一场恐慌。如果他们回忆几年前的对话，他们就会发现，他们相信不可转换纸币可以抵御金融危机，是因为纸币不同于金银，它可以在需要的时候无止境地增加数量。他们认为恐慌来源于货币突然地停止发行，如果货币供给足够多，可以填补空缺，恐慌就结束了……没有人有法定权利来通过增发货币阻止恐慌。

讽刺的是，1873年恐慌证明了《国民银行法》是成功的。货币的确是平价交易的，至少纸币是这样的。但是经济形势在改变，金融创新不断发展。在国民银行时期的银行恐慌中，银行的债权人都希望把支票换成国民银行券。

1873年的恐慌开始于9月13日，到了20日就已经发展成了危机。纽约证券交易所停盘十日，尤利塞斯·辛普森·格兰特总统赶去纽约，与银行家和商人商量经济形势。在1873年到1875年之间，经济活动下滑了10.83%（Davis，2004）。失业率如同现在一样高涨，社会上充斥着"政治经济体制崩溃"的悲号，"将华尔街和博德大街的强盗们绳之以法"这样的愤怒之情。

事实上，1857年的恐慌是自由银行时代唯一的一次恐慌，活期存款在其中有重要的作用。纽约银行负责人曾说过：

"混乱的货币（银行券）背后还有更令人恐惧威力无穷的力量没有爆发，银行的存款者，他们平日里安静并且可靠……突发的令人恐惧的另一面即将拉开帷幕……在这个国家有史以来第一次，货币以资本的形式站在了商人这边，对抗银行……与基于经验产生的观点相比，（认为存款是个弊端）这一观点显然是个异端。六个月前在银行业，认为存款是银行家的隐患这样的观点还属于标新立异……银行最有隐患的地方恰恰是它的优势，贷款。"（1857年12月31日，纽约州银行负责人的年度报告，在《美国银行业状况》，美国财政部报告）

社会在改变，另一种形式的银行货币占据主流地位，活期存款。支票主要是在银行个人账户之间交易，其次，是与银行交易。支票不像银行券那样流通，在平常日子也不会在交易中贬值。一部分是因为它们不流通，并且主要是在城市中使用，至少刚开始时是这样的，在城市里，个人信息身份透明度更大。但是同样地，监管支票清算的私人银行清算系统监督着每个银行。清算所1853年起源于纽约，是私人的银行监管机构，在接下来的70年中扩展到所有的城市。

支票的问题，我们接下来会看到，就是一旦经济衰退的领先指标达到足够高的程度，那么市场会突然间担心支票贬值，并导致挤兑。国民银行时期的恐慌就是这一类型，当时人们拿着自己的活期存款冲向银行，要求兑换现金。恐慌与经济周期相关，并且总是出现在经济顶峰时期或附近。表2.3展示了美国国民经济调查局给出的经济周期数据。在恐慌时期的后两列是当期存款比例的变化和生铁产量变化。这些都是从恐慌开始一直到经济衰退低谷期计算的。

即使银行在恐慌时期停止将存款兑换为现金，支票账户被撤回，现金存款比，也就是所有流通中的现金与存在银行的现金的比例，大幅度提高。生铁产量这一指标同样很重要，因为那时刚好是铁路建设时期，生铁这一指标很好地反映了经济活动。生铁产量的大幅度下降说明了经济衰退的严重程度。最后两列展示了国民银行在活期存款方面的损失，从恐慌开始一直到经济衰退低谷期①，最后一列是在这期间倒闭的国民银行比重。

表2.3突出了两点（在后文我也会继续涉及）。首先，恐慌发生在经济繁荣的顶峰期，时间的确定是很重要的。恐慌不是随机的，越来越多的数据可以证实这一点。其次，活期存款的损失以及倒闭银行的数量是很少的，在1873年，最大的支票账户实际损失仅占存款的2%。尽管所有银行都面临着挤兑的危机，恐慌都是系统性事件，但是一旦尘埃落定，银行还是有偿还能力的，尽管在恐慌时期银行无法履行其承诺，

---

① 对恐慌的时期有两点需要说明。一是，表2.3是基于美国货币监理局的银行财政报告，因此其日期是来源于最新报告。另外，国民经济研究调查局的经济周期表也存在一定争议，因为这些日期也在根据最新的年度数据不断的修改中。

不得不停止兑换现金。

由于纸币是由联邦政府所支持的，并且不会发生挤兑风险，因此表2.3中展示的恐慌都是由活期存款引起的。几十年来支票账户的崛起都没有被很好的理解。支票类似于一种"影子银行系统"。比如说，1857年恐慌过后的四十年，一个著名的经济学家，大卫·金利（David Kinley），他在1913年时担任美国经济学会的主席，他的研究方向是支票业务并且试图确定支票的使用程度。

表2.3　　　　　　　　　美国国民银行时期恐慌

经济周期高峰—低谷	恐慌爆发发生的日期	存贷比（C/D）变动比	生铁产量变动比	存款流失率	美国国民银行倒闭率/数额
1873.10—1879.03	1873年9月	14.53	-51.0	0.021	2.8（56）
1882.03—1885.05	1884年6月	8.8	-14.0	0.008	0.9（10）
1887.03—1888.04	无恐慌	3.0	-9.0	0.005	0.4（12）
1890.07—1891.05	1890年11月	9.0	-34.0	0.001	0.4（14）
1893.01—1894.06	1893年5月	16.0	-29.0	0.017	1.9（74）
1895.12—1897.06	1896年10月	14.3	-4.0	0.012	1.6（60）
1899.06—1900.12	无恐慌	2.78	-6.7	0.001	0.3（12）
1902.05—1904.08	无恐慌	-4.13	-8.7	0.001	0.6（28）
1907.05—1908.06	1907年10月	11.45	-46.5	0.001	0.3（20）
1910.01—1912.01	无恐慌	-2.64	-21.7	0.0002	0.1（10）
1913.01—1914.12	1914年8月	10.39	-47.1	0.001	0.4（28）

资料来源：Gorton（1988）。

"银行业发展的轨迹是最能够体现近五十年来社会发展变化的。的确在某些方面银行业走在了时代的前列，但是它的范围其实是很狭窄的。相对不重要的票据发行一直被认为是最需要监管的银行业务，从这一现实中我们就能发现，银行业所能提供的交易便利并没有很好地被了解使用。过去一个世纪就说明了这一错误的观点。"支票和清算系统是最有可能引起银行挤兑的，"过去的一个世纪已经证明了它的脆弱性。无论是从银行还是社会的福利角度来说，票据的发行已经不再被认为是一种必需品。我们面临的现实就是,新的信贷替代品是支票。"

金利准备了一份问卷调查,这份问卷由货币监理官送到各个美国银行,调查 1896 年 7 月存款的情况。有 5750 个机构进行了回复,调查结果显示在零售业中 68% 的支票交易,批发行业中 95% 的支票交易,其他行业也有 92.6% 的支票交易存在风险。甚至在金利调查之前,货币监理官在 1871 年就要求 52 家被选中的银行分析报告他们 6 天的收入。他们发现货币的替代品(支票,票据,汇票)占总收入的 87.7%,同时 12.3% 的收入来源于货币。

确定活期存款是否可以定义为"货币"的讨论直到存款保险制度的建立才结束。最近,同样的问题在回购工具的使用上也有讨论,回购在 2007—2008 年金融危机中起到了至关重要的作用,但这个问题至今没有一个确切的答复。与之前的调查类似,美国金融危机调查委员会也做了一个调查关于回购的使用范围。国民银行时期的恐慌发生时,支票折价率频频发生。现金出现了溢价现象("货币溢价"就是货币面值打折的一部分)。在危机中,支票是不能被使用的。比方说,当时的媒体总是播报这样的新闻:昨日,根据可靠消息一家公司要求其递送员在交易时不接受支票,无论这支票的质量多高(《恐慌》,《纽约时报》,1873 年 9 月)。由于市场上不接受支票,现金被贮藏,导致了钱荒——货币短缺,无法进行交易。

但是清算机构可以证明一些支票的合格性,货币溢价也是由这些支票来报价的。例如。3% 的货币溢价意味着 1 美元现金等于 1.03 美元的合格支票。折价率或是货币溢价让我们想起了内战前的银行券。图 2.4 展示了 1907 年恐慌时期的货币溢价。

美国联邦储备委员会在 1914 年成立,但是在大萧条期间就产生了恐慌。接下来我将会讨论 1914 年到 1934 年的市场情况,此时美联储已经成立,存款保险制度成立。

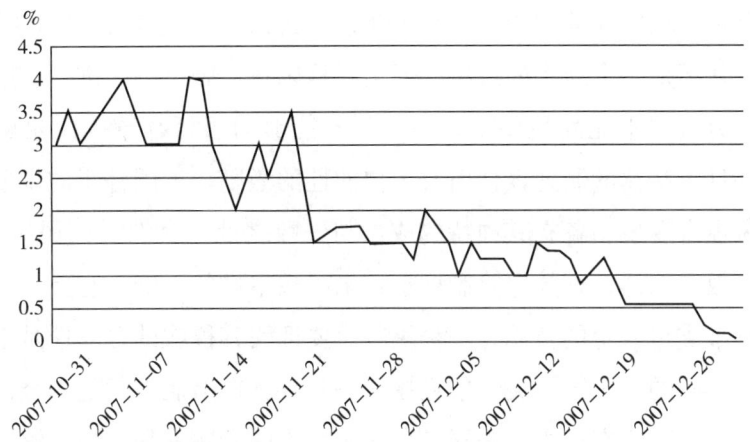

资料来源：Andrew（1908a）；missing values（for weekends, holidays, 和 Election Day）interpolated.

图 2.4　1907 年恐慌期间货币溢价

联邦存款保险制度

即使在 1914 年美联储成立后，美国在国民银行时期和大萧条期间仍然不断受到恐慌的威胁，直到 1934 年联邦存款保险制度建立后，情况才有所好转，这是美国历史上第二个具有里程碑意义的金融立法。

尽管大萧条期间银行挤兑频繁发生，但在是否建立存款保险这一问题上。美国国内仍进行了旷日持久的讨论。这是罗斯福"百日新政"里唯一的一个重要的法案，尽管它最开始不被政府所支持。最终，存款保险被收入 1933 年银行法案，最初被认为是适用于 1934 年上半年的临时方案，但随后被延期。1935 年银行法案使存款保险制度永久化。1933 年银行法同样包括了商业银行和投资银行业务分离，授权联邦监管员有对成员银行负责人及人员的任免权，规范存款利息，对国民银行提高最低资本金要求，以及其他一些次要的要求。存款保险是整个改革的一部分。

存款保险曾在美国历史中在各州进行尝试，并且取得一定成功。因此，这并不是一个新兴的想法，但是它从未在全国范围内进行实践。保险基金有时并不能满足要求，一些州不能够为银行存款提供足够的支持。并且一些州的制度设计引发了扭曲性的激励。美国各州的现象在其他国家也有发生，各有其独特的成功与失败之处。就像《国民银行法》产生的效果一样，存款保险制度也带来了根本性的影响。它要求银行向政府基金支付一定的费用，一种税收。要证明其税收的合理性是很有趣的，早年间的一个案子关于俄克拉荷马州存款保险制度就是围绕此问题产生的。在这个案子中，美国最高法院面临的问题就是，强制银行缴纳存款保险费用是否符合宪法。这个案子"Noble State Bank Vs Haskell"在1911年1月3日有了最终结果，在本案中，银行认为它是有偿付能力的，不需要俄克拉荷马州保障基金的帮助。并且银行认为强制收取费用是违宪的行为。美国最高法院最终判定这一行为并不是违宪的。霍姆斯大法官说：

"无论是从惯例还是大多数人的观点来看，那些能够促进商业成功的基础条件都是值得支持的，这一点毋庸置疑。当前的一个状况是用支票作为支付方式的概率和银行存款作为支付方式的概率大致相同，以至于支票在日常交易中已经可以取代现金了。那么，如果州立法机构考虑认为公众福利需要这样的措施，那么理论分析和现实原则都会支持这样的立法……这一措施是为了保证支票和存款者对银行其他债权的安全性，这是唯一的一种让人们能够继续交易的方式。存款者的优先偿还权也同样被确认，但它只是实现目标的附属品。"

法院认为，保险的首要目标就是保证商业繁荣可以持续，因为有可靠的货币体系的支持。这就要求银行支票的安全性。也就是说，这个决定不是为了要保护少数存款者的财富，而是让支票可以平价交易。

存款保险是另一个成功，从它建立一直到2007年，美国都没有经历系统性危机。存款保险也是有跨时代意义的，因为联邦政府最终确定

资料来源：FDIC.

图 2.5　联邦存款保险标志

了银行业各家银行的某一种负债价值。在此之前，资本金要求很低，所有银行可以在不考虑风险的情况下以同样的利率进行借债，这样的行为被认为会引起"道德风险"。

尽管存款保险也有其风险，但它的确是个进步。它的成功与否取决于设计的细节之处。成功的关键细节就是存款的利率上限，限制进入以及银行监管。该法案限制了活期存款的利率，使得银行不能够通过提高利率来吸收存款。还有一个重要特征就是，银行会定期接受检查。

美国联邦存款保险制度的建立开启了一个新的时代，在"平稳期"这段时间里，有效的监管减少了系统性金融危机的威胁。

另一个银行监管系统，即少部分的大银行与央行组成了隐形的联盟，这一制度有时也为平稳期的持续起到了一定的效果。这些大银行不想失去它们的会员身份，因为这会为它们提供特权，就是特许权的便利。特许权的价值来源于俱乐部垄断的性质。许多发达国家的银行体系都效仿这一模式。其中一个突出的例子就是加拿大，自"一战"以来仅有一次巨大的银行恐慌，在大萧条时期也没有经历银行恐慌。在加拿大，到了 1996 年，8 家成员银行（在全国拥有密集的分支机构）持有了 90% 的银行资产。事实上，一个国家，银行体系越集中，经济危机越不容易发生。加拿大的例子引起了对"大而不能倒"这个概念的质疑,这个问题我们之后也会涉及。尽管如此,这个模式不是完全有效的,因为在一些少数大银行垄断的国家也有危机发生。

《国民银行法》和联邦存款保险制度说明了银行货币创造中几个重要的问题。市场经济的谜题就是我们需要银行货币,但私人部门却不能提供无风险的抵押品来支持货币。抵押品必须要是实际资产或者是基于实际资产的追索权(如贷款或者债券),但他们的价值都无法确定。价值的不确定是因为其时间上的错配,交易的时间要短于这部分钱带来的经济产出时间。《国民银行法》使得货币可以依照其面值进行交易,这是我们今天认为理所当然的事情。存款保险对平稳期产生至关重要。

这些成功都值得琢磨。在这两个事件中,私人银行都试图创造货币——最初的银行券和随后的活期存款——这样的尝试由于私人部门无法提供发行货币所需的无风险抵押品而变得困难重重。这就是问题的关键:为了让银行债务被用作货币流通起来,它就不能以浮动的折价率来进行交易,也不能因为市场传出萧条即将来临的消息,就开始担心会有价值下跌的风险。为了满足"货币"的需求,私人部门坚持尝试着去创造新的交易方式,并且不可避免地依靠有风险的抵押品。如果市场情况永远不变化,平稳期就像经济学家们预测的那样,将会一直持续下去。

第三章

金融危机

第三章 金融危机

"从1793年开始,银行恐慌就在随后的年份都有发生:1797年,1811年,1813年,1816年,1819年,1825年,1837年,1847年,1857年,1866年,1873年,1884年,1890年和1893年。这个系统真实的名字就是恐慌系统。"

——吉尔曼·西奥多(Theodore Gilman),联邦清算系统,1899年

市场经济下的金融危机是很常见的,也是相当频繁的。出现的频率比我们想象的还要高,并且也没有局限于某一特定历史时期或者新兴经济体中。只有在美国平稳期,"金融危机很罕见"这一观点才被支持,那时候,危机被认为已经销声匿迹。

每一个国家的市场经济历史中都有危机发生,如中国共产党执政的前期,日本的1927年,阿根廷的1890年以及澳大利亚的1893年,这样的例子不胜枚举。也有最近刚刚发生的危机,如1980年和1997年时的阿根廷,1997年的韩国,1991年的瑞典,1996年到1997年的捷克共和国,以及1997年的匈牙利,还有2002年的乌拉圭等等。英国在1819年、1825年、1847年、1857年、1866年、1890年、1974年、1984年、1991年和2007—2008年都经历了银行危机。表3.1列出了部分发达国家出现危机的时间表。

表3.1　　金融危机在1870—2008年:部分国家

国家	金融危机(发生第一年)
澳大利亚	1893, 1989
加拿大	1873, 1906, 1923, 1983
丹麦	1877, 1885, 1902, 1907, 1921, 1931, 1987
法国	1882, 1889, 1904, 1930, 2008
德国	1880, 1891, 1901, 1931, 2008
意大利	1887, 1891, 1901, 1930, 1931, 1935, 1990, 2008
日本	1882, 1907, 1927, 1992
荷兰	1897, 1921, 1931, 1988
挪威	1899, 1921, 1931, 1988

续表

国家	金融危机（发生第一年）
西班牙	1920, 1924, 1931, 1978, 2008
瑞典	1876, 1897, 1907, 1922, 1931, 1991, 2008
瑞士	1870, 1910, 1931, 2008
英国	1890, 1974, 1984, 1991, 2007
美国	1873, 1884, 1893, 1907, 1929, 1984, 2007

资料来源：Schularck 和 Tauylor（2009, Appendix Tablel）.

图3.1的地图展示了在1970年到2005年之间世界范围内发生的危机。在这段时间里，白色区域的国家是没有发生危机的，颜色最深的国家发生了三到四次危机，颜色稍微淡一点的区域发生了一两次危机，图中也显示了GDP下滑的比重。

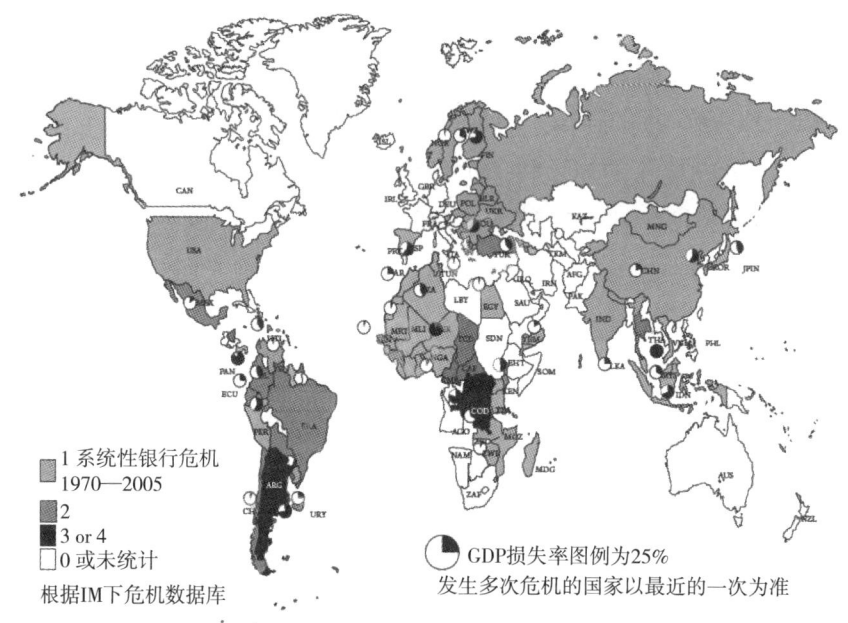

图3.1 全球金融危机前系统性银行危机

什么是金融危机？金融危机是否有一些共性，还是它们各不相同？如果你没有考虑过这些问题，那2007年到2008年的危机看起来就是与众不同的。对于最近的这次危机,大部分经济学家对此的反映是,这次很特别,因为这次危机的发生与经济学家不熟悉的金融创新相关。我想起了耶鲁大学著名的经济思想史学者威廉·N. 帕克①(1986、9)在讨论经济学家如果不懂经济史会出现的问题时提到的一句话:"这样的经济学家会沦为一个肤浅狭隘的分析人员,没有足够的能力将他掌握的理论和数据应用到新的陌生的社会环境中。在他们眼中,所有出现的问题都被认为是史无前例的。"当金融危机这样的事件频繁反复发生,经济学家应该找到一个结构化的解释,一些导致危机发生的共性。很显然,每一次危机的发生不是因为糟糕事情的巧合或是某些特别机制的特征。

尽管每次危机发生都有所不同(这个现象在现代社会更加明显,现在央行和政府都更加积极参与市场活动,这一点我们随后会提到),但危机发生有共同的深层次原因。在央行出现前,金融危机的主要表现是银行挤兑。自 1970 年开始,全世界范围内的金融危机,其中 62% 都是银行挤兑和银行系统活期存款的暴跌。金融危机是银行负债的问题,当市场参与者不信任银行负债的价值时,它就会发生。首先我将集中讨论金融危机的定义,随后我会对"不信任"和"银行负债"进行解释。

如果有一个可见的大范围的银行挤兑发生时,就像美联储建立前期的美国,金融危机就可以很清楚地被理解。那么金融危机就是银行系统中的所有银行或多或少同时出现了挤兑的情况。在美国内战前,早在 1819 年恐慌中,其载体是银行券,到了 1857 年恐慌,载体开始变为活期存款,这样的情况一直持续到大萧条期间。这些恐慌都是众所周知的:大批人在银行门口排起长队。由于所有银行都面临着挤兑的风险,因此,这是系统性的事件。

一旦中央银行出现,危机就变得更加复杂。但是其根本原因是一样

---

① 威廉·N. 帕克(1919—2000)职业生涯很长一部分是在耶鲁大学度过的,并且卓有成就,从 1963 年至 1989 年第二次世界大战期间,他的研究被中断,他当时在生产管理办公室做动员工作,随后又任职于美国陆军军械军。他是第一个在研究经济史时系统地运用量化经济学和数据分析的经济历史学家之一。

的：将金融系统中的短期债权兑换成现金的大范围需求。金融危机的共性在2007年到2008年恐慌中应该表现得很明显——危机发生机制是一样的。在2007年到2008年恐慌中，回购，商业票据和PB业务清算被要求进行兑换。由于其局限在大户市场上，也就是公司挤兑公司，因此这次恐慌对大多数人来说不那么明显。

挤兑重要的特征就是众多消费者或机构几乎在同一时刻行动，要求银行释放流动性，兑换大量的现金，是银行系统无法满足他们的需求。在这个意义上，银行是没有偿付能力的，它不能履行合同上的债务。接下来，银行要么就是停止兑换——不再支付现金——或者他们接受央行或者政府救助。在2007年到2008年金融危机中，公司试图通过变卖资产来筹集现金，以应对回购客户的还款需求。但这样做只会使得资产贬值，最终美联储需要购买这些资产，美国国会通过了2008年《紧急经济稳定法案》，其中包括了7000亿美元巨额救市计划，美国财政部通过"问题资产解救方案"（Troubled Asset Relief Program，TARP）救助公司。另一种方法是偿还所有债务和履行整个银行业的义务——给银行业注入流动性。但这种方法从未（有意识地）被使用过。

在这里，有两点是值得注意并再次强调的。第一点就是金融危机的范围，一般来说，银行业大部分的银行都未能幸免于难，这也是我们危机被称为系统性的原因。第二点，银行的债权人要求现金，而非持有银行债务这一现象。大量的短期债务同时被兑换为现金。对现金的需求如此之大以至于银行无法满足需求。2007年8月到2008年，在银行和其他金融机构进行交易的人都会了解此次危机的规模。在这场危机中，恐慌没有波及到储蓄机构或者家庭部门的存款账户，而是涉及了投资银行发行其他公司或机构的短期借债，他们以回购或者资产抵押商业票据的形式存储在投资银行中。

我认为亲身经历过一次恐慌这样的经验是有价值的，它可以使人们理解危机的这两点，发生范围以及对现金的需求程度。但是我们很难将这种危机的体验讲述给那些不在场的人。现在大部分的美国人是没有经历过大萧条的,并且2007年到2008年的恐慌与大部分人没有直接的关系,他们也没有亲眼所见。公司或者机构投资者也没有在银行门口排起长队去取钱,因此人们不会像当年看影片《生活多美好》一样那么有感触,在影片中贝利建房贷款合作公司经历了银行挤兑(但那不是系统性的,因为只有一家银行发生了挤兑)。导演弗兰克·卡普拉在1946年拍摄这部电影,大部分的美国人还记得大萧条时期的银行挤兑的情形,因此,这部影片可以引起共鸣。拍摄于1964年的迪士尼电影《欢乐满人间》也有银行挤兑的片段,很短暂并且也不是主要情节。尽管其他国家的人们还不幸地忍受着银行挤兑的发生,但大萧条已经逐渐淡出了美国人的记忆。

要想通过政策设计来解决恐慌这一问题,我觉得对恐慌事件有一个直观体验是很重要的,我看过一些披露美国国际集团金融商品公司交易平台的文章,但是我认为任何实证性的证据,即使可以被展示出来,重塑当年的画面,但都不能替代亲眼所见。1907年恐慌的见证者,查尔斯·格洛弗(Charles Glover),他是华盛顿特区Riggers国民银行的董事长,他在国会面前提交证词时也提到过类似内容:

"我做了四十年银行家,在此期间遭受了所有的银行恐慌。您若不是身处银行业,是很难理解我们在11月(1907年)时经历的处境。我见证了美国所有商业的停滞。"(众议院货币银行会议的证词,1908年4月13日)

这里有一些关于恐慌的描述,来展示金融危机的本质,从1837年恐慌开始,也就是马丁·范布伦刚刚当选第八届总统时:

范布伦先生在1837年3月4日进行了就职演讲,5月10日,一场经济大恐慌在商业城市爆发,迅速席卷全国,拓展到各个领域。整个金融领域遭受重创,主要的生产和商业活动,视现金为生命线,依靠银行作为流通的媒介,此刻都陷入了瘫痪状态。每一刻,在这片土地都有痛苦的嘶喊声……这次灾难如此不同寻常，可怕，以压倒性的阵势冲击了这个国家。它沉重地打击了所有的利益群体，信用膨胀的泡沫爆破的如此有毁灭性……挫折和绝望使得最自信最坚定的人都开始有所畏惧。("范布伦先生再次当选"美国民主观察杂志，7（28 – 29）1840年4、5月，290）

这样的描述也适用于富兰克林·罗斯福总统就职期间，他在1933年3月就职，正逢大萧条时期银行深陷困境的顶峰，同样，奥巴马也是在最近金融危机发生期间就职的。危机反复发生，对其描述是类似的。这里有一些其他的描述，关于1857年恐慌：

"想象一下，伦敦的伦巴第街延伸到目前的两倍长，人行道也拓宽两倍，每三间房就有一家银行，存款者和票据持有者争相去银行兑换金子，华尔街的昨天就是这样的。纽约陷入一片慌乱中。金融动乱直接波及到它的货币机构核心处。一个接着一个，恐慌后还有恐慌，慌乱中没有人清楚，在这一天结束时，财富，商业信用和商人信誉发生了怎样的变化。今天早上，昨天部分银行停止兑换已经扩展到整个行业，纽约的经济活动只能用货币结算。"（"危机及其原因"《金融时报》（伦敦），1857年10月27日，在《西敏寺观察》1858年1月第69期中被引用）

并且，同一篇文章中还提到了：

"最后一击是迅猛且毫无征兆的，就如同1848年法国大革命一样席卷而来，在其中有隐秘的力量煽动着大众情绪。

第一次挤兑发生在华尔街外的小银行，这些银行主要是为商人，工匠，商店经营者和旅馆经营者提供便利和流通性，相比于那些和大资本家合作的大银行，这样的机构自然实力要弱一些，承受挤兑风险的能力也小。他们十点开始营业，十二点之前就倒闭了。到了下午一点钟，华尔街如往常一样，一切都平稳地进行着。柜员照常为存款者兑换硬币，没有一点危机来临的征兆。但突然之间，华尔街变得熙熙攘攘，挤兑首先发生在美国货币兑换银行（American Exchange Bank），大型机构中实力最弱的一家。我在几分钟前刚刚经过这个银行，没有一丝异样。当我再次从窗口探出去，大概有几百人（甚至一千人）聚集在银行门口，票据持有者和存款者排起了长队，大卫·李威特先生（David Leavitt）走上台阶，对着人群进行了一番演讲，这是安格鲁撒克逊民族处理危机的万能解药；人群部分散开，但是票据持有者仍然继续要求兑换，人们从各个方向涌入华尔街。通往营业厅的大理石台阶，交易中心门口宏伟的广场以及像梯子一样通往办公室的丑陋门廊（继承了阿姆斯特丹的建筑风格）都被好奇的观望者所占据。焦急的人群不断地增加。纽约银行界被要求在两个小时内清算完毕，没有银行能够承受如此大的压力。昨晚，那些幸免于难的银行家们聚在一起开会。这个会议持续到11点钟，最终达成一致意见，柜台停止兑换硬币。"

和现在的金融危机一样，在银行间市场也会出现问题，这是来自财政部部长的一封信：

"紧接着停止兑换的，就是银行内部的扯皮，对货币的不信任以及恐惧已经超过普通大众。10月1日开始，每天报纸上都会列出在美国国内倒闭的银行，第一天有三十多家银行上榜，这个可怕的消息在公众之间不胫而走。商人、工匠，杂货店老板以及肉店老板每天早上做生意前，都会在报纸上看看昨天哪家银行被加进了名单里，顾客们发现昨天还可以正常使用的银行票据，今早就被商家们拒绝，无法使用了。难怪对货币的不信任会充斥着整个国家。"（《美国银行状况》，1858年4月22日，行政文件，议会，在第35届任国会第一次会议，1857—1858【华盛顿特区，杰姆斯·斯蒂德曼（James B Steedman）】114~115页）

由于1857年恐慌发生在自由银行时代结束时期，因此，银行券和活期存款都被卷入其中。在这一时期：

"十点钟，一批强壮的警察站在宾夕法尼亚银行门口，栏杆上放有一张公示，上面写着银行决定停止偿付硬币。但是，从那时开始，人群已经逐渐骚动起来。银行门口的那条街人头攒动，除了银行职员，其他人都无法进入银行。位于第三大街的吉拉德银行引起了接下来一波骚动，大批的存款者聚在银行门口，当我在写这段话时，不稳定情绪蔓延到每个角落，结果就是，一个小时后（下午一点钟）吉拉德银行推迟了支票的偿付。城市里其他银行都遭受了挤兑。城市中的每一条街道都挤满了人群，就好像在庆祝什么与众不同的事件一样。"（《金融困境，在费城，巴尔的摩和其他地区发生的银行止付》纽约时报，1857年9月26日）

《银行家》在1857年11月的杂志第412页中写道：

"10月13日，星期二，纽约城的银行主管聚集在清算所，最终决定停止偿付硬币。在纽约的金融史中，从未出现过这样大胆，惊心动魄的时刻，几周之内，众多商业不得不关门，如同牺牲一样，银行没有回应他们的需求。即使没有身在华尔街或者繁华的社区，你也可以想象到这样一幅场景：街道上挤满了两类特色鲜明的群体。一类人涌现银行，迫切想要得到金银等硬货，他们在台阶上大楼里排起了长队，每个人都神色紧张，手中紧握着支票和汇票推嚷着拥挤着；另一类人，也就是旁观者，也挤在人行道上，一边说着风凉话一边猜测银行还能坚持多久。崩溃的商人们被要求去还债，但他们毫无偿还能力，底层人们信心全无，整个城市陷入了一片混乱之中。今天早些时候，几家银行同时被挤兑，我们认为那绝非偶然。"

1857年恐慌后，1873年、1884年和1893年也先后发生了银行恐慌。1857年恐慌的五十年美国经历了1907年恐慌：

"1907年10月28日，周一，当俄克拉荷马州的银行家一早到了他们的办公室时，他们就发现，在上个周日，圣路易斯州和堪萨斯州的银行，继纽约银行和芝加哥银行之后，也停止现金支付，除了小额度的支付，俄克拉荷马州的官员宣布了一个星期的法定假期，给银行家们一些时间来讨论现状。恐慌仍在持续。首席记者们聚在圣路易斯和堪萨斯。

在任何一座城市里，人们都无法取得现金，除非少量的支取，5000美元现金的需求最后可能会为你带来500美元。俄克拉荷马州无法为存款者提供现金的消息瞬间席卷全国。

整个国家的交易处在瘫痪状态，这幅场景是任何人都无法预见的，相同的处境在俄克拉荷马州以及其他州都有所经历。农民不出售猪肉和稻谷还有棉花，因为买家不能支付真实的货币。商品不再流动，长排的货车停在马路边赋闲。铁路公司购买少量的煤炭，矿业产量下降。许多的铁路工人，煤矿工人，机械师和劳动者都变得无所事事，人们只有在最紧急的时候才会筹钱来支付现金。价值流失，商业停滞。"（Cooke 1909，86-87）

对美国历史上银行恐慌的描述对现代社会有什么意义呢？它是否已经过时，与现在的政策无关呢？不，这次危机中的"银行"就是旧式的投资银行，银行债务就是回购协议，商业票据，PB业务。

回购（Sale和repurchase）就像是活期存款。一方借钱给银行，一般都是隔夜的，会收取一定的利息。为了让存款更安全，银行将会提供债券作为抵押品。举个例子，某机构在银行存款1亿美元，接着银行就会给这个机构的投资者一个市值为1亿的债券作为抵押物。如果银行倒闭了，那么这个机构投资者就可以卖债券，而不需要面临破产。第二天早上，这个抵押物债券就会被还给银行，同样，投资者会获得本金和利息。通常来说，这个交易是展期的，也就是说可以延长成两个晚上。当然，机构投资者可以通过不进行展期操作而取回现金。

商业票据（Commercial Paper）是一种短期债务，可以由公司发行，也可以由资产抵押商业票据管道（Asset-backed Commercial paper conduits）发行，后者是用商业票据来购买资产抵押证券（由贷款池支持的债券）。资产抵押管道是一个有特定用途的资产管理计划，他们购买大部分的投资级的，中长期的资产抵押债券，并且将它们投资到更便宜的，大部分都是短期的，投资级商业票据和中期票据。在金融危机之前，其市值最高超过 10 亿美元。

主经纪商业务（Prime brokerage）是银行业务的一种，主要面向对冲基金和其他大型投资人。主经纪人一般都是一些大型银行，清算交易，提供杠杆融资，并且为对冲基金和其他投资者提供信用额度。对冲基金一般会让主经纪人替代它进行交易，因此，对手方一般都是面对主经纪人，而非对冲基金。主经纪人所在银行也会为对冲基金提供融资，增加杠杆率，较高比例的负债比资产。对冲基金获得资产所需的杠杆率是由保证金要求和主经纪人的抵押品风险政策所决定的。主经纪人控制风险的发生，通过借钱给客户，并且以追加保证金的方式承担交易中的对手风险，或者根据风险因素及时清仓。最重要的是，客户将钱存在主经纪人（主经纪人账户）。这就像是对冲基金中的存折账户一样重要。

2007—2008 年金融危机是发生在回购，主经纪人账户以及资产抵押商业票据的一次挤兑。保罗·弗雷德曼，曾审查过贝尔斯登的回购交易，后来证实：

"大约是从 2007 年 8 月到 2008 年初，固定收益的回购市场变得不稳定，回购交易中的借款者开始缩短贷款期限，要求更高质量的抵押品来支持贷款。尽管公司可以签订长期的回购协议，但在 2007 年末，许多借款人开始不愿意参与这场交易了。在 2008 年 3 月 10 日这一周，贝尔斯登遭遇了一次银行挤兑，我认为这是由于一些顾客、借款者和对手方对它不明来由的丧失信心。信心丧失带来了三个结果：主经纪人业务的客户加快取现金和可自由支配的债券（unencumbered securities）的步伐；回购业务的客户不再进行展期或者再贷款，即使贷款是由像机构债券这样的高质量抵押物所支持的；非即期外汇交易的对手方等到贝尔斯登付钱后才愿意支付货币。"（"保罗·弗雷德曼在金融危机调查委员会上的演讲"，2010 年 5 月）

山姆·莫利纳罗（Sam Molinaro）贝尔斯登前首席运营官兼首席财务官说过：

"在这次恐慌中,越来越多的主经纪人业务的客户要求将他们的可用现金和债券转移到其他经纪人那里去,除此之外,周四(2008年3月6日)晚些时候,我们回购交易的一个重要对手公司告诉我们,他们将不会再借钱给我们,即使我们提供安全的抵押品。结果就是,我们遭受了严重的现金流失,资产池的资金大幅度减少。"("山姆·莫利纳罗在金融危机调查委员会上的演讲",2010年5月5日)

理查德·法尔德(Richard S Fuld, Jr),雷曼兄弟首席执行官,在2010年9月1日金融危机调查委员会的一篇文章中说:

"银行挤兑随后就发生了。雷曼兄弟的主要清算银行要求雷曼提供更多的抵押品。许多平日经常合作的回购交易对手方,开始撤销合作,并且要求给已有交易增加抵押品。流动性被清算银行所冻结,许多对冲基金的客户转向其他公司。"

美联储理事会报告说,投票一致通过,根据《联邦储备法》第13条,对给摩根大通的信贷进行展期,以支持其对贝尔斯登的收购:

"3月13日,周四晚,贝尔斯登高层告知美联储,他们推测,到了周五,许多回购交易的对手方将不会同意展期回购协议,因此,贝尔斯登将会在周五这天面临着大量的回购业务还款行为,贝尔斯登公司认为它并没有足够的资金或者流动资产来满足这些需求,并且在周五开盘找到其他融资方式之前,这个任务短期内也是无法完成的。贝尔斯登报告说,除非美联储愿意为贝尔斯登提供流动性,否则它将会在周五提交申请破产保护的书面材料。"(联邦储备委员会,2008年《紧急经济稳定法案》第129条报告(Report Pursuant to Section 129 of the Emergency Economic Stabilization Act of 2008),摩根大通为贝尔斯登提供的桥融资)

赫·桑特(Hector Sants),英国金融服务管理局主席,介绍英国的北岩银行(British bank Northern Rock)发生挤兑时说道:

"在我看来,市场上发生的一系列事情都极不寻常,并且也没有正确地被全球的监管者所发现,当然评论家们也没有发现这些异常。当然也许有一些人指出股价过高,但没有人真正预测到了这种情况。这不仅仅是北岩银行所在证券市场长期以来的问题,也是其他机构融资机制中的问题,尤其是回购交易。正如我们所期待的,这些机构持有高质量的资产——没有任何征兆显示这是一家持有低质量资产的机构——并且只有极特殊的情形才会使得该机构在六个月之内无法回购这些资产或者停止债券化(下议院 2008,2:25,有强调)。"

在历史上,全球范围内有很多这样类似的场景描述,读这些描述时,有几点值得注意:

- 恐慌是贯穿于市场经济发展史的。
- 金融危机有多种形式,都是要求现金,偿还各种形式的银行债务。
- 对现金的需求达到了一定规模,一般都是整个银行系统的挤兑,很难满足这样的流动性需求。
- 尽管会有一些蛛丝马迹,但危机是突然的,毫无意料的事件。

之前描述的几次危机都包括不同形式的银行货币。在 1857 年,银行顾客要求用金银来兑换银行券和活期存款。在国民银行时期,就像 1907 年的恐慌,存款者要求用国民银行券来兑换他们的支票账户。在 2007—2008 年危机时,存款者再也不想要任何债券作为回购的抵押品。我随后将会涉及更多关于 2007—2008 年危机的内容。但是现在,我们应该注意的是,回购挤兑带给银行的破坏力不亚于银行券和活期存款等银行债务,回购中,存款者获得的抵押物不总是美国国民银行券,有时也是一些有风险的资产。2007—2008 年恐慌的模式与前几次恐慌是一样的。

这些描述说明了危机的突发性——"迅猛且毫无预料,如同 1848 年法国大革命一样席卷而来。"这是一次骤变,就像从悬崖坠落下去一样,或是像突然的转折,一次骤降。经济学家喜欢用"体制转型"或者"转折点"来形容它。同样,这些描述也强调了事件涵盖的范围。

它是系统性的。许多机构在同一时间或多或少都经历了挤兑事件，银行系统无法满足这样规模的流动性需求。再次强调它的系统性，是想说明偿还银行负债所需要的现金规模之大，以至于无法被满足。在美联储成立之前，银行会停止兑换，而不是试着满足这些现金需求，在大萧条期间，州政府官员和罗斯福总统宣布银行放假，使得银行在这段时期不需要支付现金。大规模以及流动性需求，这两个特点，是系统性金融危机最典型的特点。

银行系统不能在短时期内将所有或者大部分的负债转化为现金，因为支持资产不可能在不贬值的情况下快速变现。但是如果银行不需要变卖资产，就像停止兑换时一样，那么就会遭受最少的损失，至少在国民银行时期是这样的。

在早期的挤兑事件中，没有央行或者政府不干预（人们也不期待他的干预）；后来的发生挤兑时，美联储或者其他央行已经存在，以及随后出现的存款保险制度，人们都预见到政府会干预，这两个的时期有着很重要的差别。在早期，美联储产生之前，很明显金融危机是系统性的银行挤兑。在现代社会，由于政府显性或隐性的干预，以及市场上对干预的预期，大规模的银行挤兑一般不会发生。因此，在现代社会我们可以这样认为：

金融危机就是金融中介发行的短期债务持有者同时撤回资金或者不再继续借钱给银行。如果政府没有实施显性或隐性的干预，或者市场没有预期这一行为，那么金融危机就会出现大规模的挤兑。

尽管大部分的危机都有银行挤兑发生，但是其内涵在扩大，因为市场对政府干预的期待使得单纯的挤兑一般不会发生。现实发生的情况取决于私人部门对央行或者政府政策的预期。市场预期或者政府干预使得挤兑发生几率很小，这一现象使得人们误以为金融危机与银行债务的脆弱性无关，而是由于其他因素，如银行资产剧变等，这个问题我们随后会谈到。

我承认"如果政府没有实施显性或隐性的干预，市场没有预期，那么金融危机就会出现大规模的挤兑"这样的说法很可笑，因为这是反现实的。随后，我会清楚地介绍，如果在20世纪二三十年代没有美联储，美国会发生什么。重点是人们的预期和想法需要被具象化，现实化，这样反现实的情况才有可能被构建出来。随后我将会证明这是经济学家需要做的事情之一。

金融危机并不常见，并且它们发生在每一个市场经济中。这是突发性的，毫无征兆的事件，尽管系统风险可以被观测到。它包括了所有或者大多数的银行（或者其他金融机构）。一场危机可能会出现银行挤兑，突然性的大规模流动性需求，并且银行无法满足（尽管这里所说的"银行"不一定是银行监管者眼中的银行）。如果政府如市场所期待地进行干预，那么银行挤兑就可能不会发生，但是整个银行系统已经遭到了破坏，危机仍然发生了。

第四章

流动性和秘密

第四章
流动性和秘密

银行信贷主要是由银行制造的购买力所组成，它反映为两种形式：银行票据和银行存款。

——托马斯·布鲁斯·罗博，《银行存款的担保》（Thomas Bruce Robb, The Guaranty of Bank Deposits, 1921）

金融危机与银行债务密切相关。债务是一种金融合同，在这种合同下，债务人同意在未来某个约定的期限（到期日）偿还一定的数额（也叫作票面价值、本金或者面值）。在借款日和到期日之间，债务人可能还需要给债权人支付利息。如果债务人没有偿还本金或者利息，那么就会产生一定的后果。对于非银行企业，这样的后果常常是破产——一种重新分配企业资产所有权的法律程序。而对于银行，则会产生不一样的后果：银行监管者会介入债务的偿还，当然最终也有可能会产生破产的后果。银行票据和存款账户的持有者可以在银行开业的任何时候取走现金，而回购和商业票据的期限一般是隔夜、几天、一星期甚至长达一个月。

1970年到2007年以来所发生的124次系统性金融危机中——其中包括本币直线下跌的货币危机——每一次都离不开银行和银行债务这一根源。事实上，并没有银行危机的系统性金融危机①。但银行债务对于交易进行和经济运转而言，都是不可或缺的。家庭、企业、提供债务的银行，都需要债务来进行交易，这是市场经济的一个基本特征。债务是进行交易的一种手段，它是短期的，目的是为了"安全"。银行债务对交易而言之所以如此重要，是因为它提供了流动性。

例如，如果你不得不尽快地卖掉一幅梵高的画（你真幸运能拥有他的画!），你将损失掉一些钱。除非你是一个艺术鉴赏专家，否则你不会知道这幅画到底值多少钱。与此同时，也几乎不会有人相信这是一

---

① 股票市场崩盘不是系统性危机。想想1987年或技术泡沫引起的崩盘，它们都引起了财富的巨大损失，但是它们都不是系统性危机；金融系统并没有因此而资不抵债。

幅梵高的真品。然而任何知道这幅画价值的人，却很可能说它是一幅假画，这样他就能低价买下它。所以你决定把这幅画带到一家拍卖行拍卖。拍卖行的人首先要调查这幅画的出处，接着公布拍卖目录，然后大约一年之后才举行拍卖。到拍卖行拍卖能从中收益得更多；但除非你愿意经受很大的损失，你不可能做到随时把你的画卖掉。另一方面，快速卖掉一张国库券且不损失它的价值却很容易，这是因为没有必要鉴定美国国库券的出处——所有人都知道它的价值。银行债务就是旨在通过私人的方式创造国库券的这一特性，而这一特性就叫作流动性。

流动性是一个狡猾而难以捉摸的概念。约翰·梅纳德·凯恩斯写道：如果一个资产的价值"更确信能够随时兑现"，那么这个资产就具有流动性（Keynes 1930, 67）。想实现"流动性"，即"便捷地交易"，交易参与者应该能做到不需要担忧交易中"通货"的价格是不是它的票面价值。然而，引起这一担忧的一个通常的原因，就是交易一方比另一方知道更多关于这个通货的信息。事实上，只是这种"一方比另一方知道更多"的可能性就能降低交易的潜在价值，即使事实上没有人知道什么。

让我们举一个实实在在的例子。理查德·莱文（Richard Levin）是耶鲁大学的校长，住在康涅狄格州的纽黑文市。假设他要去纽约市看展览，在看展览前，他想要在贝鲁西的"武士熟食店"（Belushi's Samurai Deli）买午饭。假设莱文校长用一张 10 美元的纽黑文银行的支票支付贝鲁西先生的三明治。问题出现了：首先，这张 10 美元的支票与黄金或者白银的兑付比率是多少——从票面折扣多少？第二，是否有哪一方比另一方知道更多关于银行票据价值的信息？如果折扣标准能够从二级票据市场上得知，也仍然存在交易的某一方秘密地知道这一折扣过高或过低的问题。知道秘密的那一方就被认为知道私人信息，而这种一方知道的信息比另一方多的情况就被称作信息不对称。

问题就在于，如果一方怀疑另一方知道关于这张支票的价值的秘密，他很可能就会怀疑自己会被利用，因而选择不交易。那么，莱文校长就买不到三明治，只能空着肚子去看展览。为了让他买到三明治，我们就要关心如何才能最小化这个由秘密产生的问题，而最小化这一问题，其实就是在创造流动性。

如果并没有信息是能通过非公开的渠道秘密得知的，那么就不会有秘密，就像国库券的例子一样。为了最小化这种由秘密引致的问题，通货必须由一个无风险或者近似无风险的抵押物支持。正如我们所看到的，问题就在于私人部门不能够创造无风险——无秘密——的抵押物。这正是我们先前看到的在自由银行时代，国民银行时代和联邦存款保险时代存在的问题。换句话说，如果抵押物是完全无风险的，而且每个人都知道抵押物无风险，那么就一点问题都不存在了。同时，如果制造一个秘密信息是有成本的且抵押物几乎没有风险，那么花力气去了解一个秘密是划不来的，也就是根本不会有人去了解这个秘密。

让我们回到莱文校长和贝鲁西先生的例子中。假设莱文校长秘密地知道纽黑文银行是用无风险抵押物支持这 10 美元的支票的，而且假设他知道这张支票只值 7 美元，那么当莱文校长用这张支票买下了一个价值超过 7 美元的三明治时，他就可以从这个秘密消息中得利，而同时贝鲁西先生就要遭受损失。

当然，也有可能，贝鲁西先生知道这个支票只值 7 美元的秘密，他就可能说这张支票只值 5 美元。那么莱文校长可以选择接受贝鲁西先生的话并且损失两美元（如果这张支票真的值 7 美元的话），或者选择放弃购买这个三明治，空着肚子去看展览。

如果莱文校长和贝鲁西先生认为并不存在所谓的秘密，而且他们也知道对方也是这么想的，那么，这张支票真的价值 10 美元，而这张 10 美元的支票能够买下一个价值 10 美元的三明治。这就是一个没有秘密的世界。然而还有另一种世界，我们把它叫做"透明的世界"。在这个世界里，他们俩都知道这张支票只值 7 美元的秘密，那么这张支票也就只能买价值7美元的三明治。相较于秘密被泄露的情形，当所有人都认为没有一个人比自己知道更多的秘密时，他们会更加幸福。如果他们都不知道这个秘密，那么这张支票就能买下一个价值10美元的三明治；如果他们都知道这个秘密，那么这张支票就能买下一个价值7美元的三明治。但如果只有一方知道这个秘密，而另一方知道对方一定隐藏了某个秘密，那么不知道秘密的这一方要么选择不交易，要么选择接受自己被利用的现实。若这个三明治是整个经济里的所有交易，那么10美元的总烩三明治（club sandwich）和7美元的香肠三明治（baloney sandwich）之间就会存在巨大的差别。

交易技术（transaction technology）并不仅仅关乎价格——10美元和7美元——因为交易的真实数量和质量是不同的。有的情况下，交易的是10美元的总烩三明治；而有的情况下则是7美元的香肠三明治。这些都是不同的商品，一个比另一个更有吸引力。也许打一个比方有助于说明这是一个手段。要从纽黑文去纽约市，莱文校长将不得不选择一些交通方式。在19世纪的早期，他可能乘坐的是马车。因为坐马车很耗时，可能一天当中最好的时光都得荒废在路上，所以莱文校长不会经常坐。与约10年之后相比纽黑文和纽约市间的交易很不频繁。而后来修建了一条连通两地的铁路（这就是著名的、具有传奇色彩的"纽黑文线"，一条在1872—1969年运行的铁路）。这条铁路的修建，带来了交易成本的下降。同样的道理，如果通货是没有秘密的，那么交易成本也会极大地下降。

当市场交易的各方都知道可能没有任何秘密：没有人知道抵押物的价值而且所有人都知道这一点，那么这个市场就是流动的。此时，交易是很容易的。这种没什么需要知道或没什么值得知道的情况——没有秘密的情况——是理想的，使得有效率的交易成为可能。

"什么也不知道的情况是最理想的"，这种观点可能有悖于我们的直觉。"有效市场"的核心正是资产价格是包含信息的。但是股票市场却和银行间市场以及货币市场有很大的不同。银行债务对于抵押物有优先索取权：抵押物先用于偿还债权人，剩余的价值才用于返还股票或所有者权益。因为股票的持有者最后才被偿还，所有关于抵押物的信息都与他们紧密相关，因此他们有极强的意愿知道秘密——无论是通过合法途径还是其他方式。因此到了最后，市场上不存在秘密（理论上），这也就是为什么价格反映了所有信息。但是银行债务却恰恰相反，它的目的是不泄露任何信息，且因为了解秘密的成本很大，也不可能有谁想要了解信息。

举另一个例子。货币市场基金（Money Market Fund, MMF）是银行的一个种类。这种基金通常投资于高质量、几乎无风险的证券，比如美国国库券、银行存单、商业票据。MMF 的投资者（也是存款人）持有基金份额，同时也可以凭借其存款开支票。货币市场基金不能"跌破 1 美元"，也就是说一家基金的每股净资产价值（Net Asset Value, NAV）永远等于 1 美元。如果这家基金有 1 亿美元的资产，投资者拥有 1 亿股基金份额，那么这家基金的每股净资产就是 1 美元。如果资产的价值上升了，MMF 就会改变利率，使得每股价值仍然保持在 1 美元。但如果资产价值缩水了，那么 MMF 的每股资产价值就可能跌破 1 美元。这正是发生在最近的金融危机中的事。作为历史上最悠久的货币市场基金之一的美国货币市场基金（The Reserve Primary Fund），就因 2008 年 9 月 15 日雷曼兄弟的破产而遭受了巨大的损失，每股净资产跌破了 1 美元。因此，2008 年 9 月 19 日，美国政府宣布为货币市场基金担保，防止其跌破面值。

有人提出，让货币市场基金浮动——也就是说，就按 NAV 的市场价交易货币市场基金，也就是允许 NAV 低于 1 美元。这相当于建议我们回到自由银行制度，那时居民和企业使用的银行券经常跌破面值。内战前，银行券市场就经常发生折价交易。然而，所有通货存在的目的就在于防止跌破面值。对于跌破面值的担忧可能会造成恐慌。如果面值可能会跌破，那么除了你之外的某个人就可能知道一个秘密，并且利用这个机会损害你的利益。正如一句古话说的——也有人说这句话是沃伦·巴菲特（Warren Buffet）说的——在一个烙馅饼的游戏中，如果你不知道谁是那个馅饼，那你就是那个馅饼了。对于成为"馅饼"的担忧阻碍了交易。

我们大多数人都熟悉活期存款（支票）和可以开支票的货币市场基金，我在前面也讨论过了银行券——内战时的货币。除此之外，还有许多其他形式的银行券，这些以其他形式存在的银行券就叫做"货币市场工具"，公司、机构投资者、养老金机构、对冲基金、州和市政府以及中央银行都持有货币市场工具。这些形式的货币，对于这些大型机构而言，都类似于活期存款。

这场危机反映了监管者和经济学家的一个重大误解，那就是他们不知道什么企业是银行，什么债是"货币"。他们以为有银行营业执照的才叫银行，而货币只能以钞票和活期存款的形式存在。他们没有意识到，回购协议、资产支持的商业票据（Asset－backed Commercial Paper，ABCP）也是货币。事实上，这两样是两个最重要的货币市场工具——这两种形式的货币在2007—2008年的金融危机中遭受了挤兑。

回购和ABCP很大程度上是由以资产支持证券（Asset－back Securities，ABS）形式存在的私人抵押物支持的。正如我们所知，私人部门不能创造无风险抵押物，也很难拿出几乎无风险的抵押物。经济运行中的实际投资是长期的，而消费和交易需求是短期的，二者之间存在一个矛盾：实际投资是不确定的，尤其因为是相较于消费而言，实际投资的时间跨度更长。就好比说建造一个潜水艇需要大约一年，而买一个午饭需要的时间就短得多。

在最近的金融危机以前，回购协议和ABCP通常使用来自私人部门的抵押物，这一抵押物一般是资产支持证券——资产证券化的产物。资产证券化通过把银行的长期贷款出售给一个特殊目的公司（一个实体法人），将长期贷款从银行的资产负债表上移除；同时，特殊目的公司又通过在资本市场上打包和出售贷款来为购买贷款组合筹集资金。证券化市场是世界上最大的市场之一。在 2002 年的美国，证券化的债券的发行量（6624 亿美元）首次超过了公司债的发行量（6367 亿美元）。到了 2005 年，即使是去除掉与按揭相关的证券化的债券，证券化债券的发行量也仍然超过了公司债的发行量。发行的 ABS 也几乎都是 AAA 或 Aaa 级的。

证券化产生了高级别的债，这些债可以作为支持回购和 ABCP 的抵押物。因此 ABS，作为长期债的一种，支持了短期债。资产支持证券的结构可以非常复杂和不透明，但它的核心就是因为这些证券没有秘密，所以它们是很好的抵押物。然而，私人抵押物的一个问题在于，它们是有风险的，因此有时有些秘密是值得了解的。

但问题就在于，如果刚开始的时候没有秘密，因为大家都知道高级别的抵押物无风险，那么，当一个冲击或者坏事发生时，存在秘密的可能性就上升了。也许其实没有秘密，但也可能真的有秘密——我们并不知道。有人可能真的知道了一个秘密，或者我们只是担心有人知道了一个秘密，那么，为了防止被知道秘密的人占便宜，最好的方法就是把借给银行的钱取出来，换成现金。这就叫做"安全投资转移"（flight - to - quality）。所有的银行货币刚开始的时候都是没有秘密的，但是后来所有的银行货币都容易受到秘密的影响，或者说当坏事发生时，对于信息很敏感。

银行债务在大规模挤兑面前不堪一击是由它本身的设计造成的。银行债务最初有意设计成没有秘密，但是一个事件仍然可能造成所有人都担心别人知道了什么秘密。因此，债权人说，为了确定抵押物的价值，把这个抵押物能换的钱拿出来。

银行没有钱，因为它已经把钱借出去了，所以只好停止兑换——也就是银行直接拒绝存款者取钱的要求。这就是在美联储出现之前的银行止兑期间的主要问题，那时缺乏能被人们普遍接受的货币。

在联储出现在美国的大地上之前，银行想要通过增强对活期存款的支持的方式来减少任何人发现某个秘密的可能性。它们实现这一目的的主要方式就是组建一个票据交换所。票据交换所是个"清算"支票的组织，最初，不同银行开出的支票不得不拿回开票行清算并兑换成现金。而现在如有人给我写了一张支票，我只要存入我的账户所在行就可以。我的账户行会将支票带去票据交换所要钱。在这种方式下，给我开支票的那个人在他银行账上的钱就被扣除了（通过票据交换所），而我的账户上的钱就增加了（假设这个支票没有被拒付）。如果有很多很多这样的支票、涉及很多很多银行，那么，清算的过程就会非常复杂。

宾夕法尼亚州的最高法院是这样描述票据交换所的：

票据交换所是一个天才的发明，它简化并辅助了银行调整和偿付银行间每日结存余额的过程，而这一过程每天只需要在一个地方、一次性完成。在实际操作中，一个特定城市里的所有银行的代表都在票据交换所会面，接着，在一个有能力的委员或者一个由会员银行选出的官员的主持下，按照双方的结存余额，各行与其他银行进行账户核算、付款或者收到付款，"清算"当天的交易。(J. Cannon [1910a], 1)

在票据交换所出现之前，每个银行都需要派一名业务员，带着对方开出的支票到各个银行去提示付款。因此，每个工作日，各个银行的业务员都会到别的银行去，一整天都在来来往往中度过。可以想见，业务员们每天都会看到对方往来于各个银行间，而且很多时候来自不同银行的业务员们可能会同时在同一个银行提示付款。这些业务员们因此而互相熟悉了，最后他们决定，在某个街角会面，不用到银行去，直接交换对方的支票。不久，他们就开始约定每天固定地在一个公共场所会面（比如说酒吧）。这显然省了很多时间。等他们的上司也发现这是个好方法时，这个公共场所就成了票据交换所。有人说这个故事发生在爱丁堡，但大多数的历史学家援引历史公文，认为这个故事的源头是 1775 年伦敦的第一个官方票据交换所。

到了 1889 年，全美国有 51 个市建立了票据交换所。

到了 19 世纪，票据交换所除了票据清算外，还承担了多种多样的作用。1901 年 6 月 22 日，纽约市票据交换所协会的一个经理，威廉·席勒（William Sherer），在纽约州银行家协会的演讲中，解释了票据交换所的功能：

> 正如一个作家所写的那样，票据交换所已经成为了"稳健的银行业的保卫者"。对会员行和非会员行发布周报告的要求，给了所有商业团体一个评估各银行运行状况的机会。票据交换所委员会是银行协会的执行机构，它的成员都是世界范围内极具经验和能力的银行家。票据交换所委员会通过各银行发布的周报告和在票据交换所的交易记录，了解银行业发生的大事件，并因此能够判断一家银行是否在经营中做了有损银行业整体稳定和商业团体利益的事。
>
> 票据交换所委员会有权利审查任何银行或信任在票据交换所交易的公司，也有权利叫停某个机构的特殊待遇，只要票据交换所认为这是一个必需的做法。（纽约州银行家协会，New York State Bankers' Association 1901，51）

席勒先生描述的票据交换所，具备了央行的一个职能——监管审查会员行——但票据交换所还有别的职能。在应对 19 世纪末的恐慌时，票据交换所发行了它们自己的货币，叫做票据交换所贷款证券（clearinghouse loan certificates）。这个新型信贷工具有两大用途。首先，这些工具只在票据交换所的成员间使用，且在清算过程中替代现金。后来，随着票据交换所贷款证券使用的进一步发展，它们直接被发行给公众作为货币使用。票据交换所贷款证券是银行团体——票据交换所——在危机时期创造安全抵押物的一种方式。这些信贷工具不是某个银行单独的债务，而是票据交换所成员共同的债务。

表 4.1　　　　　　　　　　　1889 年美国票据交换所

城市	成立时间	会员行数量
新英格兰州		
纽约（New York）	1853	65
波士顿（Boston）	1855	54
普罗维登斯（Providence）	1866	34
哈特福德（Hartford）	1872	15
纽黑文（New Haven）	1873	10
斯普林菲尔德，马塞诸塞州（Springfield, MA）	1872	10
伍斯特（Worchester）	1861	8
波特兰，缅因州（Portland, ME）	1865	7
洛威尔（Lowell）	1876	7
中大西洋地区		
费城（Philadelphia）	1858	41
匹兹堡（Pittsburgh）	1866	19
巴尔的摩（Baltimore）	1858	23
锡拉丘兹（Syracuse）	1874	8
威尔明顿，特拉华州（Wilmington, De）	1887	6
布法罗（Buffalo）	1889	12
中部地区		
芝加哥（Chicago）	1865	20
辛辛那提市（Cincinnati）	1866	17
密尔沃基（Milwaukee）	1868	11
底特律（Detroit）	1883	17
克利夫兰（Cleveland）	1858	11
哥伦布（Columbus）	1868	14
印第安纳波利斯（Indianapolis）	1871	7
皮奥利亚（Peoria）	1880	10
大急流城（Grand Rapids）	1885	7
其他西部地区		
堪萨斯（Kansas City）	1873	11
明尼阿波利斯（Minneapolis）	1881	16

续表

城市	成立时间	会员行数量
圣保罗(St. Paul)	1874	14
奥马哈(Omaha)	1884	8
丹佛(Denver)	1885	10
德卢斯(Duluth)	1887	7
圣约瑟夫(St. Joseph)	1877	7
威奇托(Wichita)	1888	8
托皮卡(Topeka)	1887	6
得梅因(Des Moines)	1887	9
苏族市(Sioux City)	1889	11
西部		
旧金山(San Francisco)	1876	17
洛杉矶(Los Angeles)	1887	8
波特兰(Portland)	1889	10
西雅图(Seattle)	1889	12
塔科马(Tacoma)	1889	7
南部		
圣路易斯(St. Louis)	1868	17
新奥尔良(New Orleans)	1872	15
路易斯维尔(Louisville)	1876	22
孟菲斯(Memphis)	1879	8
里士满(Richmond)	—	—
加尔维斯敦(Galveston)	1885	—
达拉斯(Dallas)	—	7
沃斯堡(Fort Worth)	1888	—
诺福克(Norfolk)	1871	6
纳什维尔(Nashville)	1889	10
伯明翰市(Birmingham)	1889	9

  票据交换所贷款证券的第一次发行是在1860年,尽管这一举动来源于纽约市银行对1857年恐慌局面的应对。1860年,就在亚伯拉罕·林肯(Abraham Lincoln)刚刚当选之后,美国的经济状况开始恶化。银

行不愿意借贷，一些最好的银行不能为自己筹集资金，甚至只好提供高利率以吸引客户。乔治·S. 科（1814—1896）曾是纽约美洲交易国民银行（American Exchange National Bank of New York）多年的主席，他设想了一个新的信贷工具。纽约票据交换所协会1860年11月21日的会议纪要，阐释了科的提议（详见 Bankers Magazine 15 ［1860－61］：500；也曾被雷德利克（Redlich）［1968，161］引用）：

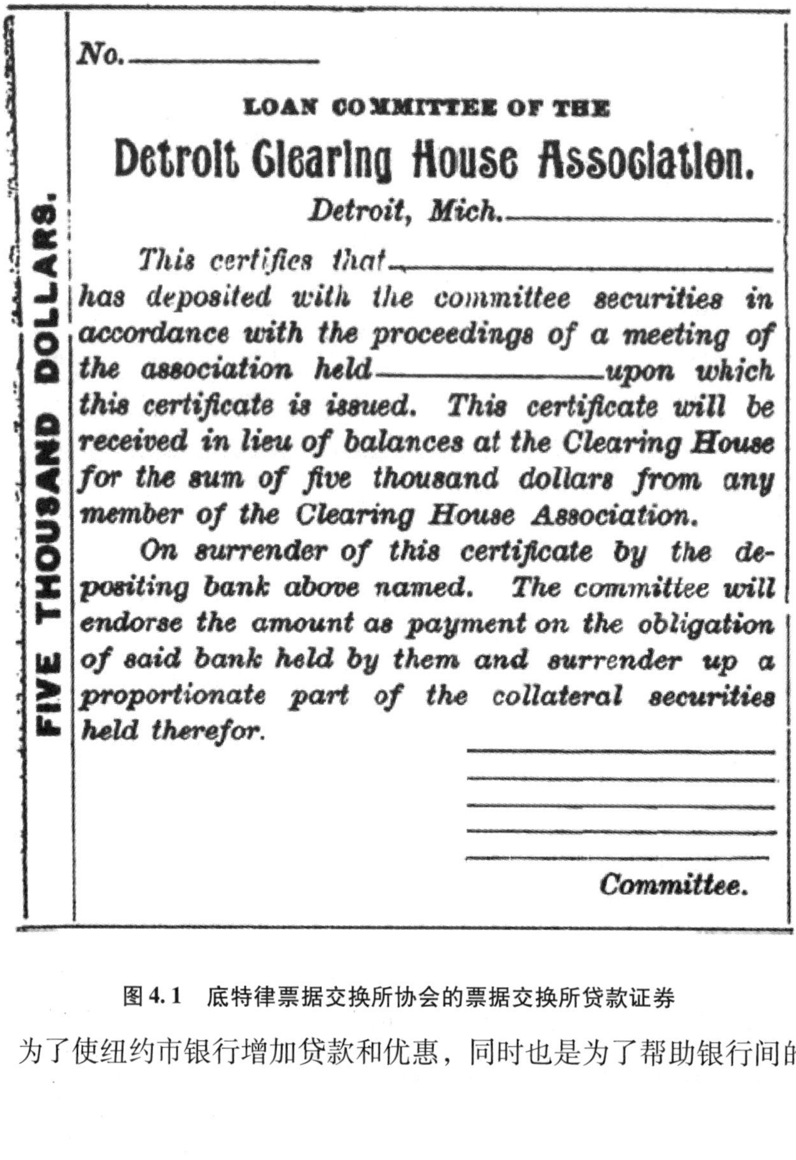

```
FIVE THOUSAND DOLLARS.

No._____

LOAN COMMITTEE OF THE
Detroit Clearing House Association.
Detroit, Mich._____

This certifies that_____ has deposited with the committee securities in accordance with the proceedings of a meeting of the association held_____ upon which this certificate is issued. This certificate will be received in lieu of balances at the Clearing House for the sum of five thousand dollars from any member of the Clearing House Association.

On surrender of this certificate by the depositing bank above named. The committee will endorse the amount as payment on the obligation of said bank held by them and surrender up a proportionate part of the collateral securities held therefor.

_____
_____
                                    Committee.
```

图 4.1　底特律票据交换所协会的票据交换所贷款证券

为了使纽约市银行增加贷款和优惠，同时也是为了帮助银行间的交易清算，我提议，任何在票据交换所的成员行，都可以选择在这个五个人组成的委员会（这个委员会的成员就是为了上述所说的目的而任命的）里存一笔钱。这笔钱可以是应收票据、美股、美国中长期国库券、纽约州发行的股票，只要委员会成员认可。委员会认可之后，应当被授权发行面值5000美元、年利率7%的票据交换所贷款证券，发行的证券总值应当等于成员行在委员会的存款的75%。这些证券将用于清算各行在票据交换所的结存。在该存单发出的30天之内，每日票据交换结束之后都应当将该存单交至债权人手中，移交的数额应等于该债权人在票据交易所应当增加的借方账户的余额。30天后，对该证券进行结息，所结利息应当在这段时间内持有过该证券的银行中、按其所持有的时间分配。

存放在上述委员会的钱应当作为一种特殊的存款，并由该委员会代为保管，委员会在此之上发行票据交换所贷款证券。

该委员会应当被授权，在存款行的要求下，实现上述证券与现金或其他等价物的兑换，同时，委员会也应当有权利斟酌决定，要求存款行通过交易或增资的方式，增加在委员会存放的证券。

该委员会可以发行的证券总额不能超过500万美元。

只有在票据交换所协会四分之三成员通过之后该协议才对该票据交换所具有约束力。

为了能够坚定不移地达成这份协议定下的目标，各成员行的现金应当被视作互相救助和保护的共同基金，同时，该委员会应当有权利通过评估或其他方式实现各行在票据交换所的平衡。

为了实现这个目标，每天早上开业之前，委员会都应当听取关于各银行运营状况的报告，该报告应当和各银行的票据交换结果一起送到票据交换所的经理处，同时详细地陈述如下事项，即：

贷款和折价

存款

贷款证明

库存现金

该方案为一个可以用来清算各银行在票据交换所的结存的新型债务——票据交换所贷款证券——的出现绘制了蓝图。这项方案同时还集中并平衡成员行的货币存款以防止延缓兑换的出现,这样一来,原本看上去非常棘手的停止兑换的问题就被避免了。

票据交换所贷款证券在1873年的恐慌中再一次被启用。在1874年8月20日,纽约票据交换所的主席发表了一篇和1860年的那个计划几乎完全一样的讲话,标志着票据交换所贷款证券发行的开始。这种由票据交换所(即所有成员行)支持发行共同债务的做法,在接下来的危机中持续发展。到了1893年的恐慌,票据交换所贷款证券第一次以小面额的形式面向公众发行。票据交换所在1893年发行的一张又一张的货币约1亿美元,约为货币存量的2.5%。在1907年的大恐慌中,约有5亿美元的票据交换所贷款证券被发行,大致为货币存量的4.5%。

票据交换所贷款证券的目的在于减少存在关于某个银行的秘密的可能性,因为,通过集合所有银行的资产,多样化降低了产生秘密的可能性。然而,贷款证券在一段时间内是折价交易的。因此,贷款证券也仍然不是私人部门创造无风险债务的成功案例,尽管二者很相近。

在最近的金融危机中,美联储在2008年3月引入了短期证券借贷工具(Term Securities Lending Facility, TSLF),允许银行用资产支持证券兑换美国长期国库券。TSLF的独特之处在于,它使得美国长期国库券用一种特殊的方式进入了市场中——通过兑换资产支持证券(ABS)。ABS是容易产生秘密的,但是国库券却没有秘密,这样一来,银行回购的抵押物的信用就上升了。这一事实证明了TLSF是一个非常有效的工具,最后,市场上就不存在秘密了。

债务之所以存在,是因为它减少了风险。银行债务就是被设计来防止秘密的,因此也是流动的;也就是说,债务很容易按照面值交易,而无须担心因为对手方掌握私人信息而自己遭受损失。然而，经济中一个小小的冲击就有可能使得市场参与者认为别人掌握了秘密，进而怀疑债务的抗秘密性。当原本以为是流动的债务被发现是不流动的，而这些债务又是许多银行的杠杆时，危机就产生了。票据交换所贷款证券就是对这类危机的应对手段，它的机理就在于产生防秘密的银行债务。

表 4.2　　　　纽约票据交换所发行的贷款证券（百万美元）

年份	首次发行日期	清偿时间（月）	发行的最高数额	银行存款
1860	11月23日	3.5	6.9	99.6
1861	9月19日	7.25	22	99.3
1863	11月6日	2.75	9.6	159.5
1864	3月7日	3.25	16.4	168.0
1873	9月22日	3.75	22.4	174.8
1884	5月15日	4.25	21.9	317.2
1890	11月12日	2.75	15.2	386.5
1893	6月21日	4.66	38.3	398.0
1907	10月26日	5	88.4	1023.7
1914	8月3日	4	109.2	—

第五章

信贷激增和狂热

第五章
信贷激增和狂热

> 繁荣孕育了信贷，信贷激励了企业，而企业雇用了劳动力。数据显示，在英格兰大约每十年间，我国大约每二十年间，都会有一次无法支付劳动者的情况。恐慌在 1797 年、1807 年、1817 年、1826 年、1837 年、1847 年、1857 年的英格兰都反复发生过，1866 年也发生了一个近乎是恐慌的事件。而在我们国家，我们在 1815 年、1836 年和 1857 年都发生过恐慌。我说的恐慌，不是指让华尔街哀鸿遍野的地区性风暴，而是指影响广泛、席卷各行各业的商业危机。
>
> ——《The Nation》, September 25, 1873

金融危机出现之前，通常有长时间的信贷激增。在这段时间里，信贷的发放量——通过贷款、发行债券、按揭的形式——大幅上升。因为当某一个事件冲击了金融系统（在人们知道了秘密的时候）时，就可能会有更多的违约发生，而信贷的激增使得整个金融系统更加脆弱。这并不是说信贷膨胀是不好的，但是首先，我们先了解一下它是如何发生的。

在现代，所谓的借款激增可以被定义为一段私人信贷的增长不正常地快于私人国内生产总值（GDP）增长的阶段——简单地说，就是信贷发放的增长在几年内维持在一个高百分点。如果我们看看有多少危机中，前三年私人信贷与 GDP 的比率的年平均增长是快于 10% 的，我们就会发现，从 1970—2007 年大约有三分之一的危机中出现了信贷激增。在很多家喻户晓的危机前都观察到了快速的信贷增长，比如阿根廷 1980 年的金融危机、智利 1982 年的金融危机（那时的信贷增长为 34.1%）、瑞典、挪威、芬兰 1992 年的金融危机、墨西哥 1994 年金融危机（"龙舌兰酒危机"，the Tequila Crisis），以及泰国、印度尼西亚、韩国 1997 年的金融危机（亚洲金融危机，the Asia Crisis）。事实上，对于金融危机预测的最有用的指标就是对信贷发放的测量。信贷对于危机的敏感度就像"煤矿当中的金丝雀"。

图 5.1 表示的是在金融危机前五年的信贷增长。从图中可以看出，快速的信贷增长发生在大多数的银行危机前。

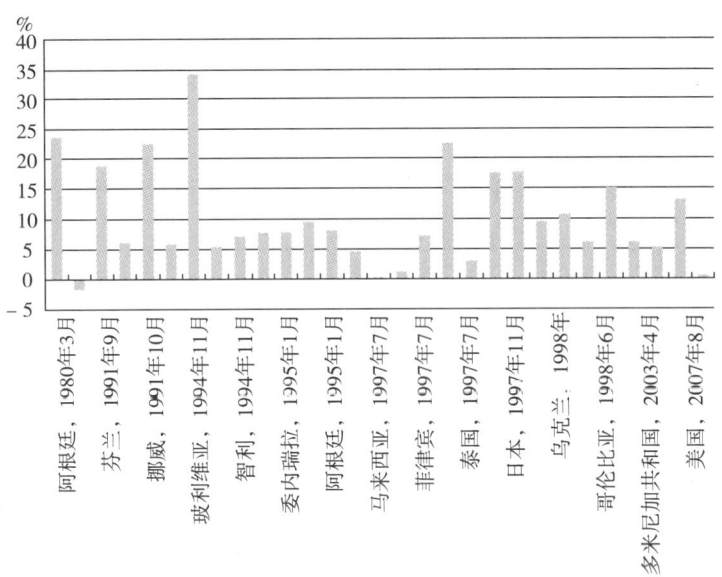

资料来源：Laeven 和 Valencia.

图 5.1　私人信贷占 GDP 比重的年均增长率，危机发生前（t−4，t−1 期）

让我们看一个例子。新兴市场最重要的危机之一是发生在 1994 年到 1995 年的龙舌兰酒危机，危机先从墨西哥开始。在危机前，墨西哥的经济运行看上去很健康。20 世纪 80 年代后，墨西哥又开始增长了，这被称作"失去的十年"。引起龙舌兰酒危机的近因是墨西哥比索的大幅度贬值。在 1994 年 12 月，墨西哥中央银行扩大了汇率的浮动区间，这一举动即刻造成了比索 15% 的贬值，主权违约的问题凸显。国内利率也增加了，造成了墨西哥银行系统的损失。同时发生的还有政治危机：武装叛乱、领先的总统候选人被暗杀、一位杰出的企业家遭绑架以及政治丑闻。龙舌兰酒危机还波及了巴西和阿根廷。它显示了如果冲击造成了汇率的大幅贬值，那么，国际资本流动是多么重要。

龙舌兰酒危机有独特和新的一些方面，但是它发生之前的信贷激增却并不是一件新鲜事。墨西哥银行的前副总裁弗郎西斯科·迪亚兹吉尔（Francisco Gil – Diaz）是这样形容那场信贷激增的：

墨西哥信贷扩张的速度令人震惊。从1988年12月到1994年11月，当地商业银行发放给私人部门的信贷实际增长了277%，25%每年的增长速度。一些数据能够让我们更好地理解内在的趋势：信用卡负债以每年31%的速度增长，对耐用品消费的信贷每年增长了67%，而按揭贷款的增长率是每年47%。以上这些都是去除掉通胀的实际增长速度。(Gil – Diaz 1998，306 – 7)

迪亚兹吉尔将信贷激增归因于许多因素："金融部门……经历了一场巨大的自由化变革。这场变革，加上其他的一些因素，鼓励了信贷供给的增加，以至于这样的增幅和增速压垮了软弱的（银行）监管者、一些资本不充足的银行甚至是一些借款人"（详见 Gil – Diaz [1998，303]）。表5.2显示了龙舌兰酒危机之前墨西哥的人均信贷增长，危机日期用垂直黑色粗线标注。

当时没有发生银行挤兑，因为存款人都得到了救助。1994年贬值之后不久，墨西哥政府就开始了救助操作和一系列对银行资产重组的举措。这些救助防止了银行体系的系统性崩溃，但是也付出了惨重的代价：大约15%的GDP。发生了危机却没有发生银行挤兑，墨西哥的这场危机反映了一个典型的现象：被政府救助的期望改变了人们的行为。然而政府必须救助，因为一旦政府不这么做，银行挤兑就必然发生。

墨西哥信贷增长的模式在近期的金融危机又重演了，但是信贷的形式发生了变化。特别地，这场信贷激增是关于一种新的债务——资产支持证券（ABS）。图5.3体现了非按揭资产支持证券的增长。纵坐标表示的是未偿债务总额。

非按揭资产抵押证券大多数是为除房屋购买外的消费者债务——如信用卡债务、机动车贷款、学生贷款——融资的。美国消费者信贷的一大部分就是由证券化融资的。大致来看，证券化融资在各类消费借贷市

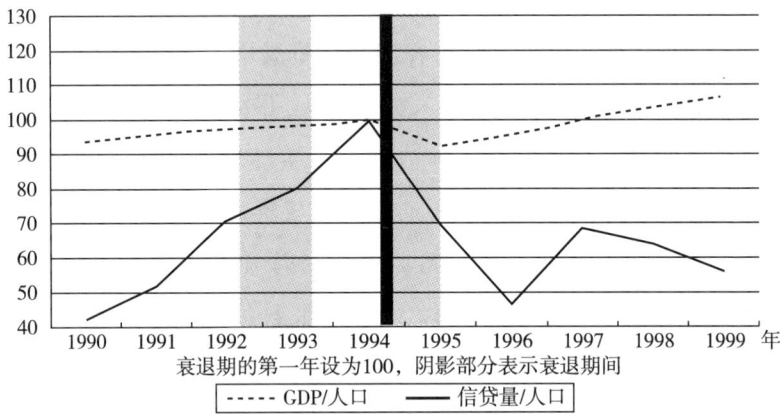

资料来源:Business cycle dating from Economic Cycle Research Institute(http://www.businesscycle.com/resources/cycles);World Bank.

图 5.2 墨西哥的系统性危机,

开始于 1994 年 12 月(峰值—低谷:10/92 – 10/93,11/94 – 07/95)

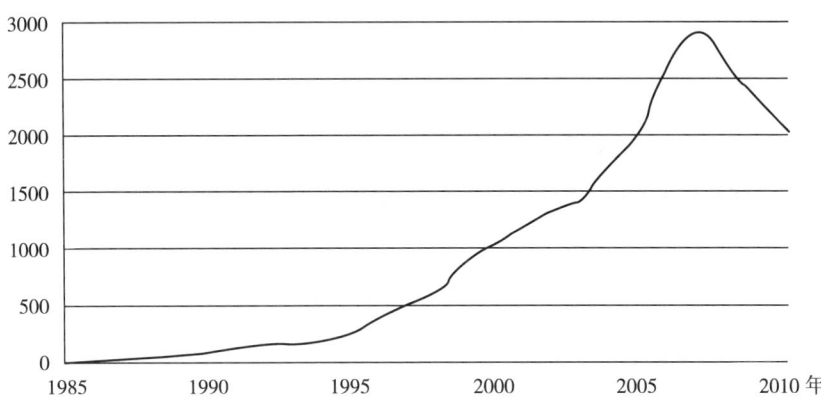

资料来源:Securities Industry 和 Financial Markets Association.

图 5.3 美国未偿还的非按揭 ABS

场上占到了 30%～75%,大约有 64% 的未偿还的房屋按揭贷款也来自于证券化融资。证券化为美国未偿消费信贷提供了总计超过 25% 的融资。此次金融危机中,这一类非按揭 ABS 的增长是传统信贷激增的最鲜活的例子。证券化在危机当中扮演了重要的角色,原因在于资产支持证券被用作回购协议的抵押和资产支持性商业票据管道（ABCP conduits）的资产。总的来说，正如图 5.4 所显示的，私人信贷市场的未偿债务出现了上升。

图 5.4 显示了家庭和金融部门借款的增加。借款是和经济增长相关的，因此，如图 5.5 所示，可以用未偿债务量与国内生产总值的比来衡量未偿债务的情况。

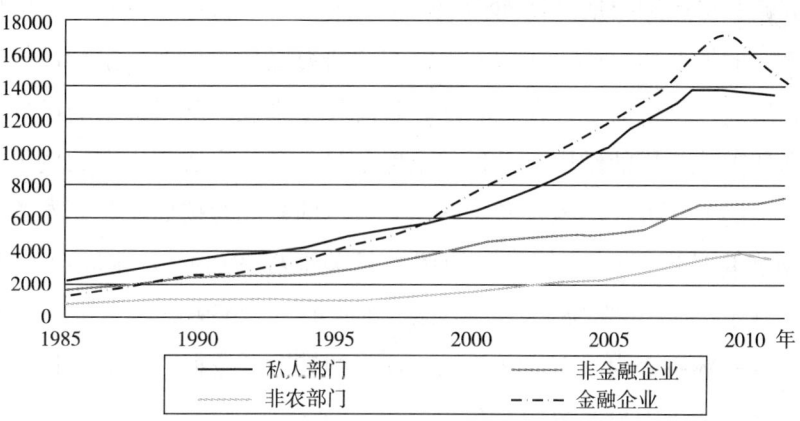

资料来源：Federal Reserve System, Flow of Funds.

图 5.4　信贷市场上的未偿债务（分部门）

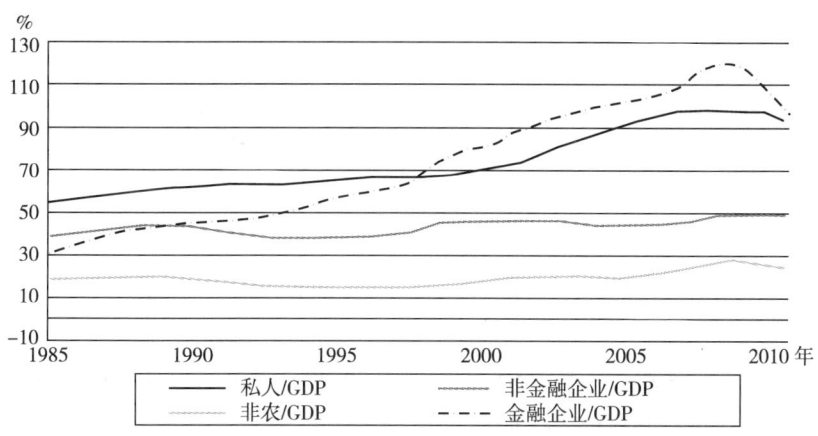

资料来源：Federal Reserve System, Flow of Funds; Bureau of Economic Analysis.

图 5.5　信贷市场上的未偿债务占 GDP 的百分比（分部门）

即使将未偿债务除以国内生产总值，从20世纪90年代起，家庭和金融部门债务的增加仍然是很明显的。这一趋势在金融危机的时候也尤为突出。

信贷激增意味着家庭和企业借贷的越来越多，上图显示在最近的美国信贷激增中，家庭借贷最为突出。家庭借这么多钱用来做什么呢？尽管非按揭相关的证券化数额增加了，答案却似乎是银行借了更多的钱给家庭购买房屋和土地。换句话说，银行借钱给了房地产行业，而房地产是最好的抵押物。尽管在这方面的相关研究很少，但似乎银行借贷的增加和房地产价格的上升存在联系，且总体上来说，房产价格的增加一般都会伴随着信贷的激增。最近的金融危机就是一个实实在在的例子。按揭相关的证券极大地增长了。图5.6显示的是人均按揭相关证券的未偿金额变化情况。1980年，人均按揭相关证券的未偿金额是487.78美元，到了1995年为8835.54美元，2000年是12639美元，而到了2006年，这一数字变为了25839美元。这张图表明，按揭贷款支持证券在最近的金融危机中扮演着中心角色。

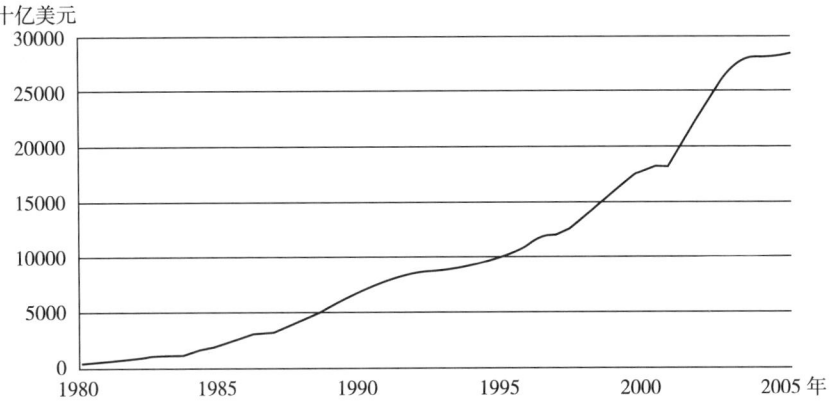

资料来源：SIFMA：包括GNMA，FNMA，和FHLMC mortgage-backed securities和CMOs，CMBS，和private-label MBS和CMOS.

图5.6 美国人均按揭相关证券的未偿数额

第五章
信贷激增和狂热

这张图显示了一个上升的趋势，但实际上它包含了两个趋势。首先，越来越多的人们得到了按揭，其次，越来越多的按揭不是通过银行增加他们资产负债表上的"按揭"项下数额而是通过按揭贷款支持证券的发行融资的。因此，这张图表现了按揭贷款的信贷激增和辅助信贷创造的金融创新的合成效应。

美国见证了许多次信贷增加和随之而来的土地、房屋价格的上升，这种现象常常用"泡沫"、"狂热"和"投机"一类词来形容。信贷增加和房地产相关行业的价格上升之间存在相关性可以追溯到很久以前。时间越早，这样的数据就越稀少，然而许多最早期的信贷激增都是和公共土地的销售相关的，在美国发生的最早的信贷激增之一的事件就是基于缅因州的土地销售。休·麦卡洛克（Hugh McCulloch）[①] 在他 1888 年的备忘录 Men and Measures of Half a Century 就曾提及：

在美国发生过的最疯狂的投机事件是在缅因州的材用林地上发生的。1832 年左右……马塞诸塞州的人们开始得知，一些投资于缅因州的材用林地的人赚了一大笔钱。缅因州的一大部分是由广阔的森林覆盖的……这些土地在美国以非常低的价格出售，那些有先见之明的早期购买者确实赚了在那时认为的一大笔财富……然而不久之后，就有报道称他们不再盈利了……直到新英格兰几乎每个人听说了这件事都想要在缅因州的土地上投机盈利。

土地的购买销售主要是通过信贷，在整个交易过程中几乎没有使用现金，无论交易额是多少。这一场赌注是使用本票的，而当危机发生时，正是这些无法兑付的本票给成千上万的家庭带来了损失。

另一个人，迈克尔·谢瓦利埃（Michael Chevalier）——一个 1834 年被派往美国调研公共事务的法国内部大臣——也曾经观察过早期的信

[①] 律师兼任银行家的休·麦卡洛克（Hugh McCulloch）（1808—1995）是第一位货币监理官，从 1863 年开始。后来，他于 1865 年被亚伯拉罕·林肯（Abraham Lincoln）总统任命为财政部长，在林肯总统被刺杀之后，他仍然在安德鲁·约翰逊（Andrew Johnson）的治下担任这一职位。1884 年，他在切斯特·艾伦·阿瑟总统（Chester A. Arthur）任内又一次出任美国财政部长。

贷激增。他用了两年时间环游了美国，寄回了 23 封共计 440 页纸的信件，这些信都被收录在他 1839 年的书《美国的社会、风俗和政治》(Society, Manners 和 Politics in the United States) 里。尽管谢瓦利埃没有亚历克斯·德·托克维尔 (Alexis de Tocqueville) 出名，但他对于美国生活也具有敏锐的观察力。1835 年 8 月 4 日，他写道 (305)："每个人都在投机，每个东西都可以成为投机的对象……最主要的投机对象有……棉花、土地、城市和乡镇空地、银行和铁路。"他所形容的这场投机正发生在 1837 年大恐慌的前夕，那时出现了大规模销售公共土地的现象。本杰明·贺瑞斯·希巴德 (Benjamin Horace Hibbard)（1870—1955）是威斯康星州大学的一个农业经济学家和名著《公共土地政策的历史》(A History of the Public Land Policies) 的作者，他形容了这场土地购买的狂热：

"成千上万的人，无论钱多还是钱少的，都对安家、小麦、繁荣和利润抱有幻想。人们对于实现这些幻想有着过度的热情，而货币的情况正大大帮助了投机。"（Hibbard 1965, 215）

这场对于土地购买的狂热反映在公共土地售卖的收入上。亚伦·萨克尔斯基 (Aaron Sakolski)（1880—1955）在《巨大的美国土地泡沫》(The Great American Land Bubble)（1932, 235）中写道：

在 1825 年，公共土地销售的收入仅为 1216090 美元，而到了 1830 年则上升到了 2329356 美元，而且还在持续上升。（表 5.1）

土地价格持续上涨，这就需要购买者借的越来越多。戴维斯·瑞奇·杜威 (Davis Rich Dewey)[①] 是研究金融史方面的学者，他就曾经评论了这段时期信贷激增和土地价格，他写道：

"当土地的市场价格频繁地上升以至于高于政府的卖价时，在那些

[①] 著名的哲学家和教育改革家约翰·杜威 (John Dewey) 的弟弟戴维斯·瑞奇·杜威 (Davis Rich Dewey)，是麻省理工大学的经济学教授，同时也是 1911 年《美国经济评论》(American Economic Review) 杂志的主编。

能够借到钱提前以优惠价格买下房子的人或留着房子等到以后再卖的人中存在激烈的竞争。借款者在当地银行很容易就能得到贷款，而贷款帮助他们从土地所有者那里购得土地；多数情况下，政府卖土地所得的钱一到手又被立即存入银行中，而这笔钱又再一次作为贷款借给另一个购房者甚至是同一个土地投机者。这些当地银行和政府的盈余因此进入到了一个普遍的信贷网中去；银行被建立起来，以满足暂时的需求，这样债权人（银行）的出现是依赖于债务人的。"（Dewey 1918, 225）

表 5.1　　1837 年大恐慌前的公共土地出卖情况

年份	卖出的土地（英亩）	收入
1831	2 77 857	$ 3 557 064
1832	2 462 342	3 115 376
1833	3 856 227	4 972 285
1834	4 658 219	6 099 981
1835	12 564 479	15 999 804
1836	20 074 871	25 167 833
1837	5 601 103	7 007 523

当代的一些观察家也提到过银行信贷的增长。比如，詹姆斯·布坎南（James Buchanan）（1791—1868）——来自宾夕法尼亚州的参议员，后来也是美国第十五任总统，在美国参议院的一次演讲中提道：

银行资本、银行券和银行贷款在过去几年里都以惊人的速度增长。总统先生在他的宣言当中说，在 1834 年初到 1836 年的 1 月 1 日，这个国家的银行资产从 2 亿美元增长到了 2.5 亿美元，流通中的银行券从 9500 万美元增长到了 1.41 亿美元，银行贷款和减息贷款从 3.24 亿美元增长到 4.57 亿美元。我们知道自从 1836 年 1 月 1 日起，这些数字还在快速地增长，很多新的银行建立了起来……在每一次人们交易快速收缩时，这些银行要么在他们自己给自己堆置的重压下轰然倒塌……或者，即使他们度过了这场冲击，他们也元气大伤，或者极大地损害了那些不幸成为他们的债主的人的利益。（Appendix to Cong. Globe, 25th Cong, 1st Sess. [1837], 100）

休·麦卡洛克也曾经将信贷激增和银行危机联系起来。他说：

"1835年和1836年的经济繁荣最终以1837年糟糕的金融危机结尾。这场繁荣来自于过多的银行券的流通和、减息贷款的发放和信贷系统的滥用。它起初是被政府在州银行的存款所激发的，整个经济社会充斥着货币和信贷，直到整个国家都被疯狂的投机心理所席卷，劳动和生产大幅下降，以至于这个向来是世界粮食生产国的地方，变成了面包原材料的进口国。这场危机后，整个国家久久难以复原。

1857年的金融危机的原因和1837年的类似，那就是不同形式的信贷的不健康的扩增。"（1888, 218）

麦卡洛克对1857年大恐慌的观点是那时的统一认识。比如，威斯敏斯特评论（Westminster Review）就写道：

"当商业界的资源被取尽时，按揭贷款应运而生。空地不再值钱，高房租在一个贫穷的社区里不可维持，房地产的价格大幅降低。现在有千百人失业，商人们承受着巨大的压力，纽约、费城和波士顿的房租将大幅下降，而别的地方，大片土地在一段时间内都空空如也。因此，当席卷全国的巨大的投机系统崩溃时，银行的各类证券、票据经纪人、商人和店主变得一无所有，对于商业提升和资本积累的担忧带来了破产。"（《危机及其原因》，载《威斯敏斯特评论》1858年69期）

似曾相识吗？

这样的模式一次又一次地重演。1873年到1896年，又发生了一次信贷激增和土地价格的上涨，西部农产品价格和土地价格上升的同时，全国各地的许多按揭都由银行买下。然而一段时间后，农业传来坏消息，紧随其后的便是抵押品赎回权的取消、企业以及银行的破产——直

第五章
信贷激增和狂热

到 1893 年爆发了大恐慌。艾伦·博格①在他对于这次信贷激增和破灭的经典研究当中写道：

"在 1888 年和 1894 年，大多数的按揭贷款企业都破产了，而破产的原因是紧密相连的。按揭贷款机构的官员们错估了这个平原国家的变幻莫测的气候条件，他们争先恐后地给美国中部（比如堪萨斯州和内布拉斯加州）的居住区投资。从 1997 年开始，这个平原国家就受到一系列灾难性的干旱的打击。干旱和粮食歉收的效应有时能够被高价所缓解，但在这些年份里，连农产品的价格都相当低迷。很多居住在中部边疆的人都无法履行他们的法律义务。企业房地产的拥有量上升到了一个难以控制的规模；经营资本却在土地市场出现了价格暴跌时转换成了土地。"

这样的信贷激增并没有一个好的结局。一首描述一个借款人悲惨经历的诗，控诉了这场信贷激增：

就在三年以前
我买了很多地产，以我以为很低的价格
这是卖家告诉我的
而他本应知道实情

我的买价是 1.5 万
他并没有和我讨价还价
我付了这一大笔钱的二分之一
还以为自己像加尔文·布莱斯（Calvin Brice）② 一样富有

---

① 博格是康奈尔大学的哲学博士，同时也是经济史协会（Economic History Association）、农业史协会（Agricultural History Society）和美国历史学家组织（the Organization of American Historians）等多个协会的主席。他是美国国家科学院仅有的三个历史学家中的一个。

② 加尔文·布莱斯（Calvin Brice）（1845—1998）出生于俄亥俄州，曾在同盟军中任职，并在密西根大学获得过法律学位。他后来成为伊利湖和西部铁路（Lake Erie 和 Western Railroad）的主席，众所周知非常的富有。

剩下的钱是用票据付的
而当我未经思考地签下我的名字
我从来没有想过
我将给自己背上多么沉重的包袱

如今我坐在寂静昏暗的角落
思索我可怕的厄运
我只想安静地躺在我的坟墓里
直到下一次信贷增长出现之前

（威廉·S. 威特姆【William S. Witham】，《银行家》（Bankers' Magazine 1898（57），506）

在美国历史的早期，信贷激增不只和土地相联系。谢瓦利埃写道："在铁路运输上的投机几乎和在土地上的投机一样疯狂"（1839，307）。这并不令人惊讶。铁路运输是一个重大的发明，而建造铁路需要大量的资本。在1830年，美国只有23英里的铁路线。然而到了1893年，这一数字已经上升到了173,433英里（Wright 1886，19）。图5.7显示了19世纪铁路建设的飞速增长。

这样的飞速增长背后离不开资金的支持——在获得收入之前（在运载乘客之前，先得修建铁路轨道）

根据詹克思（Jenks）（1944，8）："在最后的分析中，我们发现，铁路建设的资金来自于美国银行延长的贷款和欧洲投资者提供的外汇。"[1]

那时的观点是，铁路相关的信贷激增和危机是紧密相关的。比如，麦伦·T. 和理科（Myron T. Herrick）（1854—1929）——俄亥俄州克利夫兰的储蓄协会主席（同时也是俄亥俄州第四十二任州长和驻法大

---

[1] 利兰·H. 詹克思（Leland H. Jenks）（1892—1976）是威尔斯利大学的经济学和社会学教授，并在哥伦比亚大学讲授经济史。

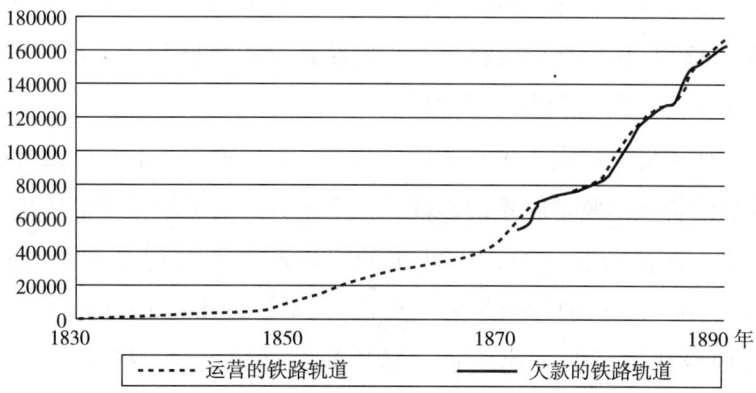

资料来源：Susan B. Carter, Scott Sigmund Gartner, Michael R. Haines, 和 Alan L. Olmstead, eds., *Historical Statistics of the United States*, *Earliest Times to the Present*（Cambridge, UK：Cambridge University Press, 2006）, series Df 874, Df 875。

图 5.7　19 世纪美国铁路轨道长度的增长

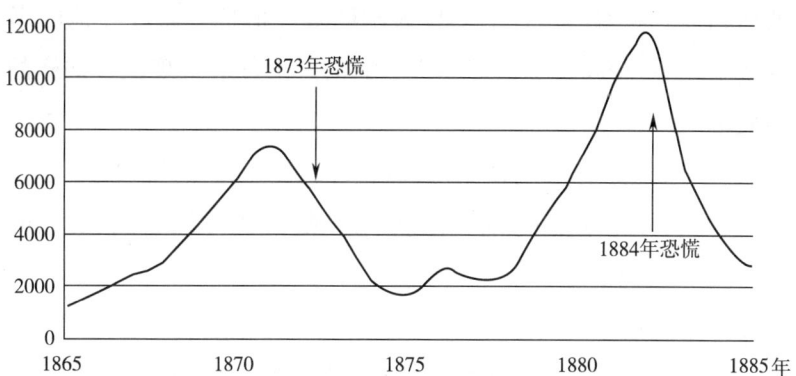

资料来源：赖特（1886）。

图 5.8　运营铁路英里数的年增长情况

使）——在讨论从 1907 年的大恐慌中得到的教训时说道："最近几次铁路和铁路融资在每场经济危机当中都扮演着重要的角色"（Herrick, 1908）。另一个观察者也在一本著名的书《工业化大萧条》（Industrial depressions）中提到这种联系："铁路建设的数据……表明就在大萧条之前的一段时间，尤其是在接近大萧条的时候，都存在铁路建设的快速增长，而大多数的投资都必然来自于投机行为。"（赖特（Wright）1886，242）① 赖特指的数据——"铁路建设的数据"——显示在图5.8中。我用箭头表示恐慌发生的日期。

现代历史里也发生了许多所谓的地价和房价的飞涨和以银行借贷为基础的信贷激增紧密联系的事件。一个出名的例子是弗罗里达州房地产的膨胀。在流行文化中，1920年的房地产繁荣被记录在马克思兄弟（Marx Brothers）1925年的音乐剧《可可豆》（The Cocoanuts），这部音乐剧1929年改编为同名电影。影片的一个场景中，格鲁乔·马克思（Groucho Marx）是一个以可疑的价格卖弗罗里达州地产的拍卖商。实际上，美国"兴旺的20年代"是和房地产繁荣紧密相关的。图5.9显示了20世纪20年代房屋开工率（开始建造的房子）和新住房单元价格的暴涨。除了弗罗里达州外，相似的房产繁荣也发生在了19世纪80年代的加利福尼亚南部。我的耶鲁大学同事罗伯特·席勒在他的书《非理性繁荣》（Irrational Exuberance）中也讨论过这个现象，这样的例子不胜枚举。

这里的要点在于，可能给房价繁荣提供动力的信贷增加，造成了金融部门的脆弱性。这并不是一个新的现象。1857年，伦敦的《时代周刊》（Times）就报道了以下内容：

并不是土地和城镇对自身的投机行为带来了恐慌，它们只是放大了恐慌的效应，同时它们还鼓励了投机、赌博和一夜暴富的想法……在美国，不仅出现了这场巨大的土地投机，还上演着各种各样的大型商业活动，这些活动同时被上了发条，加剧了危机的严重性并带来了恐慌。铁路系统延伸到了美国的各个角落，因为所有社区都知道它的好处、渴望不惜一切代价得到这些好处，同时也坚信他们的所得会及时偿付他们的支出……

---

① 卡罗尔·赖特（Carroll Wright）（1840—1909）是1885年到1905年美国劳工部的第一位专员，并且负责1893年的第十一次人口普查。

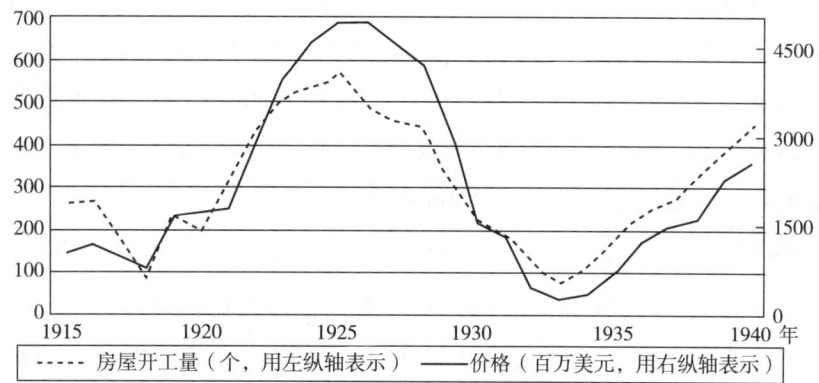

资料来源：Susan B. Carter, Scott Sigmund Gartner, Michael R. Haines, 和 Alan L. Olmstead, eds., *Historical Statistics of the United States*, *Earliest Times to the Present* (Cambridge, UK: Cambridge University Press, 2006), series Df 874, Df 875.

图5.9　1915—1940年房屋开工量及价格变化

在这些商业活动中，土地投机的想法可以被清晰地观察到，因为许多公司不仅进行土地投机，还进行着铁路投机。他们获得了很多公共土地，依赖于高价销售这些公共土地来获取资金，而不是依靠已有的铁路运营赚取所得。

银行极大地参与到了喂养铁路企业和供给制造业的活动当中去。（《危机及其原因》载《威斯敏斯特评论》1858年69期）

每个人都观察到了地价和房价的上涨。而即使人们观察不到，政策制定者也可以观察到信贷的激增。因此，信贷激增的事件显然成为了政策制定者的一大议题。

信贷的扩张有什么危害？这是个值得探究的问题。信贷刺激的商业活动，而兴旺的商业活动意味着繁荣美好的时期。这都对。但是信贷也同时意味着投机和最终的崩溃，以及随之而来的多年的衰退和困难的时光。太多的信贷就像一剂吗啡，在它起作用的时候令人愉悦，但药效过去之后确是不可避免的反应。银行信贷是和货币一样的购买力；扩张的购买力意味着更多的需求和更高的价格。当价格上升时，每个人都以为自己可以成为买空者而大赚一笔。市场价格无视内在价值而一涨再涨，直到涨到了信贷的极限或者某个事件造成了价格的收缩。这时，有些人就不得不卖出他的东西来还债，而一旦抛售开始，价格就开始急剧下降，正如当初它飞速上升一样让人难以置信。（霍华德：《货币改革对商人的意义》载《商业世界》1906年9月）

当政策制定者观察到了信贷激增时，他们应当做什么呢？不同于当时的霍华德先生（Howard），现在我们不是在讨论戒掉吗啡，我们在讨论中央银行是否应当"在宴会正处于高潮时拿走潘趣酒碗"——这句话出自于当时的美联储主席威廉·麦克切斯尼·马丁（William McChesney Martin）。

第六章

危机的发生时间

- 先美联储时期
- 后美联储时代
- 悄然的挤兑（quiet runs）和大规模的挤兑

第六章
危机的发生时间

就在1857年的大恐慌前,大多数的银行都生意兴隆,处在成功的最高点。许多人都在准备修建银行的营业所并且期待着一场长时间的繁荣。

——W. 哈里森·贝尔斯(W. Harrison Bayles),1916

金融危机是经济周期不可分割的一部分。当经济处于经济周期的高峰时,却是最脆弱的,与此同时,银行也可能即将发生问题。银行在经济接近经济周期高峰的时候是最脆弱的,而信贷激增很可能通过危害银行而恶化了经济的脆弱性。当有新消息预示经济即将下行,银行的债权人将会因为担心可能的损失而纷纷到银行提款。当每个人都在同一时间收到了同一个消息、得到了同一个暗示,那么每个人都会到银行挤兑。

在国民银行时代,恐慌发生在经济周期的高峰或接近高峰的时候,此时,未预料到的信息(一个信息冲击)来临,预示着衰退即将开始。正如我们所看到的,在恐慌中和恐慌发生之后破产的银行实际上是不多的,但尽管如此,银行破产的可能性仍然令人担忧,因为很多家庭都将他们的毕生积蓄存放在一个银行里。最重要的是,当某个银行存在秘密的可能性变大时,银行发行的支票就只能折价交易,因此买东西的人们只能遭受损失。为了避免被他人利用,最好的方法就是绕开银行债权而选择持有现金。在信息冲击之前,所有的通货都是没有秘密的,但当坏消息出现时,通货都变得对秘密敏感起来。为了探究金融危机和经济周期的联系,我们最好先从还没有美联储的国民银行时期开始看起,因为那是一个在许多重要方面都相对简单的时代。在中央银行或者政府干预的可能性出现之后,情况就变得越来越复杂。

先美联储时期

在国民银行时代,在每个大的经济周期的衰退期,都伴随着银行恐慌。正如韦斯利·米切尔所说的："当繁荣渐渐消失于危机当中……大规模的破产就很可能发生，而且没有人能够辨明哪家企业会受到危机的危害。但有一件事是确信无疑的，那就是那些持有破产企业发行的商业票据的银行将会面临延期偿付，可能在回收款项时遭受损失"（Mitchell，1941）。用经济学的术语，米切尔说的是：在经济周期的高峰，"当繁荣渐渐消失于危机当中"，存在着秘密的可能性，因为有的企业和银行将要破产，而没有人知道哪一个将是受害者。

家庭和企业会知道谁是受害者，通过新的消息——信息冲击——繁荣将会渐渐消失于危机中。关于宏观经济的消息——刊登在人人可见的报纸上的关于破产和非金融企业的债务——和恐慌同时发生并且成为衰退的一个首要指标。每一次当信息冲击超过了某一程度时，就会出现银行恐慌。超过限度却没有出现恐慌的例子并不存在。得到了关于倒闭的非金融企业的债务的家庭和企业，都意识到衰退即将来临并开始纷纷从他们的银行里取出钱来。他们的行为是合乎理性的。

预示着衰退和银行可能出现问题的信息冲击越大，银行活期存款的预期风险就越大，那么在衰退当中存款的损失就越大，现金—存款比率就越高，因为人们到银行将存款兑换成现金——衰退也就更严重。尽管恐慌的次数不多，可观察的样本量不大，然而上述所说的联系却极大程度地反映在数据当中。这并不是一个神秘的事。

经济状况的一个先行指标就是破产企业的债务[①]。维克多·扎诺维茨（Victor Zarnowitz）和 J. 莱纳（J. Lerner）研究了从 1875 年开始的漫长的公司破产历史。[②] 他们的研究给理解公司破产的动态变化提供了

[①] 韦斯利·米切尔和亚瑟·伯恩斯（Arthur Burns）发现商业周期的平均时间是 9 个月。他们的分析涵盖了 12 个商业周期（1961）。亚瑟·伯恩斯（1904—1987）是卫斯理·米切尔在哥伦比亚的学生，并在哥伦比亚大学获得了经济学博士学位。毕业后留校任教，担任过美国国家经济研究局（NBER）的主席，同时也是 1970—1985 年美联储主席。

[②] 维克多·扎诺维茨（Victor Zarnowitz）为躲避纳粹逃离波兰，最终在 1952 年来到美国并在芝加哥大学任教。他是商业周期领域杰出的专家。

一些帮助。他们发现"预示着总体商业转变的债务变化趋势反映了大公司破产的前兆"（Zarnowitz 和 Lerner 1961，358）。正如他们所形容的那样：

  首先，有一个鲜有人知却早已存在的事实，那就是债务指标周期性先行于破产的指标。这意味大公司先于小公司破产。这乍一看似乎很奇怪。人们可能预期小公司在糟糕的经济情况面前，比大公司更容易且更早受到损害。其次，债务相对大的破产企业数量通常先行于经济周期的高峰和低谷。这个可以从国家中心局（National Bureau）的经济周期变化指数的研究中看出。(350)

  这也许可以帮助解释为什么人们如此关注大公司和大银行的倒闭。

  媒体广泛地报道和讨论了破产企业的债务。《邓评》（Dun's Review）每一则的开篇段通常都涵盖了这类信息。例如，一篇1896年1月4日的文章就写道：

  1895年一整年间，倒闭的企业就有13197个，1894年这一数字是13885，但1895年的总负债比上一年略微增加，173196060美元相比于172992856美元。因此，平均每家倒闭企业的负债在1895年是13124美元，而1894年是12458美元……来自于R. G. Dun & Co.的情况揭示了这一变化的意义：上一季度制造业破产企业债务66%的巨大增长，与此同时贸易业的债务却有小幅下降。在美国，有7个州今年制造业破产数额增长了18570586美元，或62.6%，而在美国的其他几个州，制造业破产数额反而下降了31.9%。对原材料难以置信的投机、商品价格的飞速上涨、分销前的大量购买和生产的急剧增加的效果都清晰地反映在了收入当中。

  在讨论1893年大恐慌的原因时，W. 杰特·劳克（W. Jett Lauck）

给出了一个这样的数据是如何与危机相关联的例子①：

表 6.1　　　　1892—1893 年贸易及工业行业的破产情况

	第一季度	第二季度	第三季度	第四季度	总计
1893					
倒闭企业数量	3202	3199	4015	4826	15242
债务（美元）	47338300	121586539	82470040	95389010	346779889
1892					
倒闭企业数量	3384	2119	1984	2857	10344
债务（美元）	39284349	22989331	18659235	33111252	114044167

（1893 年）一整年贸易和工业行业的倒闭是极不寻常的。在 1893 年倒闭的贸易和工业企业的总债务比 1891 年倒闭的多了两倍，而比 1890 年恐慌发生时还几乎多了一倍。1893 年倒闭的企业数量和债务额反映在了表 6.1 上，其中不包括倒闭的铁路和银行。我们以 1892 年的情况作为比较：

对于这些数据的考察，我们发现了两个有趣的事实，这两个事实与 1893 年席卷全国的灾难有所关联。首先，这些数字反映了贸易和工业行业的破产数量在 1893 年之前就开始增长……实力不足的工业和贸易企业难以维持他们的偿付能力，因此，1892 年的最后一个季度与 1893 年的第一个季度都出现了破产企业的明显增加。

问题在于，公司的债务是银行贷款。正如米切尔所说的，应当看看 1893 年大恐慌前夕发生的事：

"在这种形势下，最危险的因素可能就是很多银行不明朗的贷款情况……银行似乎投资了很多钱，但却损失得更多。当人们来提款的时候，银行发现他们名义贷款的很大一部分都无法兑付。在账面上，银行看上去还挺有实力；而实际上他们却非常脆弱。"（Mitchell 1913, 55）

---

① W. 杰特·劳克（W. Jett Lauck）（1879—1949）是在华盛顿和李大学任教的经济学家，同时也是国家战时劳动局局长。国家战时劳动局（the National War Labor Board）是由伍德罗·威尔逊（Woodrow Wilson）总统设立的，用于化解"一战"时期工人和雇主之间的矛盾。

对于为什么所有的家庭和企业都在几乎同一时间到银行挤兑这一问题，没有别的解释：他们都是接收到了报纸上刊登的相同的信息冲击。

后美联储时代

在中央银行时代，几乎没有银行挤兑，但是恐慌到来的时间却不一样。这一时期的金融危机，从经验上讲是与衰弱的宏观经济、低迷的GDP增长、信贷增长和通货危机相关的。这一时期和先前时期的不同之处在于，在后美联储时代，弘扬银行或者政府可能想要防止秘密发生作用。

历史时期中这样一个重要角色的出现——就像一个800磅的大猩猩的出现——改变了企业和家庭对经济的期望。当关于未来的新的冲击出现时，关于中央银行和政府的行动的猜想也随之而来。期望对于当下行动的影响是现代宏观经济学的核心课程——这就是所谓的"理性预期"。

考察1914年美联储的建立是如何从根本上改变了存款者的行为，将会对我们理解经济学家对于金融危机推测问题提供一些帮助。我们可以通过测量信息冲击到何种规模才能够引起恐慌来加深我们的理解。因为破产企业未预期的债务是可以测量的，它可以作为表示人们期望的一个指标，接着我们可以将行为与对信仰的经验性测度相联系。

1920年6月的一个关于破产非金融机构的预料之外的负债的消息却没有引起恐慌，而这样的情况如果放在国民银行时代，那么，恐慌是一定不可避免的。国家经济研究局（National Bureau of Economic Research）景气循环记录认为经济周期的高峰是在1920年1月，而低谷是在1921年7月，在这段期间的经济衰退里，GNP从1919年到1920年下降了8%，从1920年到1921年下降了7%。在1929年12月，另一个消息也本可能会造成恐慌。① 这两次冲击都符合国民银行时代的经济周期的模式，都发生在经济周期的高峰之后。然而，大萧条的恐慌发生在1930年10月、1931年3月、1933年1月——都正好在信息冲击和经济周期的高峰之后。

利用国民银行时代的数据——估计信息冲击的规模和银行倒闭的比例、存款损失的比例的关系——我们可以预测，若1914年美联储没有成立，会发生多少次银行倒闭和损失，结果显示在表6.2中。②

表6.2　20世纪20年代实际和预测的存款损失和银行倒闭

银行破产			
日期	预测的国民银行倒闭的百分比	实际的国民银行倒闭的百分比	实际的所有银行倒闭的百分比
1920年6月	1.137	0.27	0.91
1929年12月	0.77	26.24；13.36	36.08；30.76
存款损失			
日期	预测的国民银行的损失		实际国民银行的损失
1920年6月	7.14		0.42
1929年12月	4.84		18.41

资料来源：Gorton（1988）。

结果显示，在1920年6月，本可能会有更多的银行倒闭和更多的存款损失，而实际上，却没有恐慌发生，且实际的倒闭和损失都小得多。在当时很多人评论了这件事。*American Review of Reviews* 写道：

事实上，看上去每个人都认为美联储的存在给恐慌的解决开出了药方。1921年即将结束的时候，当时还是商务部长的赫伯特·胡佛

---

① 数据来源于银行和监管者关于"银行自身的情况和收入"的财务报告，该报告每年汇集5次（在5个不同的、任意选择的月份）。12月的冲击可能和1929年的股票市场崩盘同时发生，因为1929年10月不是财务报告汇集的月份。

② 大萧条时期的两个不同的银行倒闭百分比，来源于对"倒闭"的两个不同的界定。第一个数字是根据美联储对于"暂停营业"的定义给出的；而第二个数字则是1930—1933年间关门并在1933年银行节假日之后仍然没有重新开业的处于破产管理的银行数量。这两个数字可以被看做破产银行数量的上下限。

（Herbert Hoover）就曾提出，尽管银行恐慌看上去是不可避免的，"我们现在知道它是可以被美联储解决的"。（转引自金兹伯格（Ginzberg）[2004，33]）。时任全国工业委员会（National Industrial Conference Board）主席的玛格努斯·W. 亚历山大（Magnus W. Alexander），他断言道："没有别的理由可以解释为什么没有更多的恐慌"（转引自安格利（Angly）[1931，12]）。欧文·布什（Irving Bush），一位改革派的成功商业人士，就曾宣称："我们仅处在一段时期的开头，而这段时期有一天会被历史证明是个黄金时代。"（转引自安格利[1931，12]）。学术界也表示认同：韦斯利·米切尔（1922）写道："我们已经知道如何防止危机恶化成恐慌"。

联邦储蓄银行里士满分行的总干事查理斯·O. 皮坡（Charles O. Peple）就曾说：

《联邦储蓄银行法案》使得很多通货恐慌变得完全不可能。它让曾在这个国家发生过的任何恐慌都变得不可能。（Proceedings of the Twenty–Third Annual Convention of the Maryland Bankers' Association, May 29 and 40, 1918 [Baltimore: Maryland Bankers' Association 1918]，75）

1916 年 3 月 16 日，在一篇对新汉布什尔州康科德市的新汉普郡的民主党发表的演讲中，俄克拉荷马州的议员罗伯特·L. 欧文（1913 年联邦储蓄银行法案的倡导者之一）说道：

"联邦储蓄系统使得未来的金融危机或者通货恐慌变得不可能。美国有史以来第一次人们的信贷系统变得稳定。"

总之，当时人们对于联邦银行的情绪就和我们这个时代的"大缓和"时期（the Great Moderation）所作出的断言相似——危机的问题已经解决了。难怪 1976 年诺贝尔经济学奖得主米尔顿·弗里德曼（Milton Friedman）和安娜·舒瓦兹（Anna Schwartz）把 20 世纪 20 年代称为"联储系统的高潮时期"，在这段时期里，美联储对它新的政策工具的使用充满信心（1963）。

1920年，人们没有恐慌，因为他们预期美联储会有所行动；而在大萧条时期，也是因为他们在等着美联储行动，因此推迟了他们的恐慌。家庭和企业的行为是依据他们对中央银行和政府的期望而做出的。对于政府会防止存款损失的期望，本应该防止银行挤兑的，然而事实上，这样的期望也只是改变了挤兑发生的变化过程罢了。

悄然的挤兑（quiet runs）和大规模的挤兑

对政府参与救助的期望而改变行为的一个结果就是"悄然的挤兑"——不再有所有人同时到银行提款的现象，相反地，银行的现金缓慢却持续地被流出。这样的流出是缓慢而持续的，因为政府的政策是不确定的。

1932年1月，在大萧条时期和赫伯特·胡佛（Herbert Hoover）的任内，国会通过了一项法案，同意建立复兴银行公司（Reconstruction Finance Corporation，RFC）。到了1932年的6月和7月，RFC开始向银行发放抵押贷款。最初，这些贷款都是秘密发放的——没有人知道银行从RFC取得了贷款。这个秘密引起了一些震动，接着众议院的一个职员将法条解释为要求他公布所有借款者的名单。这个名单非常诚实地反映了实际的情况，但是却产生了一个不好的结果——它使得存款者非常的担忧。正如纳得勒（Nadler）和伯根（Bogen）（1933）年阐释的那样：

一场安静的挤兑在许多机构当中发生。只要他们有可用来取得复兴银行公司更多的贷款的抵押物，他们就能得到更多的现金来应付挤兑，然而不久之后，要么是抵押物用尽了，要么是复兴银行公司意识到不可能阻止挤兑了，银行就又会大批大批地倒闭。在1932年10月，103家银行倒闭，还带来了许多连带效应。这些银行的倒闭，再一次损害了美国许多人对复兴银行的信心，人们认为在"芝加哥事件"（那是复兴银行公司用它发放的贷款阻止了一场恐慌的发生）当中重振的信心已经消失，那时人们一度以为只要复兴银行公司在，大规模的银行倒闭就是不可能的。

这个事件反映了许多观点。第一，只要能够秘密发放贷款——也就是说，人们不知道哪家银行接受了贷款——那么 RFC 就能成功阻止恐慌。第二，安静的挤兑的发生，来源于人们对于被政府认定为实力弱的银行的经营状况的担忧。在其他情况下，安静的挤兑发生在人们对于政府对银行或银行系统支持程度的担忧。安静的挤兑是由政府行为造成的，或是被政府行为所扭曲的。

RFC 的例子表明，金融系统在危机时容易受到信息的打击。这个事件阐明了为何美联储的贴现窗口在危机时不起作用。个体银行只是不愿意出现在贴现窗口前，因为这表明他们的经营实力不足。一家寻求帮助的银行可能会面临挤兑。注意到，一家银行何时会去贴现窗口，这并不是个公共信息。但似乎市场能够得知这个信息。美联储货币事务司（the Division of Monetary Affairs of the Federal Reserve）的布莱恩·马迪干（Brian Madigan）说（2009）：

到贴现窗口去贷款对于银行而言是很耻辱的，这一问题是严肃而真实的。从 2007 年 8 月初开始，银行在管理它们的流动性的时候就呈现出强烈的谨慎，一部分就是由于它们极不情愿依赖于标准贴现机制。若不是因为这样一种不情愿，银行间拆借市场就能极大地减少压力，也就能更少地把危机蔓延到更大的金融市场中去。中央银行最终能够通过给存款机构设计其他的借贷便利，采取措施部分地避免银行感受到这种耻辱。但是为了证明这些措施的必要性，需要分析问题、开发项目和收集信息，而这些要花去很长的时间。再进一步说，央行和其他的政策制定者，需要避免可能进一步加剧这种使用央行借贷便利的耻辱感的措施。

在 2007—2008 年的金融危机时，一份调查显示，银行宁可用比贴现率多37个基点的利率借贷，也不愿意使用央行的贴现窗口。

票据交换所通过保证贷款凭证的方式，使得使用者身份不被泄露，来避免"耻辱"问题。这种"耻辱"问题正是为什么在2008年10月13日，当时的美国财政部长汉克·保尔森（Hank Paulson）在一次和9家包括美国自营商银行的会议当中，要求他们参与到TARP计划中①。政府持有了2 500亿美元的股权。在财政部长保尔森的"首席执行官会议要点"（CEO Talking Points）里写道：

"为了鼓励银行广泛地参与到TARP里，这个项目能够提供资本的诱人的来源，且每个有资格的金融机构都能平等地得到资本。我们计划明天宣布这个项目，而你们这9家银行将会是第一批参与者。（加了强调语气）②"

这里有另一个安静或缓慢的挤兑的例子。这次挤兑是由政府引起的，且造成了全面的恐慌：阿根廷2001年的恐慌。以下是世界银行对阿根廷经济学家同时也曾是中央银行的官员的马里奥·布莱赫尔（Mario Blejer）一次谈话的总结：

银行危机在存款下降超过一年之后发生了。这个事实按布莱赫尔的话说，是"前所未有"的。因此这并不是一个传统的银行挤兑。布莱赫尔说，这场危机的原因在于政府对银行部门的伤害。他说，因为担心政府的政策会使银行资不抵债接着将他们存在银行里的钱没收，人们便争相把钱从银行里取出来。这种担忧持续升级，因为公众发现政府正在削弱私人部门在银行资产组合当中的比重。这样的事发生在了2001年，

---

① 这9家银行是高盛集团、摩根士丹利、JP摩根大通、花旗银行、富国银行、美国道富银行、纽约梅隆银行、美洲银行，以及后来很快被兼并的美银美林。10月13日的会议出席的CEO有：花旗银行的维克拉姆·潘迪特（Vikram Pandit）、JP摩根的杰米·戴蒙（Jamie Dimon）、富国银行的理查德·科瓦切维奇（Richard Kovacevich）、美银美林的约翰·塞恩（John Thain）、摩根士丹利的约翰·麦克（John Mack）、高盛的劳埃德·布兰克费恩（Lloyd Blankfein），纽约梅隆银行的罗伯特·凯利（Robert Kelly）和道富银行的罗纳德·罗格（Ronald Logue）。

② 美国前财政部长汉克·保尔森的"首席执行官会议要点"（CEO Talking Points）是在司法观察（Judicial Watch）提出的一项美国信息自由法（Freedom of Information Act）申请下取得的。详见http：//www.judicialwatch.org/files/files/documents/2009/Treasury－CEO－TalkingPoints.pdf.

政府开始强迫银行持有越来越多的政府债券。当时的利率很高，因此，银行刚开始的反响很好，但渐渐地，他们意识到政府的债券可能会违约，因此他们开始拒绝政府强加给他们的存款。利率开始上升，债券的价格开始下降。到了 2001 年年底的时候，当投资者开始恐慌的时候，银行实施了取款限制。恐慌造成了 2002 年年初的公众暴乱和政府倒台。通货转换成了比索，而这给银行造成了更多的债务。为了避免银行业发生全面的倒闭，政府通过发行更多的债券来稳定银行。在那时，布莱赫尔任命为中央银行的总裁。这场挤兑持续发酵，尽管银行限制了取款。当汇率上升时，比索的挤兑也同时发生了。为了平息挤兑，中央银行想要保持银行系统的流动性，但这样的努力却造成了恶性通货膨胀。这时，布莱赫尔和他的同僚们就不得不面临一个抉择：要么忍受恶性通胀，要么允许银行倒闭。避免任何一种情况都意味着减缓挤兑和提供更多的流动性。让投资者来买央行的资产而非政府的债券（是当务之急），同时减缓货币贬值和缓解货币市场的混乱情况也是非常重要的。①

　　由政府政策引起的安静的挤兑问题在阿根廷持续发酵。《金融时报》（Financial Times）于 2011 年 10 月 31 日报道了这样一篇文章：

　　"在这个金融危机四伏的国家，阿根廷人曾经最喜欢的储蓄方式便是购买美元，然而从今天起，布宜诺斯艾利斯为了严厉打击困扰他们已久的外汇出逃，他们只能实施更严格的外汇管制……一个银行家……说，他的客户们上个月从储蓄账户中取出了 5 个亿的比索（1.18 亿美元）……他说打击运动可能事与愿违，更糟的是，如果人们怀疑一场危机正在酝酿并因此争相取出现金，那么这场运动可能会在银行系统内刺激一个'巨大的冲击'。"

　　而近期希腊的情况也很类似。正如一个媒体所报道的那样：

　　在它的金融危机的中期，希腊正处在违约的边缘。很多富有的希腊公民也正担心他们要将他们的现金存放在哪里。根据希腊和塞浦路斯的

---

① 详见 http：//info.worldbank.org/etools/Bspan/PresentationView.asp?PID=940&EID=328。

私人银行的估计,就在过去的几个月里,就有100亿欧元抽逃出希腊,流往希腊在瑞士和塞浦路斯的银行分行。①

和安静的挤兑相关的,是全面的挤兑。全面的挤兑通常也是静悄悄的发生,但涉及的是公司或机构存款者,而不包括家庭存款者。在20世纪七八十年代,公司和机构投资者通常购买大额无担保的存款凭证和期限相对短的商业票据。如果他们拒绝续借给银行贷款,银行就只能执行他们的合约偿付现金。在最近的金融危机之前的鲜活的例子有很多。

第一个例子,是佩恩中央铁路(Penn Central Railroad)的倒闭,这个例子同时涉及了商业票据的偿付。当1970年6月佩恩中央铁路破产的时候,美联储开始介入,以阻止系统性的风险。最初,尽管尼克尔森政府提出了请求,美联储仍然不愿意贷款给佩恩中央铁路。但是另一方面,美联储很担心佩恩铁路的破产会给商业票据(Commercial Paper, CP)市场带来负面的影响——可能其他发行者的商业票据转期会变得越加艰难。最终,美联储放松了银行到贴现窗口借贷的限制,中止了大额银行CD的上限(也就是允许来自到期CP的钱投资到CD里),同时实施了积极的公开市场操作。

佩恩铁路的违约震惊了整个市场,它是战后第一家违约的投资级企业。从1970年6月24日到7月15日,未偿商业票据下降了接近10%。这个事件之所以重要,有两个原因:第一,它是第一起涉及的债务不是传统的银行债务、活期存款或银行券的例子,它涉及的是商业票据。第二,通过拒绝接受用新发行的票据来代替他们到期的商业票据的方式,拒绝续签贷款的不是家庭部门,而是机构存款者,比如保险公司等。这是金融结构正在发生改变的初步迹象。值得庆幸的是,这个事件并没有演化成系统性危机。

大约15年之后,第二个全面的挤兑发生在了伊利诺斯大陆银行及

---

① Dody Tsiantar, CNNMoney, "Fears of a Greek Bank Run," March 9, 2010. 详见http://money.cnn.com/2010/03/09/news/international/greece_money.fortune/index.htm.

信托公司（Continental Illinois National Bank 和 Trust Company）。联邦存款保险公司（FDIC）是这样描述这场挤兑的：

"在听说了大陆银行即将倒闭的传言后，大的外国投资者都变得非常的紧张，于是，在1984年，他们开始快速地将资金从电子存款中抽逃。这场挤兑很可能是由美国的投资公司引发的。这些投资公司自发地在日本询价，看看是否有愿意收购大陆银行的银行。可以确信的是，荷兰、西德、瑞士和日本都开始提高了他们借款给大陆银行的利率。英国新闻媒体路透社（Reuters）捕捉到了这一信息，便在1984年5月8日星期二播报了出来。第二条新闻来自商品新闻服务（Commodity News Service），这家媒体于5月9日星期三报道称，一家日本银行正在考虑收购大陆银行，于是，欧洲和日本在大陆银行的资金开始快速地出逃。在5月19日之前，外国的银行家们就抽出了60亿美元的存款。在美国，芝加哥商品交易所（Chicago Board of Trade Clearing Corporation）在5月9日左右取出了500万美元；提款的消息在通讯社不胫而走，于是存款的挤兑接踵而来。"

以下这段话出现在《美国银行家》（American Banker）的一篇文章上：

"大体上讲，过去那种由零售存款者造成的银行挤兑已经成为过去，原因在于过去半个世纪的保障措施。然而，欧洲市场上所发生的挤兑现象对于银行、监管者以及作为最后贷款人的中央银行而言，都是新的挑战。"（Mendelsohn 1984, 548）

银行挤兑并不是非理性的事件。它是由关于经济运行欠佳的坏消息的到来而产生的。而这个消息，一旦足够糟糕，就可能减损银行债务的抗秘密性。债务的持有人需要现金。

银行恐慌——大规模的挤兑——在最近这些年已经不再那么频繁，因为公司和消费者都有存款保险，并且寄希望于政府的干预。对政府保持存款价值的期望改变了存款者的行为。因此银行挤兑要么不发生，要么被推迟，直到事态表明中央机构犯了很大的错误、无法保证投资者的存款时，银行挤兑才会爆发。

但这样的变化并没有改变一个事实，那就是系统性的金融危机来源于银行债务的脆弱性，尽管设计银行债务的最初目的在于抵抗秘密。一个冲击可能会产生无法平价交易的担忧，于是从银行取出现金的需求就变得非常的强烈。正是由于所有银行的债务都同时对信息敏感起来，才产生了这个问题。对于现金的需求如此的大，以至于银行无法兑现——因为资产无法既快速售出又不减损价值——于是系统性危机随之到来。

第七章

脱离历史的经济理论

第七章
脱离历史的经济理论

> 火山喷发或地震的现象如何解释大自然的运行规律,科学家们已经有了许多研究。因此,对于一个经济学的学生,利用周期性的金融剧变来对金融运行的规律增加了解也在情理之中。
>
> ——亨利·克鲁斯(Henry Clews),1891[①]

尽管在美国或其他国家的历史上,金融危机发生得很频繁,经济学家仍然曾以为美国金融危机的时代已经结束。因此,危机已经不再是现代宏观经济学或者金融学的中心议题了。并不是说经济学家们忽视了危机,而是他们大多研究的是"平稳期",因为他们认为这是与危机最相关的一个阶段,而且更重要的是,因为这是最近的一个事件,提供了最多的可研究的数据。

经济学家并没有看出经济发生了改变,而且他们错误地理解了银行债务的脆弱性。因此,对最近的金融危机非常重要的市场被忽视了。因为这些市场的发展都潜在水面之下,似乎平稳期将永远持续下去。当金融危机实实在在地发生了,对金融危机的解释都是肤浅而轻蔑的,这反映了人们缺乏机构和历史知识,并且只关注于危机的表层性质。

图7.1来自于理查德·斯通(Richard Stone's)[②] 1984年诺贝尔获奖演说,它反映了经济学知识应当如何产生。箭头反映了不同模型(model)、政策(policy)、经验(experience)、事实(fact)和理论(theory)之间的相互作用。

这张图解是由"事实"的产生开始的。人们从将过去的"事实"与"理论"相结合形成新模型的过程中积累了"经验",而这些"经

[①] 亨利·克鲁斯(Henry Clews)(1836—1932)是Livermore,Clews,和Company的创始人。该公司在内战时期曾是第二大的联邦债券交易商。

[②] 理查德·斯通(Richard Stone's)可能是得过诺贝尔奖的经济学家当中最不出名的了。今天很少有经济学家能够说出他为何能得此殊荣,而斯通本人也似乎非常的谦虚,他总说自己的研究只停留在他画的图表中的"事实",而未能更近一步。他的大部分研究都集中于经济活动的测量,而经济活动的测量是了解经济事实的一个基本的起点。

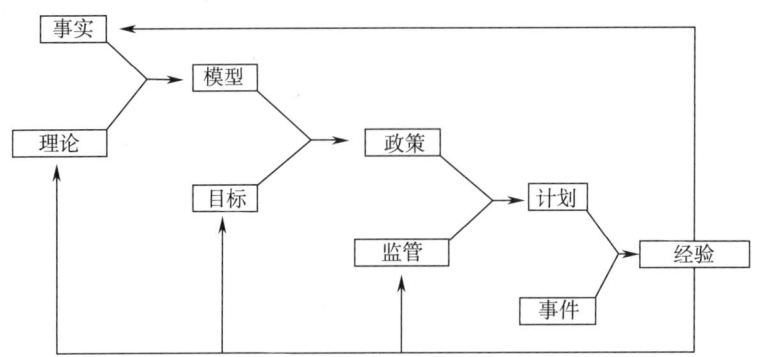

资料来源：Stone（1997）．

图7.1 经济学知识产生过程

验"启发了人们对"事实"的了解。于是"事实"和"理论"相结合，产生了"模型"。"模型"结合"目标（aims）"，形成了政府的"政策"。最后，"事件"发生了，政府从这项"政策"当中积累了"经验"，而这个"经验"就再一次反哺于新"事实"和"理论"的产生过程。经济学家经历了上述流程当中的几个阶段而跳过了其他步骤。经济学家大多构思了"模型"，但他们却很少有人有为私人企业或者政府工作的同时利用经济计划或模型的经历。但是"经验"对于一些事情非常重要——身处恐慌中作为第一目击者与从报纸上阅读到恐慌的消息是两种完全不一样的体验。一些经济学家在政府部门任职时参与过政策的制定，尽管这通常很短暂。而斯通却有所不同，"二战"时期他在英格兰的经济战部（Ministry of Economic Warfare）任职，后来加入到了战时中央经济信息服务部（Central Economic Information Service of the War Cabinet），在那里，他和詹姆斯·米德（James Meade）（1977年诺贝尔奖得主）一同工作。

斯通的图解强调了事件和政策的相互作用以及从该相互作用当中得到的经验启发了新的想法。经济知识的产生不一定要按照斯通的流程图的顺序来。然而在"经验"到认知"事实"的过程当中，斯通的图表更重视新信息或新数据的产生，而当今宏观经济学的现实实践却非如此。另外值得提及的是，斯通可能是无意地忽略了理论的可证明性或者对假设的规范的检验。这似乎暗含着一个观点：一个理论是否具有说服力，是否能够与现实切合，并不依赖于检验，即使检验可能对理论产生有意思的挑战。

让我们简要地看看斯通的理论过程是怎样在一个现代宏观经济学的重要例子当中实践的。20 世纪 60 年代，阐述工资变化和失业呈负相关的菲利普斯曲线被视为一种事实。威廉·菲利普斯（William Phillips）在 1861 年到 1957 年间观察到英国的经济出现了这种规律，相似的规律也出现在了其他国家。由于很多经验都证明了菲利普斯曲线，因此它被认定为经济里的一个比较稳定的规律。它是一个"事实"。

然而最原始的菲利普斯曲线最大的弱点就在于它缺乏理论上的解释——一个"模型"——来巩固它。放在斯通的流程图中，就是"事实"直接产生了"政策"。菲利普斯曲线被解释为政府机构选择通过使用宽松的——可能提高工资，引起通胀的——货币政策来增加就业。因此，人们那时认为宽松的货币政策是能够减少失业的。然而 20 世纪 70 年代，"事件"和"经验"却打破了这种规律。图 7.2 显示了高通胀——用联邦基金利率表示——和高失业率同时存在在这段时期。这惊人地违背了菲利普斯曲线。

罗布特·卢卡斯（1995 年诺贝尔奖获得者）提出，把菲利普斯曲线作为政策方法是毫无意义的，因为公众的预期就已经考虑到了政府会这样做，因此增加就业的好处就无法实现。这能够解释 20 世纪 70 年代所观察到的现象。卢卡斯写道：

如果事实上现实世界发生了改变，在许多问题上，人们不仅需要答案，还需要经济学理论技术上的进步，该进步使得人们再思考我所称的"新古典合成物"的经济周期理论，那么很有可能，最近的经济学发展可以被相似地归因于这两个类别的力量。

在近期发生的真实世界的事件中，最先映入脑海的就是高通胀和高失业率同时存在的 20 世纪 70 年代……而在 20 世纪 60 年代的时候，当时流行的经济计量模型都做了严重错误的预测。（Lucas 1980，705）

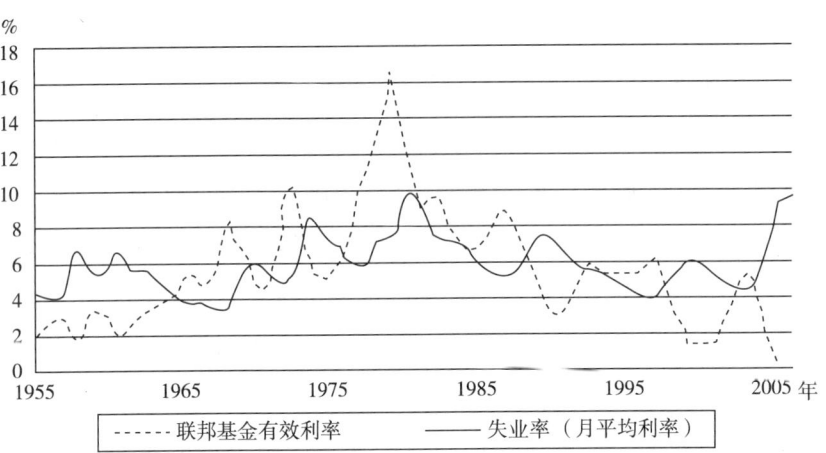

资料来源：Federal funds 来自 Federal Reserve H. 15 release；Bureau of Labor Statistics.

图 7.2　1955—2010 年美国联邦基金利率及失业率

20 世纪 70 年代菲利普斯曲线的失效对那一代的宏观经济学家来说，是个有着深远影响的经历。在 20 世纪七八十年代之前的老一辈宏观经济学家，关注的都是资本主义和社会主义的较量，并且产生了反映冷战的（1974 年诺贝尔奖得主）弗里德里希·冯·哈耶克的《通往奴役之路》（The Road to Serfdom）和（1978 年诺贝尔奖得主）米尔顿·弗里德曼（Milton Friedman）的《资本主义与自由》（Capitalism 和 Freedom）。

在那之前是大萧条，以及凯恩斯主义经济学的到来。在这个历史进程中，有一个非常重要的工程，那就是建立宏观经济学模型，从里昂·瓦尔拉斯（Leon Walras）（1834—1910）和耶鲁大学的经济学家欧文·费雪（Irving Fisher）（1867—1947）开始。菲利普斯曲线的失效引起了这个工程的下一步。20 世纪 70 年代的经验和现存理论在解释这一问题上的无力，二者相互作用，使得经济学家开始把对未来的期望，尤其是

第七章
脱离历史的经济理论

对政府行为的期望,加入到企业和家庭私人决策的模型中。

但是我们如何将政策会产生的效果考虑到政策制定的本身呢?罗伯特·卢卡斯说,用传统的模型,是无法做到的。这就是今天闻名于世的卢卡斯批判。在1976年的一篇经典著作当中,卢卡斯提到,人们和企业的行为是经济环境的函数,而经济环境就包含了当时一系列的政策。用经济计量模型来描述人们的行为并不能够给考虑不同政策的效果提供基础,因为人们和企业在这些政策下会做出不一样的举动。或者,用经济学的语言来说,就是"考虑到一个经济计量模型的结构包含了经济人的最佳决策法则,以及最佳决策法则会随着与决策者相关的一系列事件的结构变化而发生系统性变化,于是我们可以得出,政策的任何变动都将系统性地改变经济计量模型的结构"。(Lucas 1976,42)

这有一个简单的例子。美国的一个州的州警察正在考虑买雷达测速仪——成本和收益各是多少?于是这个州就雇用了一家咨询公司,这家咨询公司便在各种高速路上用这个雷达测速仪做实验,他们估计了用这个测速仪能够多探测到多少超速车辆以及该州可以从这些超速罚单当中增加多少收入。估计的利润远远高于雷达测速仪的成本,于是这个州政府决定买下这批雷达测速仪。然而当州警察真正开始用雷达测速仪时,从超速罚单当中增加的收入远远少于估计的数额。而当中的问题就在于,司机们的行为发生了变化。那些容易违章超速的人都在车上安装了雷达探测仪,在接近州警察安装的雷达测速仪时降低了速度。而之前对能多探测到多少超速者的估计是基于人们在雷达测速仪投入使用之后还会保持原来的驾驶习惯的假设的。

咨询公司应当如何将雷达测速仪投入使用后的行为变动考虑进来呢?在实践中,很难回答这一问题。理论上讲,有人可能提出,在人们一开始为何超速以及他们是如何应对罚单的模型的基础上,可以建立一个驾驶行为的模型。人们是从超速当中得到刺激吗?还是他们总是迟到所以才不得不超速行驶?他们会使用技术躲避罚单吗?这个模型需要回答像这样的问题。对于安装雷达测速仪而言,花时间建立一个这样的模型可能没有必要。但是对于宏观经济政策的问题——比如税负是如何改变人们的行为的,通胀率会如何,不同的失业保险项目的结果会是如何——建立一个这样的模型可能很重要。

因此,经济学家们非常严肃地对待卢卡斯批判。在给出政策建议时,这是一个重要的问题。为了发挥效力,一个预测模型需要探究更深层水平的问题,在偏好、技术和信息水平上考虑问题:(1)消费者和企业是如何决策的;(2)生产产品的现有技术是什么;(3)经济中可利用的生产投入有哪些。理性预期也是这个模型的一部分。在这个模型经济当中,人们对未来形成一个预期,并且不会系统性地犯错。他们都富有远见,而且也知道世界是怎样运行的——他们不会受到政策的愚弄。

费恩·基德兰德(Finn Kydland)和爱德华·普雷斯科特(Edward Prescott)(两位2004年的诺贝尔奖得主)认为前述模型是可能构建的,这个模型能够模仿宏观经济的行为。他们的基本想法是详列出一个模型经济,这个经济里有深入的指标来衡量决策是如何做出的、有哪些可利用的生产技术等等,接着表现当事件冲击了经济("技术冲击",technology shocks)时,用这个模型经济预测的行为来模拟现实经济当中的行为。这样一种模型使得政策实验考虑到了人们和公司的行为变化,因为这种变化能够在模型中体现。

这个想法的萌芽来自于艾尔玛·阿德尔曼(Irma Adelman)(出生于1930年)和弗兰克·L. 阿德尔曼(Frank L. Adelman)(1917—2002)与1959年发表的一篇著名的论文。在这篇论文中,阿德尔曼兄弟模拟了一个美国经济的模型,而在此之前,另外两个经济学家,劳伦斯·克莱因(Lawrence Klein)(1980年的诺贝尔奖得主)和亚瑟·哥德伯格(Arthur Goldberger),也曾预测过这个模型。模拟美国经济的克莱因—哥德伯格模型有25个式子来形容美国经济25个宏观变量的变化。而阿德尔曼兄弟研究的是克莱因—哥德伯格模型是否会产生经济周期。首先，他们在电脑上模拟了这个模型，以检验它是否呈现内在的周期性行为。他们发现：

> 当一个现实的重大指令所产生的随机冲击施加在克莱因—哥德伯格模型的原始形式上时，所产生的周期性的波动与 NBER 所形容的美国的经济惊人地相似。经济周期的平均时间、经济扩张和收缩的平均时长、在参考日期附近聚集的经济顶峰和低谷的程度，都和美国经济相应日期所发生的情况一致。另外，模型中所包含的内生变量的领先—滞后关系以及总体经济周期中同类变量的一致性也和我们现实社会中相应的特点极为相似。总的来说，似乎可以说收到冲击的克莱因—哥德伯格模型很好地模拟了美国经济的行为。（620）

为了理解阿德尔曼兄弟的论文的重要性，我们可以使用阿兰·图灵（Alan Turing）① 提出的图灵测验（Turing test）来看看电脑是否会思考。这个测验的核心是，一个鉴定人向两个参与者提问，但他看不见也听不见这两个参与者，且这两个参与者中一个是电脑。如果，通过参与者的回答，鉴定人无法判断哪一个参与者是电脑，那么这个电脑就通过了图灵测验。现代宏观经济学发展的问题就在于，如果这个鉴定人接收到了两组结果，一组是由一个经济模型得出的，另一组是由现实经济的数据产生的——这个鉴定人能不能够判断哪一组数据是由模型产生的？

为了表现模型模拟的行为，这个模型需要用真实的数据进行调整，反映经济的深度参数。然而，宏观经济学家使用的是短期的时间序列。1990 年，在一篇建构经济周期典型事实的著名论文中，基德兰德和普雷斯科特仅用了美国 1954—1989 年 34 年的季度数据进行分析。表 7.1 中，黑体字表示的是他们二人选择分析的经济周期。

---

① 阿兰·图灵（Alan Turing）（1912—1954）是一位英国数学家和译码者，他因在电脑科学方面的奠基性研究和"第二次世界大战"时期成功破解德国电码而家喻户晓。

表 7.1　美国商业周期时间表

顶峰	低谷
1857 年 6 月	1854 年 12 月
1860 年 10 月	1858 年 12 月
1865 年 4 月	1861 年 6 月
1869 年 6 月	1867 年 12 月
1873 年 10 月	1870 年 12 月
1882 年 3 月	1879 年 3 月
1887 年 3 月	1885 年 5 月
1890 年 7 月	1888 年 4 月
1893 年 1 月	1891 年 3 月
1895 年 12 月	1894 年 6 月
1899 年 6 月	1897 年 6 月
1902 年 9 月	1900 年 12 月
1907 年 5 月	1904 年 8 月
1910 年 1 月	1908 年 6 月
1913 年 1 月	1912 年 1 月
1918 年 8 月	1914 年 12 月
1920 年 1 月	1919 年 3 月
1923 年 5 月	1921 年 7 月
1926 年 10 月	1924 年 7 月
1929 年 8 月	1927 年 11 月
1937 年 5 月	1933 年 3 月
1945 年 2 月	1938 年 6 月
1948 年 11 月	1945 年 10 月
1953 年 7 月	1949 年 10 月
1957 年 8 月	1954 年 5 月
1960 年 4 月	1958 年 4 月
1969 年 12 月	1961 年 2 月
1973 年 11 月	1970 年 11 月
1980 年 1 月	1975 年 5 月
1981 年 7 月	1980 年 7 月
1990 年 7 月	1982 年 11 月
2001 年 3 月	1991 年 3 月
2007 年 12 月	2001 年 11 月
	2009 年 6 月

资料来源：National Bureau of Economic Research.

他们所使用的这段短暂时期是令人惊骇的。因为美国在这段时期——所谓的"平稳期"——是没有发生危机的，因此，经济危机一系列典型事实并没有包含在宏观模型当中。相反地，宏观经济学着重强调了现实因素是经济周期波动的原因。

因为在"平稳期"没有金融危机，所以当时没有人认为深度参数需要包含进行交易的技术或金融中介。① 相反，经济学家频繁使用的是罗伯特·索洛（Robert Solow）（1987年诺贝尔奖得主）的新古典增长模型，该模型关注的是生产过程当中资本的边际报酬递减规律。

在2007—2008年的恐慌之前，宏观经济学家们并不曾试图解释过系统性危机，也自然没有将系统性危机包含在模型当中，因为他们认为系统性危机不会重演。正如托马斯·萨金特（Thomas Sargent）（2011年的诺贝尔奖得主）所说的："（宏观经济学）模型是用来描述在正常时期，即市场按照原始的方式将债权人和债务人集合到一起时的总体经济波动，而非描述金融危机和市场崩溃。"这不是一个有意的选择，就好像事实上有其他的模型专门描述非正常时期的波动，然后人们只是决定用某些模型来描述"正常"时期，而用其他模型描述非正常时期。而且即使是这样，那为什么要用两个孤立的模型呢？模型之所以被设计成不包括可以解释危机的参数，只是因为经济学家们认为危机是无关紧要的。过去的论文中使用的模型曾经包含金融部门，这常常被人们作为证据证明宏观经济学家是有思考危机的问题的。然而这些模型都不是主流模型，而在很多时候，它们都不能有效地展示危机。如果它们可以展示危机，那么为什么不把危机包含在"正常"时期的模型中呢？

根据基德兰德和普雷斯科特所说的：

"检验理论的方法就是看看这个理论构建的模型经济是否能够模拟真实世界的某些方面。也许对于一条理论而言，最大的考验是它的预测是否能被现实所证明——也就是说，当选择了某项政策时，真实的经济

---

① 模型当中原本是可能包含金融中介和股票市场的，如果（1）一开始的时候人们考虑过将这些方面包含进模型中，以及（2）人们对把这些方面包含进来的模型能达成一致意见。然而现实是，没有这种达成一致意见的模型，经济学家们也未曾想过把金融中介和股票市场包含进模型中。

是否会像模型经济当中所预测的那样?"(1996,84-85)

这是一个合理的检验标准,我们现在知道目前的这些模型都不能模拟刚刚发生的事——金融危机。

宏观经济计量学和校验的方法需要数据,而目前大量唾手可得的数据只来自第二次世界大战后的时期。使用"平稳期"的数据是很方便的,因为"平稳期"是最近的一个历史时期,不像更远的时期,那时数据还很欠缺。诚然,像建立现代数据库一样给过去建立一个同样丰富的数据库供宏观模型分析是很困难的,但这也不是不可能——有很多人正为这一事业奋斗着。而过去所做的选择就是——不去用过去的数据。

经济学家倾向于认为过去的数据是有差别的,并因此是无关紧要的。而这样的结论并不是来自于严谨的检验或研究,相反,却来自于有限的知识进行的随意观察。"事实"的集合就是由于这样短浅的想法而变得非常的有限。人们认为历史数据来自于一个不同的结构,而不同时期的经济环境,比如说19世纪,和今天如此的不一样以至于几乎不能从过去学到些什么。35年以前,经济史学家迪尔德丽(唐娜)·麦克罗斯基(Deirdre(Donald) McCloskey)在一篇非常著名的论文当中写道"40年来在经济学数学化的投入,使得经济学家们可以忽略历史,但难以接受对数学的无视"。(1976,439)

真正重要的,是市场经济的历史,而不是一个很大程度上凭数据可得性主观挑选的最近的时期。但这不仅仅是一个关乎过去数据的问题。即使在利用近期的数据时,宏观经济学也仍然是由被测量的事物所限制。一旦理查德·斯通和西门·库兹涅兹(Simon Kuznets)(1901—1985年,1971年诺贝尔奖获得者)所提出的国民核算被概念化并投入到现实使用中,宏观经济学家就有许多典型的事实可利用。索洛就采用了该种方法。基德兰德和普雷斯科特的研究本质上就使用了相同的增长模型框架(即索洛新古典增长模型)。

没有历史观的经济学家是缺乏远见的。宏观经济波动极大减少的

第七章
脱离历史的经济理论

"大缓和"时期基本上开始于20世纪80年代中期的20年。然而讽刺的是,也正是这个阶段的美国出现了飞速的信贷膨胀和所谓的"影子银行系统"。

使用不同的数据,宏观经济学家们可能用非常不同的方式认识这个世界。在理解最近的这场金融危机中的一个很大的问题就和测量有关。风险没有被测量到。某些种类的货币没有被测量到。在一个使用金融衍生品的经济当中,测量系统不能基于现金。还需要产生新的事实。

宏观经济学的巨大成就在于极强地洞察了关于未来期望的作用和期望对政策的影响。由托马斯·萨金特和克里斯托弗·西姆斯(Christopher Sims)共享的2011年诺贝尔经济学奖肯定了这些成就。但是这些成就是在一个菲利普斯曲线无法描述现实的时候铸成的,而宏观模型对数据的要求使得历史无法被包含在模型当中。这是可以接受的,因为人们默认危机在美国已经成为过去。但是这样的模型无法展现现实。

我们再回过头来看看理查德·斯通的图,可以很清楚地看到我们现在所处的情况。真实世界的发展强有力地介入了。金融危机的"经验"把我们放在两个箭头上,一个指向"事实",另一个指向"理论"。过去,是帮助人们理解当下的丰富实验室,却缺乏丰富的数据,而这些数据是构建模型所必需的,而我们又需要把经济史和"事实"结合。复杂的计量方法是需要很高成本的;对数据的要求限制了我们眼界。在这样的一个权衡中,失败者是经济史,尽管一直以来关于这个问题都有很多争议。

一个著名的反对声音发生在1984年12月,来自得克萨斯州达拉斯市举办的美国经济协会(American Economic Association)年会。在那次年会上,有一个会议就叫做"经济史:对于一个经济学家的必要非充分条件"。这个会议是由当时美国经济协会的主席——来自MIT的查尔斯·金德伯格——安排的,并且包括了以下的参与者:肯尼斯·阿罗(Kenneth Arrow)、保罗·大卫(Paul David)以及加文·赖特(Gavin

Wright)（都来自斯坦福大学）；查理斯·金德伯格、罗伯特·索洛和皮特·特明（Peter Temin）（都来自 MIT）；唐娜·麦克罗斯基（爱荷华州立大学）；威廉 N. 帕克（耶鲁大学）；以及 W. W. 罗斯托（W. W. Rostow）（得克萨斯州立大学）。这个名单里包括了两个世界上最顶级的理论家——阿罗（1972 年诺贝尔奖获得者）和索洛——和当时最杰出的经济史学家。这些论文接着被印刷成一本书，由耶鲁大学教授威廉·N. 帕克编撰整理，还包括了金德伯格的一段评论（1986）。然而尽管人们在经济史学的重要性上几乎没有分歧，但当时所指责的那种忽略经济史学的趋势却没有发生改变。金德伯格就曾指出："经济史学在经济学课程当中已经失去了地位"。曾经经济学的博士学位项目需要至少修够一学期的经济史，但是后来就没有这项要求了。很多曾经需要 2~3 个的经济史学家的顶级经济学项目已经不需要了。在 1984 年，金德伯格抒发了一种违背当时主流的心理："我刚刚就提出，经济学的大多数领域如今已经破产了"。

第八章

危机期间的债务

- 在国民银行法颁布之前的银行和债务
- 银行和国民银行时代的负债
- 联储时期的银行和债务
- 银行的破产
- 债务和联邦储备：急切的需要
- 家庭和负债

第八章
危机期间的债务

当代复杂的信贷经济建立在公众的信心的基础之上，而公众的信心是靠保障私人权利的法律法规凝聚起来的。当公众对经济运行状况的怀疑影响到这一基础时，法律法规便失去了其对公众信心的支撑和巩固作用，反而和原有经济结构紧紧地捆绑在了一起，变成了消极力量的源泉，一旦这个体系不变宽松，经济的崩盘便一触即发。在正常时期，弹性原则会阻碍信贷的自由流通，而在危机时期，这却是必要的。在长达1400余年的时间里，西方文明一直利用一种一般被称作延期偿付的杰出机制来拯救信贷机构。延期偿付机制通过一国的立法规定或司法判决来裁定偿债义务的延迟履行，其核心在于国家主权的运用。

——A. H. Feller

通常，在银行借贷关系中，当银行的债权人要求银行支付定额款项时，按法律规定，银行必须尊重这种放款要求。然而，在以往的金融危机历史中，债权合同并没有被强制执行。银行会暂缓现金的兑换，政府会通过支持银行的这种做法并且宣布银行停业来帮助银行渡过难关。根据法庭的判决，在危机中银行不履行债务并不导致银行破产的发生，因此银行的债权人们并不能收回银行欠他们的款项。这种情况并不仅限于银行债务。面对危机时期沉重的债务负担，债务延期偿付的法律也免除或减少了有住房抵押贷款的家庭的负担。总而言之，危机时期的债务与非危机时期的债务是不同的。

这一理念在很多人，包括很多经济学家，看来是十分令人厌恶的。他们认为，不强制还款义务的履行会造成道德风险的增加，因为一旦借款者知道他们可以选择违约，那么，他们去冒险的几率就会增加。但是，只有当经济全面陷入困境时，借款者才会有可以违约的选择，而经济全面陷入困境这一事件是不可预测的。

用另一种说法来形容这种情况即是银行体系一直被认为是"大而不能倒"的。当危机中兑付的需求不能得到实现时，只有两种方案可供选择：要么不执行债务合同，要么清算银行体系。而没有一个市场经济的国家曾经采用过后一种选项。

在国民银行法颁布之前的银行和债务

在早期的美国，银行债务的强制执行是普遍建立的规则。早期有一个有趣的例子，波士顿萨福克银行通过要求用硬币的形式来赎回其钞票，来使乡村银行遵守纪律。萨福克银行当时是一家准中央银行，当人们用波士顿以外的乡村银行发行的私人银行银行券付款时，将收集这些钞票。人们收到这些钞票后会把钞票存到萨福克银行里，之后萨福克银行会拿着这些钞票到相应的乡村银行去，要求乡村银行用硬币兑付。萨福克银行的这种做法使得各乡村银行时刻处于被要求兑付大量硬币的威胁当中，从而使乡村银行不得不保留足够的硬币储备。在一场1821年5月判决的诉讼中问题出现了。在萨福克银行诉林肯银行案中，巡回法庭指责陪审团道：

马萨诸塞州法案即本案据以提起诉讼的法案规定："如果任何注册银行忽视或拒绝用现金偿付其发行的任何票据，该银行应被判决从忽视或拒绝兑付请求之日起每月支付给票据持有者该金额2%的补偿，还应额外支付票据持有者为了收回上述票据而对银行采取行动所应得的赔偿金。"如果兑付请求是在银行正常的工作时间做出的，银行有义务在收到请求时支付硬币。若银行在这种情况下不履行法律责任兑付现金则构成上述法案所说的忽视或拒绝。

在这个案件中，林肯银行延迟了付款，声称硬币需要被计数和称量。此案的判决是支持萨福克银行的。然而，法庭不总是强制执行债的请求权。在一些州，如果银行拒绝兑付一张钞票，收银主管有义务在钞票上背书并记载日期，钞票持有者则可以在宽限期期间赚取惩罚性的违

约利率。在纽约州诉华盛顿和沃伦银行案中,约翰·华生法官(Justice John Woodworth)写道:

"原告援引1817年4月7日法案对被告提起诉讼,在1817年4月7日法案中,已陈述的事实不是银行许可中导致财产没收的事由。法案第十条规定,针对拒绝兑付硬币,被告应当中止银行运营和关闭银行,直至其恢复其钞票的赎回和偿还,违者以财产的没收论处。法案进一步允许,对于所有的钞票中已作请求而尚未偿付的部分,可得到10%的赔偿金。

在这里的详述中将看到,法律条文中并没有对银行恢复营业的时间做出限制,也没有打算做出限制。我认为,这一点显示出立法者并没有意图将银行拒绝见票即付的行为作为没收其财产的基础,不管银行是出于什么原因而拒绝支付的。与此相反,立法者认为银行的营业活动可以在不确定的期限内重新开始,不管被告何时恢复对票据的偿付。如果采取这一我对此并无异议的解释,那么银行的停业时间是6个月还是6年,都不构成对其财产进行没收的事由。"(纽约最高法院,八月术语,1826[6Cow. 211])

1837年5月10日,纽约城的银行由于出现了银行挤兑现象而暂缓兑换,接着几天之内美国的所有银行都暂缓了兑换。

在当月的前三个星期,有250家公司破产,损失总额超过了1亿;棉织物价格下降一半,新奥尔良市两天之内贡献了2 700万的亏损;纽约州通告以6%的利率贷款50万却连一个投标都没有收到;一场大规模的挤兑正式开始;在相互磋商之后,纽约的银行于5月10日暂停了硬币的兑换,全国范围内那些尚未破产的银行也跟着效仿。(Lanier1922,205)①

暂停兑换是违反银行许可的要求的,然而如果合同在宽限期后还未

---

① Henry Wysham Lanier(1873—1958),作家,诗人悉尼·拉尼尔(Sydney Lanier)之子,创办了《金书杂志》(Golden Book Magazine),该杂志于1925—1939年间出版了22卷。

履行则银行许可也会因此丧失。之后成为美国第六位总统的约翰·昆西·亚当斯（John Quincy Adams）是这样说的：

现在我们被告知美国所有银行都已经暂停了硬币的兑换，暂停兑换不正是对财产相关法律的藐视吗？如果银行的总裁和主管已经发行了一百万张票据，承诺给每一张票据的持有人5美元，暂定兑换就是一个违反了一百万个承诺的行为。这对于票据持有者来说不是欺诈是什么？（给美国金融登记部门的信，1837年7月1日2：59）

随着宽限期的耗尽以及银行对丧失银行许可证的担心，他们找到了州立法机构。李察·希尔德雷思（Richard Hildreth）对此事件做了报道：①

暂停兑换被各地默许为应采取的必要措施，甚至还受到了很多商人的赞扬，商人们视其为对他们眼前所有麻烦的当然救济。纽约的立法机构当时正在开会期间，通过了一个法案。法案使得暂停兑换一年合法化，但禁止银行在停止兑换期间赚取收益。（1840，97）

当纽约的银行寻求立法机构救助时，在1837年5月16日，立法机构通过了一个法案，规定在基于某种原因，一定期限且需要符合法律的一些条款后可以进行采取暂停兑换。它明确规定，任何现行有效的法律条款，若其要求或授权针对银行提起目的在于剥夺银行许可证的诉讼的，效力暂停一年。②

类似的法案在其他州的立法机构也得到了通过。在剩余的州里，州政府简单地忽视了银行暂停兑换的行为，将其看作是在当时情况下可容忍的做法。（Hildreth 1840，97）法庭对州的法规和银行许可要求做出解释，认为在银行许可中规定的情况下债务应该履行，但由于暂定兑换的发生，只要有惩罚性的违约利率作为补偿，这一义务也不是不得不履行的。在俄亥俄州，法庭表明：

---

① Richard Hildreth（1807—1865），1826年毕业于哈佛大学，之后成为了一名律师和记者。
② 见于第64次立法会通过的《纽约州法律》（1841，347）。

第八章
危机期间的债务

"本州的法律中没有法律条文明确宣告暂停兑换的行为是导致银行特许经营权丧失的事由。根据1839年2月25日的法律条文，以下行为是构成银行特许经营权丧失的事由：拒绝银行委员会的检查、拒绝在法庭上宣誓实话回答问题、忘记提供月度报表……

然而，法律并不认为暂停兑换之后应该没收银行的营业许可，这一点是明确而清楚的，因为法律对此规定了另一种惩罚方法。对于银行要逾期还款的钞票，法律通过给银行创设支付12%的赔偿金的义务来保障债权人的权益。

我们相信：硬币的偿付要被暂停一段足够长的时间且被运送到足够远的地方，才能导致银行特许经营权的没收，才能授权国家主权去收回它已赋予企业的权利。由于钞票的发行银行是为了凭借自身信用发行具有钱的功能的货币而创设的，每当其发行的货币变得不足信、无法兑现、无法兑换以至于无法实现其本身的功能时，便构成了银行对其权利的不当使用，在普通法原则之上甚至可能导致破产。法庭的判决必须照顾到银行创立的目的，然而在暂停兑换之后，法庭究竟认为银行的行为仅仅是拒绝支付其债务，还是说银行不履行支付义务应作为对其破产的嫌疑，这在纽约的众法官中产生了分歧，可能对于这一点，我们的立法机构或许应该提供一种规则，就像纽约立法机构所做的那样。

银行许可证的立法机构面对这一事件提供了这样的一个解决办法。立法机构认为，相比于对银行进行清算和令其停止营业会产生的诸多不便和错乱，通过让银行支付12%的赔偿金来保障债权人的权益会是一个更好的选择。①"

在1841年詹姆斯·罗克韦尔诉俄亥俄州关于约翰·内文斯的使用一案中，法庭裁定，只有在全面暂停兑付实行时，收银主管才需要在银

---

① 见一下案件：俄亥俄州诉辛辛那提商业银行案（10 Ohio 535, 1841 WL 39 [Ohio]）；俄亥俄州最高院、俄亥俄州政府代理诉讼、汉密尔顿镇诉讼代理人诉辛辛那提商业银行案；塞恩诉辛辛那提州拉法耶提银行案；塞恩诉辛辛那提州法兰克福银行案。1841年12月。

行拒绝兑付时在票据上背书。法案中规定的惩罚性利率也只在全面暂停兑付时期才适用,因为该利率的目的就是为了激励银行不要暂停兑付。

法律随后规定,从今以后,本州内的任何金融机构如果暂停将其钞票兑换成金银,其收银员则有义务在钞票上背书之类的。这是为了保障在全面暂停兑付实行或者银行暂停对其所有票据的兑付时,票据持有者有法案的授权,可以要求收银员在票据上背书,否则对其处以刑罚。法律从来没有试图在银行职员拒绝与实现票据持有者要求兑现的要求的单次孤立事件中以此方式惩罚银行。这样的孤立事件不值得法律对此做出规定,票据持有者可以以自身行动自行收回其债权。但是票据的全面暂停兑换会影响到整个社区,为了避免这种情况,法律对其做出了规定。

在此案中,俄亥俄州法院对全面暂停兑换时期和其他时期做了重要的区分。宽限期的惩罚性利率只在全面暂停兑换时期才适用。惩罚的动机在于激励银行不要暂停兑换。这里的逻辑跟法律规定全面暂停兑换时期银行不能收取利息的逻辑是一样的,都是想激励银行恢复兑换。

在其他法庭里,问题不在于是不是有一个全面暂停兑换时期,而是暂停兑换时期有多长。下面是密西西比州首席法官威廉·夏基斯(William Sharkey)在1846年的一个案件中写的:

"一个暂时的硬币的停止兑换要持续多长才能导致对银行许可证的没收,以及什么是暂时的停止兑换?这才是问题。"

1840年,之前已获许可证的纳齐兹商业银行暂停了硬币兑换,立法机构通过了一个法律,规定该州内的所有银行应在4月1日前用硬币兑付其5美元钞票,7月1日前兑付10美元钞票,10月1日前兑付20美元钞票,1941年1月1日前兑付其所有的钞票、票据和其他负债。保留此法案的合宪性和有效性,如果银行不遵守上述规定,银行的许可证会被没收。

州是否能够创立一家银行并授权其发行钞票却并不要求它用硬币兑现呢?这个问题的答案无疑是否定的。然后,银行是否可以在做出法律并没授权其做的事情的时候,还保留着其特许经营权呢?仔细审查上述授权，我们发现正确的看法是，在解释许可证中的授权条件应跟解释普通私人合同中的授权条件一样，即只要被授权人始终遵循获得许可的要求，那么就以对被授权人更有利的解释为准，则法庭应该倾向于不没收银行的许可证。对于大多数授权行为来说，其易受具体实际应用的影响，抽象出任何精确的规则都是不可能的。在什么时候暂停兑换是永久的或持续的，不同的观点存在但是并不多。然后，除了可能在亚拉巴马州有一致的例外，大家都认为永久的暂停兑换是导致许可证没收的事由。这在纽约通过许可证中的要求得到了承认，其通过要求银行停止营业活动来惩罚其持续地暂停兑换的行为。但是决定中并没有对他们认为的永久的或持续的暂停兑换或破产以及暂时的停止兑换做出定义。这些词没有确切的法律内涵，而其普通的内涵并不能指向能据以判定许可证是否应没收的任何确切的法规。没有什么是不变的，也没有什么不处于同一状态的东西可以说是可持续的。

但是，法律并没有规定暂停对付这一行为持续时间要多长才构成没收许可证的事由。[1]

对于停止兑换什么时候是永久的，什么时候是暂时的，是无法得到任何精确的规则的。换句话说，没有办法可以将一个会使银行保存清偿能力及其完整性的事件跟一个最终会导致银行破产的事件区分开。

为了解决暂停兑换这个问题，纽约州于1846年通过了一个旨在阻止银行停止兑换的宪法修正案："立法机构没有任何权力通过以任何形式，直接或间接地批准发行类型的银行票据的自然人、组织或公司暂停兑付硬币"（第五节第八条）。

修正案是想要阻止纽约州立法会像1837年那样允许银行暂停兑换。然而，在下一次的系统性事件中，即1857年恐慌，他们再次面临着清算银行体系的风险。倘若他们不行动，法庭只能强制执行银行的债务合

---

[1] 纳齐兹商业银行诉密西西比州案，密西西比州高等上诉法院，1846年1月（6 Smedes & M. 599, 14 Miss. 599 [Miss. Err. & App.], 1846 WL 1659 [Miss. Err. & App.]）。

同并宣布银行破产。如果一家银行可以像在平常时期一样卖掉它的资产，则这家银行就是有偿付能力的。但是如果它因为市场机制失灵而无法获得现金时，它是破产了，还是仅仅是没有流动性了呢？在最近的金融危机中解决这些问题跟在19世纪时一样的困难。

1858年法庭判决：

由意料之外的偶发事件引起的无力支付不能独立地构成正在讨论中的法律条款或者任何其他与破产相关的法律条款中破产的证据。一个将会被迫去抗议的商人，并不会因为他未能收到一笔意料之中的汇款或者他所依赖的某个债务人的破产而被认为是没有清偿能力的，而此时他其实也未能按照其承诺履行他的义务。如果合理地考虑他自身的情况以及其所处环境的情况，完全可以看到他不仅有能力在最后偿还债务，还可以通过合理地运用他的手段，继续他的经营并像正常时候一样履行他的契约，立刻从事业暂时的尴尬和错乱中恢复过来。就像相同行业的人通常认为的那样，认为他是有偿还能力的。所以，如果现在没有偿付能力只是这一国家货币领域异常的紧急情况所导致的，而不是因为个人自身的失败和由于一个供应源的暂时切断所导致的，而这种供应源是处于与他相似情况下的商人们所习惯于依赖的。这种情况下对破产的认定跟之前的情况是一样的。一个商人习惯性地依赖其应收票据的支付，通过贴现取得的票据来支付其债务，或者凭借自身信用来取得贷款而依靠应收票据的偿还来偿还其贷款，这并不是能够证明其没有偿还能力的证据。长期的依赖可能会使他破产而无法偿还其债务，但这种情况还是离无偿还能力这个词的任何定义很远。这个原则同样适用于银行公司和组织。这些金融机构的负债是目前就可以要求支付的，这些负债总是大大地超过目前的偿还能力。流通中的和全部存款中的每1美元都有可能在一天内被要求兑换。但是众所周知，还是没有银行会在手上保存相当于它们法定应偿还总金额的十分之一的硬币或由有偿付能力的银行开出的票据。法律在其条款的制定中认识到了这一事实，其规定在由于这样的不付款而引起的公司或组织的解散发生之前，银行有15天时间来偿付在抗议中传送的票据，有10天时间来偿付向银行呈现的兑付款项的需求。

法院认为，若债务到期未能支付的情况发生在危机期间，是"未预料到也不可预见的偶然性事件"，那么这就不是一个正常情形。但是"危机"如何界定？1875年的利文斯顿诉纽约银行案回答了这一问题。在本案中，法院认为，当暂停是普遍的，甚至说整个州和国家的其他部分都处于暂停状态时，不能因为银行暂停兑换现金就推断其无力偿付债务：

由于发钞行暂停现金支付，我们仅能进行法律推理判断其破产。

在这样一种情形中，当暂停是普遍的，全体的，整个州和联邦的各个部分都如此，无论银行有多少总资产，都必要对暂停情形进行此类推断吗？在我看来，并不是这样的。

当现金支付的暂停是普遍发生的事实时，此行为本身并不能作为诈骗或违法的充分证据来给发布这样的指令授权。

利文斯顿案的判决意味着纽约银行不会在1857年恐慌中被清算。当时对利文斯顿案判决的回应与今天相比大有不同。纽约州长约翰·A. 王在1858年1月5日其给参议院和众议院的年度消息中说：

最高院的司法意见（利文斯顿诉纽约银行案）在纽约市颁布后，消除了对银行会被强制清算的不安。整个商业界保证会提供支持和帮助，而不是削弱它或使其烦恼。因此，我对这十分满意，希望银行早日重启并对此能力充满信心。（Lincoln 1909）

利文斯顿案50年后，耶鲁大学教授索姆那在谈及此事时写道：

这就是政变别无其他。纽约州宪法是明显反对任何形式、以任何借口进行停止硬币兑换的，由于所有以前颁布的法律，这一宪法条款如今被证明是无效的了。这一情形有点荒谬。我们曾希望宪法中严厉的禁止性条款会阻止银行把自身置于可能暂停兑换的境地，而现在银行已经在此境地中了。据说正是害怕财产被没收使得银行采取自我保护措施，尽管银行家们解释说公众是在恐慌之中，为避免银行全部结业他们只能暂停兑换。法官快刀斩乱麻，所有人只能默许他们的行为了。这显然是银行法规的失败，且说明立法的困境——对法律有效性的限制肯定是相当严厉的，如果不严厉的话，该限制实行起来会非常的不切实际。(1896, 427)

利文斯顿案的判决，我称其为利文斯顿规则，它在美国历史中不断出现，进入标准法律教材中，建立起了危机是个可以免除债务强制执行的例外情况，最终让美联储在2007—2008年恐慌中得以借290亿美元给摩根大通去收购贝尔斯登公司。

银行和国民银行时代的负债

你或许会记起，1873年恐慌让我们猛然醒悟过来，原来国民银行法并没有使金融危机不再出现。银行在1873年停止了兑换，这一回银行拒绝将活期存款转换成国民银行发行的票据。到那时候，大众媒体已经将利文斯顿规则内部化了：

我们特别强调一点，即这些并不是银行的倒闭，而只是被强制实施的暂时的停止兑换而已。当一家拥有优良且足够多的资产的公司由于现金被不合理的偿还需求所耗尽而不得不停止往外支付现金时，将其暂停支付的行为称为破产是对这个词的滥用。这些停止支付的公司没有比银行更多的失败，它们停止支付的行为应该完全不影响其信誉。我们不但不批评银行的行为，还为其智慧鼓掌。(Financier, September 27, 1873)

在国民银行时代，暂停兑换从未被质疑或在法律上挑战过。尽管这行为是违法的，在那个时代（1863—1914年）的每一次危机中银行都继续暂停兑换。在暂停兑换的同时，票据交换所贷款凭证开始被使用，并最终发给民众作为现金使用。票据交换所贷款凭证本身的合法性也是有疑问的。华盛顿·奥古斯塔斯·克拉克（Washington Augustus Clark）描述了这是如何处理的：

第八章
危机期间的债务

在过去的半个世纪里我们经历了好几次恐慌，当国家银行法中一成不变的规则只能给予极少的宽慰或不能给予宽慰时，就需要采取别的权宜之计来缓解恐慌的形势。如古语所云"需要是发明之母"，全国性的银行一次又一次地动用发行票据交换所贷款凭证的方法，这方法在好几次恐慌中都曾使用过。这些凭证不仅被用来偿付银行相互之间的余额，在社区中甚至还成为了流通中的货币。在这种难堪的情形下，货币监理官和财政部长都意识到了银行遭遇到空前的形势，他们至少假装看不见这种犯法的行为，允许银行使用这种不正常的货币直至正常形势的恢复。这正好是巴特勒法官（Butler）的立场，即认为在类似1837年形势的情况下暂停兑换不是不合理的，而且是对银行和社区都有好处和保护作用的。

由于监管者们假装看不见这种犯法的行为，允许银行使用这种不正常的货币直至正常形势的恢复，利文斯顿规则再次出现了。再一次，平常时期和危机时期又有区别了。

票据交换所存款凭证   10美元

BOX 8.1 Albany Clearing-House Certificate, $10. Albany, Georgia

No. ____.]

ALBANY, GA., *August* 29, 1893

This certifies that the First National Bank of Albany, Ga., has deposited with the undersigned offices of the Albany clearing house securities of the value of twenty dollars for the payment of the sum of ten dollars to said bank or bearer in lawful money of the United States, at six months from date, or earlier, at option of said bank. But no certificate is to be issued bearing date later than January 1, 1894. This certificate will be received on deposit by any bank or banker belonging to the Clearing House Association of Albany at par at any time before its maturity.

_____, President

_____, Secretary.

  Indorsed: The following banks compose the Albany Clearing House Association: First National Bank, Commercial Bank, Exchange Bank.

发行票据交换所贷款凭证可能违反了国民银行法中对私人银行的银行券征税的条款。私人银行的银行券不是禁止的，但其存在是需要纳税的，这使得发行私人银行的银行券变得过于昂贵以至于没有人发行它们。接下来的问题就是票据交换所的贷款凭证是不是属于应该纳税的私人银行银行券的一种。按照找办法避免清算银行体系的传统，美国司法部部长规定对私人银行银行券征税的条款不适用于票据交换所贷款凭证。司法部部长说："1875 年 2 月 8 日的法案中第 36 章第 19 条中对州银行征税的条款只适用于本票，而不适用于其他可转让的票据。如果对于征税条款的含义有什么疑问，解答都应该支持免税。"更进一步，根据司法部部长所说的：

你们提交的三个金融工具显然都不是银行券，是支票，可能并不在考虑范围之内。另外的两张票据在本质上是一样的，其一如下：

我觉得，从法律条文的含义上讲，该票据并不是银行券。

尽管司法部部长拒绝反对票据交换所贷款凭证，但银行还是面临一个问题——法庭可能并不会认同并支持这些凭证的合法性。幸运的是，法庭在踢皮球，例如说，在 1895 年 Philler et al. 诉 Patterson 案中，威廉法官写道：

票据交换所协会其实是在费城的 38 家国家银行就它们每日清算的时间和地点达成的一个协议。我们现在讨论票据交换所贷款委员会及其从事的总体计划的状态问题。银行同意按照其资本存量的一定比率，将它们的一些钱或等值优质债券，存到某些它们选择的人手上，以用来清算它们之间的资金往来，我们称这些人为"票据交换所委员会"。

1873 年 9 月 24 日，这些联盟的银行们相互间签署了另外一个协议，协议中写道"为了费城票据交换所协议的成员银行能够对商业和制造业的活动提供适当协助，也为了方便每日的票据交换的清算"，他们授权委员会向任何成员银行接收额外的以应收票据和其他证券为形式的存款，同时授权委员会自主决定合适的金额或比率发行凭证。他们愿意在票据交换所每天结算时，接受发行的额外凭证。对于根据原计划或1873年合同发行的凭证，当一家银行未能在凭证有必要被赎回凭证时，委员会就有义务收走他们手中持有的该银行的债券，并把获得的钱交给凭证的持有者。我们不能理解银行在哪个方面违反了美国关于国家银行的立法规定。相同的或大体上基本一致的办法已经被美国的所有大城市和很多别的地方所采用。以我所知，并没有什么地方认为这种做法是不合法的。

到了国民银行时代的末期，法制史和银行机构已经吸收几乎一百年关于在银行恐慌发生时成功避免清算银行体系的经验。票据交换所在危机时创造私人银行银行券方面变得越来越有创新性。但是危机还是继续发生。

联储时期的银行和债务

以票据交换所来充当最后贷款人的角色在1914年联邦储备系统的成立结束了。但是大萧条时期是否要清算银行体系的问题再次出现了。美国第32位总统富兰克林·德拉诺·罗斯福与几乎一百年前美国第8位总统马丁·范·布伦面临着同样的问题。范·布伦是第一位出生在美国独立战争之后的总统，于1837年3月上任，刚好在1837年恐慌发生之前。当罗斯福总统于1933年3月4日上任时，危机已经正在进行中了（就像75年后贝拉克·奥巴马的情况一样）。1933年3月5日星期五的晚上，罗斯福决定在3月6日至9日期间关闭全美国的银行，并对黄金出口颁布了禁令。这不是平常的银行假期，而是联邦政府颁布的让所有银行包括国家银行关门的决定。罗斯福总统第6260号行政命令写道：

现在，我，美国总统富兰克林·德拉诺·罗斯福，目睹了国家如此紧急的现状，凭借上述法案授予我的权力，为了阻止金币银币和其他黄金货币被出口、囤积或用作别的特定用途，我特此宣布、命令、指示、声明，从1933年3月6日周一到3月9日周四，包括首尾两日，所有银行机构以及其位于美国境内的所有分支机构，包括国土和占有的岛屿，将要维持一个银行假期，期间所有银行业务都要暂停。在这假期中，除了今后另有规定的之外，没有银行机构或其分支机构可以支付、出口、囤积或允许以任何方式或借助任何设备等来收回或转移任何金银或货币或者进行任何其他的银行交易。

为了做这件事情，罗斯福从对敌贸易法案（TWEA）中寻找授权。这像是对法案牵强的演绎。对敌贸易法案是在1917年10月6日，即美国参加"一战"6个月后，通过的，其用于管理没有美国国籍的外国侨民。该法案仿效英国的对敌贸易法，旨在阻止敌对的外国侨民使用其在美国拥有或控制的财产，同时允许美国政府控制该财产（因此可以冻结资产）。罗斯福的法令不仅对外国人适用，对美国公民和银行也适用。

罗斯福1933年公告几乎30年后还继续有效，人们会因拥有金条而遭到逮捕。有一个这样的例子，1962年美国加利福尼亚州南区联邦地方法院在 Plaintiff 诉 James Briddle, Harold Mitchell, Defendants 案中写道：

为国家的银行业进行史无前例的严厉控制寻找法律依据，总统参考国家紧急情况援引了上文引用的1917年对敌贸易法案中的条款来获取授权。虽然这一行为被欣然接受甚至受到欢迎，很明显在当时是没有授权的，因为宪法中没有授权总统在那样的紧急情况中行动，而且其成为总司令的授权和其根据1917年对敌贸易法案的授权都是以战争状态为必要条件的，而当时并没达到这个条件。

但1933年罗斯福总统的总统令的合宪性没有遭到质疑，很可能是因为紧急救助银行法案在4天后通过了。这个法案由9页纸组成，其介绍、通过和签署都是在同一天，即 1933 年 3 月 9 日完成的。

法案由五大部分组成，称为"章"。第一章对 1917 年《对敌贸易法案》进行了修改，确认并批准了 1933 年 3 月 4 日以来总统或财政部部长颁布的命令和法规，同时授权总统宣布国家进入紧急状态并在这种状态下时彻底控制美国的金融和外汇。联储法案的第 11 条也做出了修改，新法案授权财政部部长命令美国的任何机构或个人向财政部上交他们拥有或保管的所有黄金，作为回报，他们会得到"依照美国法律铸造或发行的任何其他形式的钱币"。总的来说，总统被授予了广泛的权力在紧急状态下去控制美联储的银行成员的运营。第二章授予通货监理官权力可以夺取美国境内或边界上的任何银行的控制权并进行管理，还可以设立银行被管理、重启或清算的条件。第三章允许银行发行之后可以被复兴银行公司购买的优先股。发行优先股对于当时的银行资本结构来说是新的融资方法。第四章给了联邦储备银行更大的权力去发行钞票，并将所有美国国家的直接债务作为联储票据的合格抵押物。最后，第五章拨款 200 万美元给总统去执行这一法案，并说："如果此法案中的任何条款或对任何人或情形的适用被认为是无效的，那也不影响法案的剩余部分和这些条款对其他人或情形的适用的效力。"[1]

这里，利文斯顿规则再次起作用了。《美国法律报道》写道："我们不要求银行手上保存足够的钱来支付其所有存款人的支付请求，而且在由于紧急情况或危机而无力偿付所有提出的支付请求时，银行并不是没有偿还能力的"。随着银行面临着大量的货币兑换需求，罗斯福总统宣布银行放假以此来阻止债权人向银行收钱，阻止债务合同被强制执行。这在各种已经宣布银行放假的州里都已经开始了。

---

[1] 在 1933 年紧急救助银行法案之后通过了 1933 年银行法案，于 6 月 16 日颁布，通常被称作格拉斯—斯蒂格尔法案。此法案建立了联邦存款保险公司。

> **BOX8.2　大萧条期间 1933 年银行假期时间表**
>
> 2 月 14 日：密歇根官方宣布 8 天银行假期
> 2 月 24 日：马里兰政府宣布 3 天假期
> 2 月 25 日：印第安纳波利斯银行限制取款额度不得超过 5% 的存款
> 2 月 27 日：宾夕法尼亚，俄亥俄州和特拉华州立法允许私人银行限制取款额度
> 3 月 1 日：5 个州包括加利福尼亚宣布银行延期偿还
> 3 月 2 日：西部又有 7 个州宣布银行假期
> 3 月 3 日：纽约联邦储备银行将再贴现利率由 2.5% 提高到 3.5%，宣布流通中现金本周将增加 7.32 亿美元
> 3 月 4 日：纽约和伊利诺伊州银行关闭，联储银行也关闭其他州随之也采取该措施
> 3 月 5 日：罗斯福总统宣布 4 天银行假期并且禁运金子
> 3 月 7 日：财政部部长 Woodin 宣布规则要求银行对食品和药品需求进行支付

罗斯福在法律基础薄弱的情况下宣布全国性的银行假期，其行为是卓越的，也是与避免清算银行体系的传统相符的。为了让这个行动合法化，罗斯福总统做了一个演讲，这一演讲是在危机时期美国总统做出的最重要的演讲，也是罗斯福的第一个炉边讲话。名叫"银行危机"，演讲通过收音机传播到了全国各地。这是用罗斯福洪亮的声调、清晰的叙述、宣布银行放假行动的可信度、银行如何重启的解释来管理预期的一个出色案例。

罗斯福从清晰地解释现在的问题开始讲起，换句话说，他对已经发生了的事情进行了叙述：

首先，请允许我陈述这样一个简单的事实：当你们将钱存入银行

第八章
危机期间的债务

时,银行并不会将其放入安全的金库,而会将其投资到各种类型的信贷中去,例如债券、商业票据、抵押贷款和很多其他形式的贷款。换句话说,银行让你们的钱活起来以保障工业和农业的齿轮能够继续运转。你们存入的钱中有一个相对较小的部分会被作为现金保留下来,这一金额在平常时期是完全足以满足普通公民的现金需求的。换句话说,一个国家现金的总额仅是该国所有银行存款中一个相对较小的部分。

那么,在2月的最后几天和3月的前几天,到底发生了什么?由于一部分民众对银行的信心动摇,很大部分的民众冲到银行去要求将其存款兑换成现金和金条,这一挤兑规模太大以至于状况良好的银行也没法拿出足够的现金来满足民众的需求。原因在于银行一时半会儿当然是无法将其绝对优良的资产转化为现金的,除非以一个远低于资产本身价值的恐慌价格出售。到了3月3日下午,一周之前的周五,国内几乎没有一家银行开门营业。几乎每个州的政府都发布公告,宣布让银行部分或全部关闭。就在那时,我发布了国家银行假期的公告,这是政府重建我们的金融和经济结构的第一步。

然后,罗斯福总统阐述了这一问题正在被怎样处理:

第二步,上周四国会毫不迟疑地充满爱国热情地通过了立法,对我的公告进行了确认,并授予我更大的权力使我能够基于时间的要求延长银行的假期以及在之后的时间里逐渐对假期解禁。该法律还对一个发展重建我们的银行机构的计划进行了授权。我想要告诉全国各地所有的美国公民,通过这一行动,国会包括共和党人和民主党人都展现出了对公共福利的奉献精神、对紧急情况以及对速度必要性的认识,这在我们的历史上是很难找到第二例的。

明天周一开始,我们将让12个联邦储备银行所在城市的银行开业,这些银行通过财政部的检查后发现是没有问题的。接着在周二,在有被认可的票据交换所的城市,那些已经被发现是健康的银行会恢复所有其他的功能。这影响到了大约250个美国城市。换句话说,我们正以目前情形所允许的最快运作方式来做出行动。

周三及之后的日子里，全国各地较小地方的银行也将会恢复营业，当然，这会受制于政府完成其调查的行动能力的快慢。为了让银行有时间去申请必要的贷款、获取履行其义务所需的现金，也为了让政府有时间进行常识性检查，银行的重新开业需要延迟一段时间。

罗斯福尽量小心地避免责备银行家：①

在管理民众的存款时，一些银行家表现出了其无能或其不诚实的一面。他们把托付给他们的钱用于投机和进行一些不明智的放贷行为。当然，我们大部分的银行并不是这样的，但这小部分银行的行为已足以震惊到美国的民众，一度使民众感到不安全且进入了无法区分这两种银行的状态，公众便假定这些相对较少的人做出的行为已经玷污了所有银行家的名声。因此，政府的任务便成了去尽快地澄清情况。这一任务已经正在进行中了。

罗斯福总统以呼唤信心的回归结尾：

别忘了，在我们的金融体系的重新调整中，有一个因素比货币、黄金都更加重要，那便是我们大家的信心。信心和勇气是这一计划成功推进的必要条件。你们需要有信心，不要因谣言和猜忌而感到恐慌。让我们团结起来，让焦虑消去。我们已经提供了重建金融体系的方法，现在取决于你们的支持来让其见效。

问题在于你们，我的朋友们，你们面临的问题并不比我少。

只要团结在一起，我们便不会倒下。

这是一个非凡的讲话。② 第二天，存款人排队将他们的钱重新存入银行。紧急银行法案被欣然通过了，也没有人挑战银行假期的合法性。

这与2007—2008年发生的事情形成了鲜明的对比。不管是布什政

---

① 尽管在1933年3月4日的就职演说中，罗斯福曾谈论过"兑换金钱之人"。
② 演讲在 YouTube 上可听：http://www.youtube.com/watch?v=z9CBpbuV3ok.

府还是奥巴马政府,都没有对当时金融危机的情况作出一个清晰的陈述。① 也不存在与罗斯福总统的演讲相类似的讲话。罗斯福总统对银行假期的宣告是缺乏法律基础的,但是避免清算银行系统的历史传统是根深蒂固的,他的演讲成功地对其行动做了一个清晰且有条理的解释。

BOX 8.3　1933 年紧急银行法案通过的大事记

上午 12：04 总统和国会领袖们于白宫结束会议

上午 10：30 罗斯福将最后修改的信息给了国会

上午 11：30 国会和银行界领袖在国会山见面讨论法案详情

中午 12：00 国会额外会议正式宣布开会

下午 12：30 罗斯福发信息呼吁立刻采取措施

下午 12：37 在参议院宣读了总统的信息

下午 1：40 银行法案在参议院作介绍,适用于委员会

下午 2：55 众议院开始考虑银行法案

下午 4：05 众议院无异议通过法案

下午 4：10 参议院银行委员会批准法案

下午 4：30 参议院开始考虑法案

晚上 7：23 参议院以 73:7 通过法案

晚上 7：40 发言人雷尼召集众议院来签字

晚上 7：55 副总统加纳在法案上签字,信使带着法案前往白宫

晚上 8：36 罗斯福总统签署紧急银行法案使其成为法律

晚上 10：10 罗斯福总统发布公告不定期延长银行假期

来源：波士顿联邦储备银行

---

① 美联储主席本·伯南克于 2009 年 8 月 21 日在怀俄明州杰克逊霍尔召开的美联储堪萨斯城银行年度会议上所做的演讲中确实对金融危机的情况进行了陈述。但是他的回应是复杂且迟缓的,而且本·伯南克并不是政府中的一员。

银行假期从此成了世界各国反危机的武器之一。举个例子，在经历了几个月的美元存款流失和缺乏政府实质性的流动性支持的情况下，乌拉圭在2002年7月30日宣布银行放假。在厄瓜多尔，货币危机中期，人们对银行体系缺乏信心，政府在1999年3月宣布银行放假。然而，并不是所有利用银行假期的例子都是成功的。

银行的破产

对付金融危机的历史一直是一段防止清算银行体系的历史，不管是通过暂停兑换且宣布期间银行不偿付债务不被认为是无偿还能力的，还是通过宣布银行放假。银行破产并不是一个有着明确定义的术语，它被解释为在平常时期而不是危机时期无法履行债务合同。所以，如果银行要令人信服地暂停兑换还不被认为是无偿还能力的，那么他们必须同意危机出现了。在联邦储备系统建成之后，如此行动的机制已经不存在了。银行的监管者和中央银行必须解决危机是什么的问题，或者等到情形变得明显。这明显是个困难的问题。一方面，决定提前行动意味着政府可能会在大家对危机的出现达成共识之前就采取行动。然而等待却意味着会有更多的耗费，正如我们将要看到的那样。

这一问题的范例是1982年宝恩广场银行的破产，一个小银行的倒下最终注定了伊利诺伊大陆银行一个更大的银行于1984年的倒下。尔文·史不罗格（Irvine Sprague），当时的联邦存款保险公司的主席，如此谈论宝恩广场银行的倒下：

3年后回想起当年紧张而充满戏剧性的情形，货币监理官托德·康诺佛（Todd Conover）告诉我："在这份工作上当时我是个新手。我面对着很大的压力去让宝恩广场银行倒闭。我一直在机构里问人们，想让他们告诉我，需要做什么来查明一家银行是否有偿还能力。"人们告诉他，法律中没有对破产做出任何定义。法律只说了，当银行无偿还能力时，货币监理官应该关闭这家银行，"或者一些像那样无明显特征的东西"，康诺佛补充道。（I. Sprague1986）

这一例子的问题在于这并不是在金融危机期间发生的。但之后，监管者害怕伊利诺伊大陆银行的倒闭会引发一场危机。有一种解释说，是监管者的行动避免了危机的发生。然而，像我们将要看到的那样，这些反事实是难以成立的。类似的事情发生在雷曼兄弟身上，它无偿还能力了吗？

"有偿还能力的意思是什么？" J. P. 摩根的首席执行官杰米·戴蒙（Jamie Dimon）在被金融危机调查委员会问到雷曼兄弟是否无偿还能力时回应道，"答案是，我不知道。我还是无法回答这个问题。" J. P. 摩根的首席风险官巴里·朱博柔（Barry Zubrow）在金融危机调查委员会前作证说，"仅站在会计的角度上看，它是无偿还能力的"，虽然"它很明显是在用高杠杆和大量短期融资来为其资产融资。"（金融危机调查委员会2011年）

确定银行的偿还能力是一件很困难的事情，这就解释了为什么银行从来都不适用一般公司的破产程序。银行的破产都是由监管者自行判断决定的，就像托德·康诺佛很快学到的那样。

债务和联邦储备：急切的需要

在危机中，联邦储备系统的角色是要果断地行动去拯救金融机构甚至还有非金融机构。《经济救助和重建法案》[①] 在 1932 年 7 月通过后，联邦储备法中便增加了一段，第十三条第三款写道：

[①] 这是创建复兴银行公司的同一法案。

在非正常的紧急情况下，联邦储备委员会在赞成票不低于5票情况下可以授权联邦储备银行在上述委员会决定的期间内去给任何个人、合伙或公司贴现那些令储备银行满意的已经背书或担保的钞票或汇票，贴现利率应与本章三百五十七条的条款相符。倘若联邦储备银行要给个人、合伙或公司贴现这些票据，那么储备银行要获取证据证明这些个人、合伙或公司无法从其他金融机构中获取足够的信贷支持。所有对这些个人、合伙或公司的贴现都应该遵循联邦储备委员会的限制、约束和规定。

"非正常的紧急的情况"效仿了利文斯顿规则中全面暂停兑换的前提条件。

在最近金融危机中，2009年2月10日，美联储主席本·伯南克在向美国众议院金融服务委员作证时，解释了第十三条第三款的使用：

2008年之前，在第十三条第三款授权下的信贷在20世纪30年代后就没有扩张过。然而去年，基于金融市场非同寻常的紧张情形，委员会在多种场合中使用了这一授权。

紧接着2008年3月的贝尔斯登事件，联邦储备委员会借助第十三条第三款的授权来使初级证券做市商和银行有资格向美联储申请短期贷款。这一时期投资银行和其他做市商面临着很大的流动性压力，委员会的这一决定的做出是为了对金融稳定提供支持。美联储还在其对关键信贷市场（例如商业票据市场和资产抵押证券市场）的运转提供支持的计划中也利用第十三条第三款的授权。我认为，鉴于这些关键市场会崩溃及其崩溃对更大范围的经济健康的影响，第十三条第三款在这些环境下的适用是很合理的。

家庭和负债

在家庭住房抵押贷款方面,在经济危机期间不强制执行债务合同的原则也同样适用。危机期间,有住房抵押贷款的住房所有者的债务履行也被减轻了。延期偿还、延期偿付、保留法和银行假期都减轻了他们的负担。在危机期间对住房抵押贷款所有者负担的减轻有一段较长的历史。

延期偿还有时候会发展成关闭所有法庭或者除了刑事法庭外其他各种法庭都关闭。接着,法庭无法下达让抵押品赎回权丧失的命令。银行假期也阻止了银行收债。更多普通的减轻债务的形式有:禁止诉讼、诉讼开始后停止进一步的行动、延长赎回已没收的抵押物品的期限,以及停止进程通知、财产扣押、判决执行、宣布抵押品赎回权丧失、占有权的行使等服务的提供。保留法对收债行为做出了限制:

这无数新的减轻债务者负担的方法得益于规则制定者的足智多谋。至今为止最常用的方法是创立一个新的偿还期或者变更现有偿还期。其他被采用过的方法有:更改债务原来的利率、改变违约后受押人的救济方式、在抵押贷款上强加新义务以作为抵押品赎回权丧失的前提条件、改变售出已没收的财产的程序、改变强制执行债务合同的法律程序、改变执行偿付已担保债务的判决的方法,以及给收债创造障碍。(Rogers 1933–34)

当然,这些行为是备受争议的。然而,像利文斯顿和随后的历史一样,法庭将"平常时期"和"公共紧急情况"作了区分。举个例子,纽约上诉法院做出了如下的辩护:"政府在公共紧急情况下可能需要这样做来以立法程序创立使私人合同无效的规则,使之作为每一份合同中的默示条款,所以这样的立法如果颁布了也不削弱在限制之内的合同义务"。

最有名的、牵涉最广的案子是大萧条期间的布莱斯德尔案[①]。这个案子中，美国最高法院认为1933年明尼苏达州抵押贷款延期偿付法案是合宪的。这是关于大萧条时期减轻债务人负担的立法的第一案。丹尼斯·罗杰斯（Daniel Rogers）对法案中的关键条款做出了总结：

1. 立法声明紧急状况的存在，法规是在治安权下制定的；

2. 通过公告废除合同中存在的抵押品赎回权丧失的规定，要求所有抵押品赎回权的丧失需要以行动做出；

3. 决定延长期限被准许的条件，大约是根据合理的规则，例如要求抵押人支付合理的租金；

4. 禁止补缺裁决直至延期偿还期限的截止；

5. 为延期指定一个确定的期限。因此，立法者很明显在设法满足宪法反对以损害合同义务为理由进行救济立法的要求。（Rogers 1933 – 34）

暂停抵押贷款合同的强制执行是酌情行事的，回应个体债务人的救济申请，具体案件具体分析。

布莱斯德尔案的裁决似乎与美国宪法中的合同条款相抵触，宪法中说"各州不得缔结任何条约、结盟或组织邦联，不得对民用船舶颁发捕押敌船及采取报复行动之特许证，不得铸造货币，不得发行纸币，不得指定金银币以外的物品作为偿还债务的法定货币，不得通过任何褫夺公权的法案、追溯既往的法律和损害契约义务的法律，也不得颁发任何贵族爵位"（第一章第十条第一款）。但是最高法院支持明尼苏达州的立法。这种州的延期偿付是普遍的，特别是在那些最需要救济的州。

---

① 住房建设和贷款协会诉布莱斯德尔。

表 8.1　　　　　　　各州立法 1932—1934 年

通过法案的州	未通过法案的州
亚利桑那州	阿拉巴马州
加利福尼亚州	阿肯色州
特拉华州	科罗拉多州
爱达荷州	康乃迪克州
伊利诺伊州	佛罗里达州
爱荷华州	乔治亚州
堪萨斯州	印第安纳州
路易斯安娜州	肯塔肯州
密歇根州	缅因州
明尼苏达州	马里兰
密西西比	马萨诸塞州
蒙大拿	密苏里州
内布拉斯加州	新泽西州
新罕布什尔	新墨西哥州
纽约	内华达州
北卡罗来纳州	俄勒冈州
北达科他州	罗德岛州
俄亥俄州	田纳西州
俄克拉荷马州	犹他州
宾夕法尼亚州	弗吉尼亚州
南卡罗来纳州	华盛顿州
南达科他州	西佛吉尼亚州
得克萨斯州	怀俄明州
佛蒙特州	
威斯康星州	

资料来源：Alston（1984）.

像利文斯顿规则那样，布莱斯德尔原则也在历史中重复出现。1983 年 5 月 23 日，明尼苏达州立法会基于 1933 年明尼苏达法案颁布了延期偿付法。

利文斯顿案和布莱斯德尔案创立了在危机时期债务合同能违反的观

念。利文斯顿案创立了一条重要的原则，即在系统性危机中银行不应被清算，但在非危机时期若银行无法履行其债务则应该被清算。在危机已明显地在控制之中时，正如有票据交换所体系一样，银行是可以被清算的。

在危机中，法庭、立法机构和国会不遗余力地避免清算银行体系。他们对平常时期和危机时期做了区分，在危机时期不强制执行银行债务合同。当停止兑换普遍出现时，他们认为危机已经发生，此时不禁止暂停兑换。在美国联邦储备系统建成之后，确定危机是否已发生以及何时应该宣布银行破产变得更困难了。但是，压倒一切的主旋律是拒绝清算银行系统的传统，债务是该被谴责的，罗斯福正是用这一理由来为其宣布全国性银行假期的公告辩护的。

第九章

平稳期及其结束

- 二十世纪八十年代特许权价值的下降
- 创新

第九章
平稳期及其结束

美国的银行家们几十年来都按照3–6–3规则来经营：以3%的利率向存款人借钱，以6%的利率把钱贷出去，下午3点钟在高尔夫球场开赛。他们能够如此精确是因为联邦和州的法律给银行的经营设定了严格的规则，同时法律也阻止了竞争者的进入。因此，银行家们的权力和威望跟他们的保险箱一样的安全，他们同时还保持着稳定而确切的利润。

转眼之间，所有的一切都消失了。银行家们如今面临着自大萧条以来最艰苦的生存测试。不管他们转向哪里，都会陷于争议和竞争的泥潭之中。过去轻信银行家的消费者们正在反抗高涨的费率、差劲的服务和没有人情味的对待。像西尔斯（Sears）、罗巴克（Roebuck）和美林证券（Merrill Lynch）这样的营销强者现在成为了金融市场，用赚钱的新服务吸引着成千上万的银行的客户们。随着银行不再受一些联邦规则的约束，它们开始参与到自杀性的价格战中。由于管理水平差劲、放贷过分热心、运气还不好，商业银行的利润已经受损。

——威廉·布雷洛克，克里斯托福·雷德曼，亚当·扎戈林，史蒂芬·凯普：《银行接受磨砺》，载《时代周刊》，1984年12月

在平稳期，银行业是昏昏欲睡的行业。银行自1934年起便买了存款保险。而且在大部分时间里，银行被禁止给其存款支付利息。得益于这些保护措施，银行赚到了一个比竞争性市场环境下更高的利润率。这些保护措施带来的价值是为联邦或州赋予的特许经营权所保障的，被称作银行的"特许权价值"。

特许权价值反映了一些银行在行业的垄断地位，而这在很久以前便被认识到了且引发了不安。约翰·杰·诺克斯（John Jay Knox）（1828—1892）在1872年是货币监理官，之后成为了纽约市的共和国国家银行的主席。在他的《美国银行的历史》中，他对这种不安进行了讨论：

在现在的国家银行体系下，流行的观念是经营银行业的特权只能由那些得到了政府排他性授权的资本家所垄断。毋庸置疑，这一计划如果被严格地实施，那么是能保障公共安全的。然而，这种受到美国政府机构控制的情况与自由的观念是矛盾的。联邦政府和一些州政府都获得了并行使着给金融机构颁发银行经营许可证的权利，不同的是，联邦政府只需一次授权便可随时行权，而大多数州受到政党们的强迫，政党一次又一次地控制它们并扩大特权直至在竞争下联邦许可证变得没有太大价值。随着银行特许经营体系失去了垄断的特点，对于公众来说它变得没有那么安全了，由于银行合规经营已不能给所有人都创造利润，很多银行为了保障给股东的分红被迫采用一些难以预测和危险的方法，如果这些方法不是不诚实的话。

像诺克斯暗示的那样，这也会引起政治问题，因为虽说在其他行业如公共事业等垄断是可接受的，但是垄断本身是令人厌恶的。银行寡头，如美国第一和第二银行、萨福克银行，甚至说纽约清算协会、最近的联邦储备系统，都已经在政治中被清扫了，尽管它们的核心银行职能可能一直是有效的。

二十世纪八十年代特许权价值的下降

毫无疑问，美国银行业一直在保持特许权价值和引入业内竞争中摇摆，保持特许权价值能激励银行不要从事太冒险的行为，而竞争则会创造风险。如果一家银行被认为是无偿还能力的，它就会丧失其特许权以及附带的保护，因此特许权价值越高，银行就越有动机避免冒险。但是，随着没有银行特许权的公司提供与银行相同的服务与银行展开竞争，特许权的价值下降，为了竞争和保持周转顺畅，银行必须承担更大的风险。

第九章
平稳期及其结束

20 世纪 80 年代早期，由于来自受规制的银行部门之外的竞争，银行业的传统经营模式开始衰弱。特许权价值开始下降，银行业开始自我转型，信贷繁荣开始，这些都增加了系统的脆弱性。这些都是在所谓的"大缓和"时期发生的。

竞争对资产负债表的负债方和资产方都构成了威胁。在负债这一边，银行在可以支付给支票账户的利息上面临着上限。只要不存在竞争性的替代品同时利率保持低水平，消费者会继续使用支票。然而，在 20 世纪 70 年代，随着通胀率的上升，利率也不得不跟着上调。年均通胀率从 1950 年至 1965 年的低于 2% 上涨到 1966 年至 1973 年的 4.5% 左右，再到 1974 年至 1981 年的 9.5% 左右。利率上限的存在意味着银行支付的利率远低于市场利率，则存款人就会对其他产品更感兴趣。

主要的新产品是货币市场基金[①]。货币市场基金的资产总额从 1974 年末的 22 亿美元增加到 1980 年末的 744 亿美元，然后真正地飞速发展，从 1980 年的 763.6 亿美元到 2000 年的 1.85 万亿美元，增长了超过 2000%。货币市场基金在 2008 年以资产总额 3.8 万亿美元达到顶峰，使其成为过去 50 年来影响最重大的金融创新产品。

在资产负债表的资产一边，20 世纪 80 年代，垃圾债券和商业票据成为了长期和短期银行贷款的替代品，并代表了传统资金融通松绑过程中的重要一步。这在企业融资方面是个巨大的转变。在所有信贷市场的负债中，1977 年至 1983 年银行贷款占 36.6%，到了 1984 年至 1989 年则仅占 18.2%。在这段时期，通过债券市场得到的融资从 30.5% 增长到 54.2%。垃圾债券市场从 80 年代早期的 100 亿美元增加到 80 年代末超过 2000 亿美元。这一增长是以银行贷款的减少为代价的。

银行贷款的另一个竞争者是商业票据，一个直接在资本市场发行的短期债务合同。由于货币市场基金需要有一个资产类别来投放其资金，

[①] 货币市场基金是经注册的投资公司，由证券交易委员会监管，其应符合按照 1940 年投资公司法案而采取的 2a-7 原则。

商业票据的市场与货币市场基金的市场同步发展。20世纪80年代，商业票据市场以17%的年均混合增长率不断扩大。

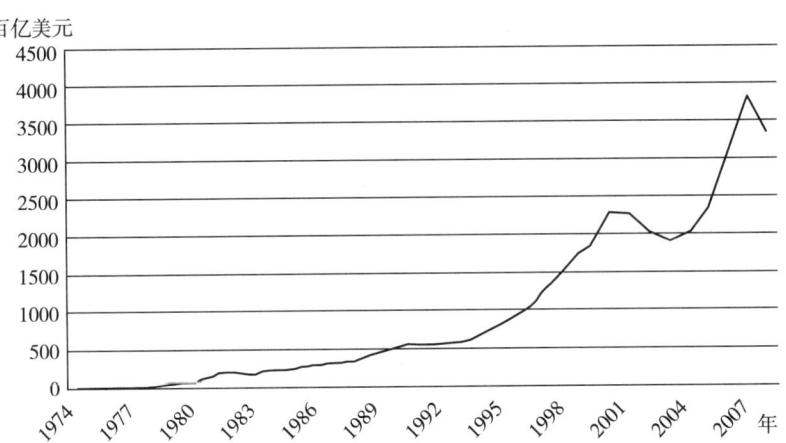

资料来源：2011 Investment Company Fact Book.

图9.1 美国货币市场基金：全部净资产（年末值）

面对着这些竞争者，随着特许权价值的下降，撤销管制促进了正在进行中的银行业转型。行业准入的限制消失了。1994年，对在州界上开立分支机构的禁令解除了。1980年至1998年，有大约8000家银行进行兼并，兼并了大约2.4万亿美元的资产。这是一个动荡的时代。

竞争和撤销管制使银行利润缩水，这一影响在银行利息支出中明显地反映了出来。1979年，利息支出占资产总额的5.17%，比一年期国库券利率低5.48个百分点，而到了1986年只低1.32个百分点。银行对这些变化做出回应，其利润率回到了90年代早期撤销管制之前的水平。为了在与非银行的竞争过程中保持竞争力且保存其产品，银行不得不恢复它们的盈利水平。

传统的银行经营模式的恶化从银行特许权价值的下降中体现了出来。一个有价值的银行许可证激励银行自我规制、内化风险管理系统，则银行就不会陷入由于政府存款保险而产生的道德风险中。来自垃圾债券、货币市场基金的竞争和撤销行业准入和利率上限导致银行特许权价值的下降，相应地致使银行增加风险、减少资本。平稳期的结束意味着银行业的传统商业模式不得不转型了。确实，这种转型是通过金融创新来完成的。

创　　新

创新侵蚀了银行业的传统商业模式的利润。面对着来自货币市场基金和垃圾债券等新产品的竞争，为了使自身保持盈利，银行需要创新以图生存。银行创新中最重要的一个是证券化。

证券化通过把贷款资产卖出去来为贷款融资。其运转过程如下：既然一个贷款或按揭贷款是借钱的一方在一定年限对还款的法律承诺，贷款合同是对未来一段时期现金流入的一个法律承诺。证券化是指将上述那样的贷款组成的组合卖给一家叫做"特殊目的载体"（SPV）的新公司的过程。特殊目的载体公司在资本市场发行债券来为购买贷款资产组合融资，这些债券叫做资产抵押债券（ABS）。如果该贷款组合的资产池是住房抵押贷款，那么这些债券则称为抵押贷款证券。其他重要的 ABS 类型有信用卡债权（即人们在其信用卡上积累的必须偿还欠款金额）、汽车贷款和学生贷款。

自 1980 年起，证券化成为了银行的一个庞大的业务活动。图 9.2 显示了债务总额随时间的变化情况。[1]

当一家银行售出了其贷款，这笔贷款便离开了该银行的资产负债表。表内融资即没有出售的贷款向表外融资即已出售的贷款的转移，可以已证券化的贷款与银行表内总贷款的比率来作为指标来衡量。

---

[1] "mortgage-related" 类包括机构住房抵押贷款（机构包括政府全国抵押协会 GNMA、房利美 FNMA、联邦家庭贷款抵押有限公司 FHLMC）、抵押担保债券 CMO、商业房地产抵押贷款支持证券 CMBS，以及私人发行的抵押贷款证券 MBS 和抵押担保债券 CMO。

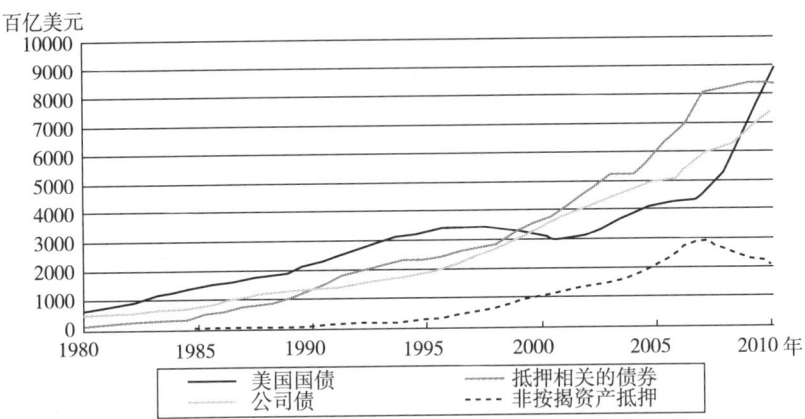

资料来源：U. S. Department of Treasury, Federal Reserve System, Federalagencies, Dealogic, Thomson Reuters, Bloomberg, Loan Performance, 和 SIFMA.

图 9.2　选定的美国债券市场未偿还债务额 1980—2010 年

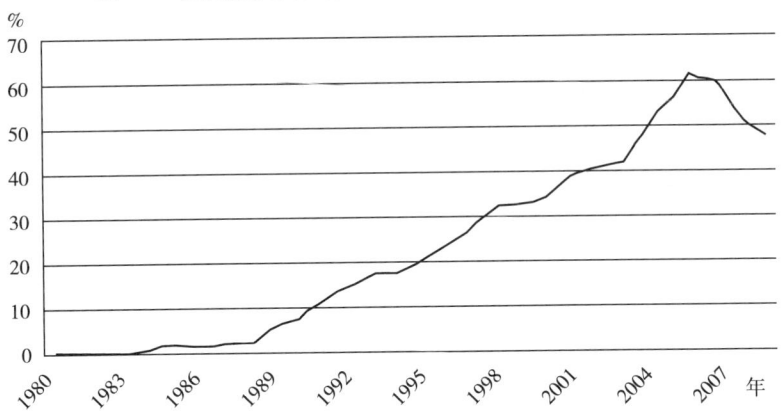

资料来源：Federal Reserve Flow of Funds.

图 9.3　私人证券化占银行贷款比率

当一家银行做出决定发放一笔贷款且借款人接受了相应的义务，则借款人在法律上接受了随着时间推移逐渐还款的义务。在传统商业模式下，银行会等待债务人还款。在证券化的情况下，银行则会将还款的承诺出售从而收回未来现金流的现值。

证券化中价值的重要来源有好几个。首先，特殊目的载体（以下称 SPV）是无法破产或进入财务困境的。如果由于贷款被拖欠而致使潜在贷款不足以让 SPV 履行资产抵押债券的义务时，资产抵押债券会提前清偿而不会违约。这意味着，不管 SPV 收到了多少还款，尽管可能不足以支付其承诺的数额，也会以"本金"的形式先支付。此后，本金会一直支付。提前还款意味着 SPV 避免了耗费巨大的破产程序。

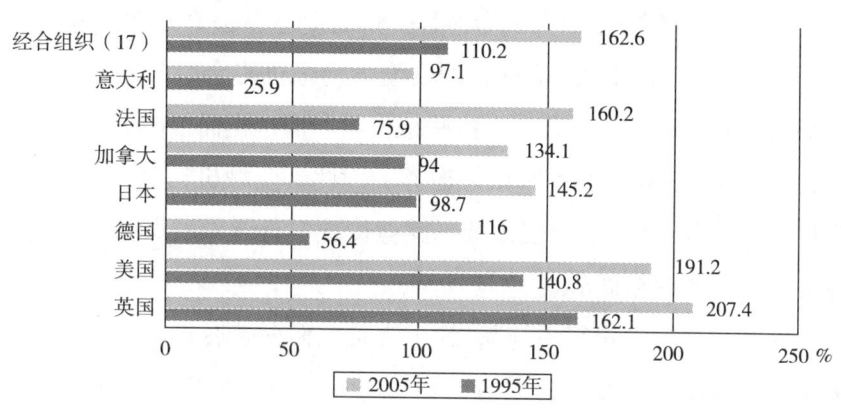

资料来源：Gonnard, Kim, 和 Ynesta（2008, 4）.

图 9.4 机构投资者的金额资产 1995 年和 2005 年（占 GDP 的百分比）

其价值的第二种来源是 SPV 不涉及管理自主权，它仅仅是一个储存对未来现金流的请求权的仓库。信贷决策已由提供贷款资产组合的银行做出。一个正常的公司会长期经营，其生存状况取决于董事会和管理层做出的管理决策和战略决策。其相关联的风险比那些例如汽车贷款之类的贷款组合的风险要复杂得多。将汽车贷款从这些更复杂的风险中分离出来使得这个组合的价值更易评估。

最后，在证券化的供给增长的同时，其需求也在增加。需求的一大来源是货币市场基金，它们需要投资短期资产。货币市场基金在回购市场中借出资金，也接受资产抵押债券作为担保物。另一个类型的投资者，机构投资者和养老金，也在增加。

另外，非金融机构也增加了其财务部持有的库存现金。从 1980 年至 2006 年，库存现金占总资产的比率从 10.5% 增加到 23.2%，翻了一倍多。企业、养老金和机构投资者要手持大量现金,因为它们需要用大量现金来进行短期投资以获取利息,但是也需要持有大量现金来保证财务安全。由于没有足够大额的已投保的活期存款账户来容纳这些资金,它们最终只能以回购券和商业票据来作为它们的支票账户。

回购是有特定利息的。在回购中,比方说养老金基金在一家金融机构"存入"1亿美元,存一天晚上。养老金基金会在这笔贷款上赚取3%的利息。为了保障这笔存款的安全,金融机构会给养老金基金提供担保物,养老金基金可以拿走这些担保物。而这担保可能为金融机构赚取比方说6%的利息的资产抵押债券。因此,金融机构是在以3%的利率借入钱,以6%的利息贷出钱,就像传统银行所做的那样。这是银行业务的一个新的拓展形式。

这就是"影子银行系统",为了满足大额存款客户而产生的一个新的银行存款体系。参与其中的"银行"是老牌投资银行和大型商业银行。由于政府只测量回购市场的一部分而不是全部,所以回购市场的总规模是不可知的。在国际清算银行工作的经济学家们报告说,自2002年来回购市场的规模翻了一番,2007年底美国和欧洲回购市场未偿还总额各自都达到了约10万亿美元,还要加上英国市场的另外1万亿美元(Bank For International Settlements 2009,37)。他们报道说美国回购市场在2008年中期便已超过了10万亿美元。欧洲回购市场,一般被认为比美国回购市场的小,国际资本市场协会的调查显示,2009年6月时欧洲回购市场规模为4.87万亿欧元,其在2007年6月时达到6.78万亿欧元的顶峰(国际资本市场协会,2007)。一份调查显示,全球回购市场在2001年至2007年以每年平均19%的速率增长。

20世纪80年代早期的金融创新,特别是货币市场基金,是70年代的高通胀所引起的。该通胀还导致了储蓄业的崩溃。这正值菲利普斯曲线受到宏观经济学关注的时期。但是它们错过了银行业转型的开始。垃圾债券是一个似乎与通胀无关的金融创新。传统银行经营模式的衰退以及机构投资者的崛起导致了证券化的产生。然而，并不只有这几个创新是有意义的。

这段时期还有很多其他重要的金融创新。破产法有所变化，原本的破产法规定回购协议不按照第11章的破产程序来解决，修改后破产法允许回购协议成为一个重要的货币系统。一般质押式回购（GCF）是存款信托及结算机构（DTCC）作出的一个重要的金融创新。在这个系统中，存款信托及结算机构的一个分支机构成为了所有一般质押式回购的法定交易对手，消除了交易对手风险。还有很多别的金融创新，这些创新躲开了公众的视线，却也是金融创新历史中的一部分，包括支票、票据交换所、票据交换所贷款凭证、安全高效的支付清算系统的发展，证券注册也不再用纸注册而只需电子注册。2007—2008年金融危机期间，这些金融创新中的一些成为了大家关注的焦点。然后，联邦储备系统对危机还做出了一些创新的回应。

1937—2007年没有发生金融危机，是因为平稳期，基于特许权的高价值和侵略性创新产品的缺乏，银行赚取垄断利润。银行不想因为冒险而损害其特许权，同时也没有动力去进行创新，因为当时银行是盈利的。最后，世界变了，银行特许权失去了其价值。

对其做出的一个回应是证券化。证券化资产的供应满足了养老金基金、机构投资者和非金融机构等新的大型投资者的需求。这些大型投资者同时也需要支票账户，于是对回购和商业票据的需求也随之增加。这一新的银行体系也遵循3-6-3范式，但是跟以往的银行也不一样。所以，它们的负债是未投保的，易受金融恐慌的攻击。

第十章

道德风险与大而不倒

- 道德风险
- 1884年恐慌和1890年恐慌时的大而不倒
- 1907年恐慌以及未成功救助尼克博克信托公司（Knickerbocker Trust）
- 大而不倒和伊利诺伊大陆银行
- 雷曼兄弟

第十章
道德风险与大而不倒

> 上月,一组经济学和银行学教授参加了联邦存款保险公司午餐会。在讨论中,他们坚定地认为"大银行永不倒闭"。他们定义,任何存款额在1000亿美元以上的银行都不属于小银行。
> ——欧文·斯普雷格,前联邦存款保险公司主席,1986

20世纪八九十年代美国的存贷款危机,20世纪80年代的拉丁美洲债务危机预示着平稳期的终结。但是监管者和经济学家对此争论不休,关于银行业的讨论越来越集中于两个问题:道德风险和大而不倒。这些概念强调了政府在银行业中的角色,尤其是政府是罪魁祸首这种观点。由于银行债务的脆弱性,政府和中央银行使用存款保险和紧急财政救援来预防银行挤兑。但是,通常我们并没有观察到如果政府不及时干预,银行就会发生挤兑的情形。

道德风险和大而不倒的假设,是由于存款保险或者是由于银行规模而有的紧急财政救援支持承诺,银行会冒额外风险。这些额外的风险被认为导致金融系统更加脆弱,甚至是导致危机。

然而,道德风险和大而不倒并不是问题的原因——他们是政府企图救援金融危机的副产物。重要的是,我们已经看到,在这些概念存在之前,在联邦储蓄或者存款保险之前,金融危机就有规律的发生。那么是什么阻止了平稳期(1934—2007年)危机的发生呢,在美联储和存款保险建立之后?

存款保险和银行紧急救援机制是政府对银行挤兑的应对措施。通过了解这些政策在过去是如何发生作用的,即使他们的作用被大大限制了,我们还是可以应对银行挤兑问题而不引起道德风险和大而不倒问题。

道德风险

道德风险指的是一家公司的法律架构规定股东负担有限责任，即其最大损失不超过自己的出资额，这是股东和债券持有人之间的动机就会有冲突。股东会以债券持有人的潜在利益冒险来谋取利益。股东处于上游，而不需要担心下游。债券持有人知晓这个问题，并通过债券协议来避免它，规定管理上禁止或者需要某些做法。冲突通常在有限责任的时候出现，而且也是一个普遍问题。

现代银行也是有限责任制。银行的债务问题易引发挤兑。银行努力创造不会泄露背后抵押品信息的负债。债务以平价进行交易，没有人有动力去找出对自己有利但是阻碍债务平价交易的隐秘信息。总之，债务价格并不变化以显示背后抵押品风险的变化。但是，由于抵押品并非完全无风险的，所以私人部门不能很好地做这样的事情。有了存款保险，储蓄者就没有动力去质疑抵押品的价值，而且银行业恐慌也应该不会再有。但是要防止冒险行为，政府必须监管银行，为股东提供阻止风险行为的动力，这就有些像有限责任制公司的债券协议。如果管理和激励不起作用，那么就有麻烦了。正如经济学家 T. 布鲁斯·罗伯特（T. Bruce Robb）在 1934 年所说的，"如果对银行存款保险有真正需求，那么每个人还会真的相信足够的安全保障不能够控制这种保险可能导致的道德风险吗？"（1934，62）也有可能涉及一个这样的系统，正如罗伯特建议的那样，虽然经验显示这不是一件容易的事情。但是在存款保险制度 1934 年被采用后，平稳期随之而来，所以我们知道这是有一定可能性的。

有些美国州在内战之前就对银行负债进行了保险系统的试验，但是直到 1907 年大恐慌的时候才再次被启用。皮亚特·安德鲁是哈佛经济学教授，助理财政部部长，后来也是议会的成员，他如此解释道：

存款保险诞生于俄克拉荷马州，在1907年恐慌的痛苦之中，在尽可能短的孕育期后。大恐慌，开始于1907年10月28日；直到三周后，11月16日，俄克拉荷马成为一个州，然后它的第一届立法机构开始开会。当俄克拉荷马州通过了它著名的法律的时候恐慌还没结束，货币仍然溢价，清算所凭证在全国仍然惹眼。新州的第一届立法会当时开了四个星期，在12月17日，它通过了一项几乎没有怎么辩论过的其他国家也没有任何先例的法律，有人隐约记得美国有不成功的先例——一部几乎是在银行业立法中影响最为深远，也是最大的试验。这也是全世界至少两代人一直在做的试验。（Andrew 1913）

罗伯特后来写道：

人们记得俄克拉荷马州向世界证明银行保险是应对恐慌的万灵药。12年没有恐慌，很难意识到这一观点提出的诉求。那个时期的报纸和期刊充斥了这样一种报道，如果人们有存款保险来保障他们存款的安全，银行家和个人都相信恐慌不可能发生。

这是民粹主义运动的成果，美国历史上最大的运动。存款保险的民粹主义根源最终在大萧条时期获胜，当时议会通过了联邦存款保险。人们想要存款保险是因为他们不想要恐慌。在对联邦存款保险的辩论中，道德风险问题出现了，但是这已经是老问题了。在联邦存款保险公司之前，罗伯特早就对此进行过探讨。他的书是关于各个20世纪初的州存款保险制度，一些有作用，一些没有作用。

银行存款保险的存在使储户趋向于放松警惕。但是这没有什么因果关系。理论假设公众对现代银行业的所有复杂衍生品有良好的了解，因此他们能够据此控制自己。这已多次被指出绝非真相。真相是一般来说，储蓄者对现代银行的运行知之甚少，有效的州政府监管并不保证公众的存款是安全的。

但是也有一些争论认为，在保障性法律的实施下，管理基金时的前瞻性和稳健性已经失去其作为获取业务的优势对银行家来说绝大部分的重要性。与此相匹配的是一个推断，认为不顾风险地努力追求超额利润将会取代保守的银行做法。这是道德风险在保险领域的一种体现。现在将要努力弄清实践与此理论是否相符，以及法律的实施在多大程度上趋向于将社会力量发动起来去抵消道德风险的影响。

罗伯特的第一个观点本质上是在说，既然存款人在一开始便无法知道哪家银行风险更高，存款保险能否消除动机都不重要。甚至在没有存款保险的情况下，存款利率并不会随风险大小的不同而改变，因为既然银行债务被设计成不透明和信息不敏感的，则存款人实际上就不能知晓哪家银行的风险更高。看来，存款人想要知道哪家银行风险更高，但银行债务的关键在于消除他们这样去做的动机。所以，如果一开始便没有动机去探究关于银行的信息或秘密，那么认为存款保险消除了这种动机的争论便是不合逻辑的了。在存款保险之前，对银行唯一有效的监控便是来自于票据交换所的其他银行，在那里银行们互相监督。但这并不能防止恐慌的发生。

当存款人收到消息说经济萧条将要来临时，他们不确定哪一家银行可能会有麻烦，所以他们会尽量从所有的银行中把钱取回来。如果存款人可以确定哪家银行的风险更高，那么只会有那些银行会遭到挤兑。

这表明，不管银行有没有买保险，在相对于所有风险都被准确定价的理想世界，道德风险已经存在了。在前美联储时期，私人银行票据交换所正是因此所以会相互监督成员银行。但不是所有的银行都加入了票据交换所协会。

值得一提的是，那些在20世纪早期便采用了存款保险制度的州（俄克拉荷马州、堪萨斯州、内布拉斯加州、得克萨斯州、南达科塔州、密西西比州和北达科塔州）大部分都是没有监督作用的票据交换所的农业州。这些州里有结算票据的票据交换所，但是这些票据交换所并不监管银行。

第十章
道德风险与大而不倒

罗伯特继续观察上述七个州的不同经历。证据是相互冲突的，但最终，他总结道：

保险会使被保险人放松警惕，这是真的，但是其引入了强有力的社会力量让其真正加强警惕。所以，虽然这似乎是相互矛盾的，火灾保险可能是当今世界阻止火灾发生的最有力的因素。发现这一原则在银行存款保险中同样适用是意义重大的。每一个采用了该规则的州都使其银行的标准提高了。十年前，俄克拉荷马州的银行标准在国内几乎是最低的；全是因为担保法对该州银行家的压力，现在联邦中可能没有州会有管理得更好的州银行了。（1921，192）

保险让事情变得更好，因为"其引入了强有力的社会力量"来检测和监督。在存款保险之前，只有存款人会真正有动机去监督银行，但他们做不到，因为银行的债务被设计成了信息不敏感的。存款保险给承保人即政府创造了监督银行的动机。这就是在平稳期能实质性地避免危机发生的很大部分因素。

然而道德危机以多种方式产生。当保险的保障绝对存在时，像上文讨论的那样，以及当对政府会有所行动的期待存在时，道德危机都会产生。在后一种情况中，还有另一个需要讨论的问题：利文斯顿规则。有的保险是绝对的，例如会允许暂停兑换，但它们只在危机时期方能保护金融机构。既然危机是不可预测的，那么可能不会承担任何额外的风险，因为每一家银行本身都无法预测何时危机会发生，也无法与其他银行协调其承担的风险。所以一家银行只会把自己置于倒下的风险下。但当可以紧急援助单——家公司的政策存在时，一个完全不同的情况便出现了。在那种情况下，银行便不需要与其他银行协调其承担风险的大小。

利文斯顿规则告诉我们，紧急援助只能在很多机构都在危机中时才可以出现。但这将银行监管者置于了一个可怕的困境中。要是一家银行的倒下会引起系统性危机那怎样？倘若监管者紧急援助了那家银行，那么他们的行动就可能阻止了一场危机的发生。但在那种情况下，危机尚未发生，他们的行动会被看作是紧急援助一家机构，使道德危机加剧。如果他们等到危机全面发生时才救助银行，那么不会有人误解他们的行动，但潜在的耗费会是很大的。

这一困境便是大而不倒问题。

1884 年恐慌和 1890 年恐慌时的大而不倒

在国民银行时期，潜在的紧急救援不是来自政府而是通过票据交换所来自其他银行。所以，即使没有政府干预的保证，大而不倒的情况也会存在。在 1884 年恐慌和 1890 年恐慌中，纽约票据交换所的成员银行承担集体责任，决定进行紧急救援。这恐慌基本上局限在了纽约市而且持续时间不长。这是因为纽约票据交换所协会用票据交换所贷款凭证来对单一银行进行紧急救助。这些事情特别值得一提因为其展现出的银行协会的偏好是大而不倒，该政策在危机中的体现。

1884 年恐慌并没有发展成一个系统性事件，其基本上被限制在了纽约市内。其不是一个系统性事件的可能原因是有指导意义的。纽约市票据交换所协会的行动果断且强有力。恐慌开始于一家小银行——马林国家银行的倒闭，其倒闭时存款总额只有 450 万美元。很快格兰特和沃德经纪公司也接着倒下了。[①] 之后，当欺诈的证据显露、银行主席逃到加拿大后，第二国民银行的挤兑接着发生了。都市国民银行被传言参与了欺诈性活动，也面临着挤兑潮使其倒闭了。随后，六家经纪公司倒下了。纽约时报于 1889 年 5 月 3 日报道：

当都市国民银行和马林银行倒下时，所有人都害怕灾难性季节的到

---

① 这家公司因前总统 Ulysses S. Grant（第 18 任美国总统）和其子与这家公司有关而出名，尽管格兰特名字的出现仅是为了展示。

来，无人敢想其何时会结束，也无人敢想谁会成为灾难的一部分。都市国民银行似乎注定要将众多其他担忧一起带下来，最大的需要是要用一定的方法将其债务在市场上流通。乔治·S. 科先生设计了一个方法，全市所有银行结合起来从事一家银行或十家银行无法完成的任务，即将发生的倒闭潮被扭转了。

都市银行因挤兑而倒闭并不是票据交换所会轻视的事件，因为都市国民银行与其他银行的关系紧密。货币监理官亨利·坎农（Henry W. Cannon）在1884年监理官年度报告中写道：

在这一紧急情况下，通过他们在乡村的通讯员，纽约票据交换所协会的成员们意识到对存款的需求会立即出现，于是在5月14日下午于票据交换所召开了一个会议，无异议地采纳了关于如何在票据交换所结算票据的下列方案：

"我们已决定，鉴于目前的危机，协会中的银行为了相互支持，决定由主席指派一个由五家银行组成的委员会去接收成员银行的应收票据及被上述委员会认可的其他证券，委员会得到了授权，因此可以向存款银行发行年利率6%的存款凭证，发行数额不超过已存证券和应收票据的75%，除非是国库券。在票据交换所进行的票据结算中，上述凭证应被接受。"

在与都市国民银行的高管和董事沟通过之后，一个检查委员会被派去考察这家银行，弄清楚是否会安排一些计划来使其能够重新开业。

对都市国民银行的调查发现，该银行有偿还能力但无法经受挤兑。罗伯特·巴尼特（Robert Barnett）1884年报道：

调查委员会立刻开始对其事务检查，于午夜报告说，没有因银行高管或差劲的管理而导致的亏损。其困难是存款的突然撤走导致的。委员会发出了一张60万英镑额度的借款凭证（巴尼特是在为一家英国日报写作），这样银行便可以恢复其业务了。第二天的中午它确实这么做了，银行只关闭了24小时。

票据交换所的行动、关于都市国民银行事情的报道，以及对其立刻重启的期待，在15日周四业务重启时让大家感到如释重负，大家希望引起恐慌的全部原因都会结束。

从此事件中学到的一大教训是：只有在非危机时期票据交换所有所准备，其在危机时期的行动才能起作用。在1884年6月4日的一个会议中，纽约票据交换所协会采取了以下的解决办法：

从纽约票据交换所的协作银行在最近恐慌中的经历中可看出，协会的每一位成员，在普遍而严重的金融动荡中，被迫不情愿地与协会中的其他成员共担风险，去参与所有的为了全面救济的实践试验，或者去加入任何为了公共利益的有效联合体。因此，我们有必要询问一下，协会中的一些成员在处理公共利益的过程中其所做出的商业手段是否正确且始终如一，其行为对于协会中结合在一起的所有银行成员来说是否是合理的。

1890年的危机也是只限于纽约市且持续的时间并不长。其因1890年11月11日一家经纪公司的倒下而爆发。纽约票据交换所在当天召开了紧急会议来通过发行贷款凭证给两家在危险中的银行（北美银行以及技工和商人银行）提供援助。最终，J. P. 摩根出手干预，组织了九家大银行每家提供10万美元的援助。J. P. 摩根的这一新角色会变得更为复杂的。

1907年恐慌以及未成功救助尼克博克信托公司（Knickerbocker Trust）

1907年，另一场恐慌在纽约爆发了，国家商业银行、新阿姆斯特丹银行、北美国民银行都发生了挤兑事件。由于有投机者想要将铜市场逼上绝路，这三家银行的管理人员们联结在了一起。票据交换所派检察员到这三家银行去检查其偿还能力。票据交换所委员会在收到国家商业银行的检验报告后投票决定给该银行提供其需要的现金。其他两家银行也被称是有偿还能力的，虽说它们没有收到票据交换所贷款凭证，但也收到了票据交换所成员们的财团贷款。

1907 年危机另一阶段以纽约市两家最大的信托公司（美国信托公司以及尼克博克信托公司）发生挤兑而开始。信托公司是一种新型的金融中介，本质上是一种投资银行。重要的是，信托公司不是纽约票据交换所协会的成员。尼克博克公司向票据交换所申请贷款但失败了，于是转向 J. P. 摩根寻求帮助，J. P. 摩根之后派出了一个委员会去检查尼克博克公司的偿还能力。不清楚检查是否真的开始了或完成了，但是 J. P. 摩根决定不帮助尼克博克信托公司，这家信托公司就倒闭了。恐慌在恶化。最后，票据交换所发行贷款凭证，J. P. 摩根组织了对信托公司的救援行动。由于信托公司并不在票据交换所体系中，1907 年恐慌是最严重的恐慌之一。票据交换所发行贷款凭证太晚，J. P. 摩根没救助尼兑博克信托公司似乎是一个错误。

甚至在政府承诺救助大型私人机构之前，银行就已经尝试了解大而不倒的问题了。然而，在政府确实承诺会行动并成功避免危机的爆发的平稳期过去之后，即几乎一个世纪之后，银行业发生了变化，大而不倒问题又回来了。

大而不倒和伊利诺伊大陆银行

1984 年，当时美国的第七大银行——伊利诺伊大陆银行和信托公司遇到了麻烦。它被救助了。之后，联邦存款保险公司解释了当时的情况：

> 对伊利诺伊大陆银行和信托公司的公开银行援助是联邦存款保险公

司历史上最重要的问题银行处理方法。芝加哥伊利诺伊州的伊利诺伊大陆银行和信托公司在1984年5月17日接受了联邦存款保险公司的临时金融援助，并在当年的9月26日接受了永久性金融援助。伊利诺伊大陆银行和信托公司是美国历史上唯一一家向存款保险公司寻求金融援助的最大的银行，但它也因为一些别的原因而值得一提。第一，在问题最后解决之前，联邦存款保险公司在公开声明中保证所有存款人和债权人都不会遭受损失。第二，联邦存款保险公司在该银行中取得了意义重大的股东地位，实际上将该银行变成了国有银行。第三，伊利诺伊大陆银行和信托公司是第一家被救助且其被联邦存款保险公司取得的资产由银行自己管理的银行，其根据一个另外的服务协议来管理这些资产。最后一点，对伊利诺伊大陆银行和信托公司的公开银行援助向很多人证实了某些银行就是大而不倒的说法。(1997, 545)

关于紧急救助的第一个问题是，是否不救助这些银行就会发生系统性危机。这被认为是与第二个问题相关的。第二个问题是紧急救助的范围扩大到了所有的债权人，像1984年5月17日联邦存款保险公司在新闻发布会上所解释的那样：

基于伊利诺伊大陆银行和信托公司周围的所有情况，联邦存款保险公司提供保证，在所有达成永久解决方案所必需的安排中，所有存款人和银行其他的一般债权人都会被完全保护，且给银行客户提供的服务不会被暂停。[①]

联邦存款保险公司主席（1981—1985年）威廉·以撒（William Isaac）和联邦储备委员会主席保罗·沃尔克都认为伊利诺伊大陆银行和信托公司的倒下会引发其他银行的挤兑。事情是在大家对阿根廷、巴西、哥伦比亚和墨西哥能否还债的担忧增强的情况下发生的。也有传言

[①] 对伊利诺伊大陆公司和伊利诺伊大陆国家银行的调查：众议院银行、金融及城市事务委员会下属的金融机构监管、规制、保险委员会听证会，第98届国会，第二会期，1994年9月，98-111；着重强调。

第十章
道德风险与大而不倒

说玻利维亚会停止偿还其债务。在墨西哥于 1982 年 8 月 12 日通知联储主席、财政部长和世界货币基金组织墨西哥将无法履行其偿债义务时，危机爆发了。美国银行面临的风险很大。尤其是另外一家大型银行汉诺威说其在拉丁美洲的风险很高。在这种情况下，伊利诺伊大陆银行和信托公司的倒下会是非常危险的。这看法是可取的。

由于这一看法是可取的，1984 年 5 月联邦政府用了大约 10 亿美元来资助伊利诺伊大陆银行和信托公司。该公司是一家货币中心银行，其通过中西部持有成百上千的小银行的大量存款。其对零售市场的资金高度依赖。在 5 月初，伊利诺伊大陆银行和信托公司遭到了未投保的大型存款人的挤兑。欧文·斯普雷格是 1979 年至 1981 年间联邦存款保险公司的主席，在 1969 年至 1972 年间一直在联邦存款保险公司董事会。之后斯普雷格解释道：

问题在于没有办法知道会有多少其他机构会倒下或者这会在多大程度上削弱我国整个银行体系。我们根据手上不多的数据所做出的最佳预测是，有超过 2000 家往来行在伊利诺伊大陆银行和信托公司有存款，其中一些银行，我们说 50~200 家，可能会因为伊利诺伊大陆银行和信托公司的倒闭而受到威胁或倒下。

货币监理官出手干预拯救了伊利诺伊大陆银行和信托公司，这一救助不仅拯救了银行本身，还拯救了银行的存款人以及持股公司的债券持有者。货币监理官托德·康诺佛（Todd Conover）在随后的国会作证中解释道：

倘若伊利诺伊大陆银行和信托公司倒闭且在对待它时不保全存款人和债权人的利益，我们就已经看到一场全国性的，如果不是全球性的话，金融危机的爆发。其维度是我们无法想象的。我们当中没有人想要一探究竟。①

救助伊利诺伊大陆银行和信托公司是在救助一家大型银行，虽说曾

---

① Ibid., 288.

经有一些其他的大公司倒下，其仍是当时美国历史上最大的遇到困难的银行。伊利诺伊大陆银行和信托公司所遇到的困难与其他公司不一样点在于其倒闭的速度，这可归因于伊利诺伊大陆银行和信托公司融资的方式。货币监理官康诺佛作证道：

  虽然伊利诺伊大陆银行和信托公司因资产恶化而被削弱，其损失从未超过其资本额，因此其在账面上从未破产。当然，其差点倒闭是由其融资问题所触发的。从1982年下半年开始，由于联邦基金和存款凭证被快速侵蚀，该银行被迫越来越依赖国外的资金。几乎长达两年，海外资金给伊利诺伊大陆银行和信托公司提供了稳定、十分需要的流动性。这也使得该银行在1984年5月出现流动性问题时易受伤害，当时对该银行状况的不确定使得海外市场被全部关闭。

  显然，伊利诺伊大陆银行和信托公司对没有投保的短期资金的依赖意味着其特别容易受到信心缺失的伤害。①

  伊利诺伊大陆银行和信托公司为自己融资的方法在当时是很不正常的。它依赖零售市场的资金和很大部分国外资金。一个银行检查者预测，伊利诺伊大陆银行和信托公司有60%~70%的资金依赖购入资金。② 这部分是因为伊利诺伊州是一个实行单独银行制的州，意味着银行不能有分支机构，但是伊利诺伊大陆银行和信托公司的融资是非正常的。像2007—2008年危机中的自营商银行一样，它依赖大额的未投保的短期存款。所以，它在遭到挤兑时易受伤害。当伊利诺伊大陆银行和信托公司资产负债表恶化的消息出现时，挤兑开始了：

  今年5月，市场对伊利诺伊大陆银行和信托公司更多问题的传言给出了不利的反应。大的存款人开始撤走资金。该银行无法遏制挤兑，则需要联邦的干预来阻止该银行的倒闭。③

---

① Ibid., 206.
② Ibid., 67.
③ Ibid., 208.

改变对短期零售市场资金的依赖是十分重要的，这是事后理解金融体系是如何演进的一条重要线索。伊利诺伊大陆银行和信托公司的困难是因为零售市场的资金挤兑，就像2007—2008年的挤兑那样。这是此变化的第一个激动人心的证据。传统的银行经营模式从20世纪80年代开始便发生了引人注目的变化。这是平稳期终止的开始。

在伊利诺伊大陆银行和信托公司之前还有很多银行遇到麻烦，但是伊利诺伊大陆银行和信托公司受到了特殊关注。国会议员斯图瓦特·麦金尼（Stewart McKinney）（康涅狄格州；1931—1987）提道，"我们有一种新的银行。它叫做大而不倒。大而不倒是一家极好的银行。"①

拯救伊利诺伊大陆银行和信托公司所有的债权人的决定是正确的吗？监管者声称他们阻止了一场金融危机。在他们行动时并没有发生危机，但这可能是因为他们行动了。利文斯顿规则指示说，如果危机存在那么银行可以被救助。在伊利诺伊大陆银行和信托公司的情况中，危机尚未发生，救助的逻辑在于要阻止危机的发生。但是，救助伊利诺伊大陆银行和信托公司的决定从外表上看意味着即使在没有危机时私人银行也能被救助，这违反了利文斯顿规则。一个学术研究说有证据表明救助弱化了市场自律。但有什么选择呢？监管者可以让伊利诺伊大陆银行和信托公司倒闭，然后等到危机发生了之后再行动，那会耗费巨大。或者他们可以将承保范围局限于已投保的存款，让那些没有投保的零售市场的存款人承担损失，但鉴于伊利诺伊大陆银行和信托公司的融资方式，这可能还是会引发一场危机。

伊利诺伊大陆银行和信托公司引发了关于反事实的问题。如果在危机的威胁上无法达成共识——这正是将会发生的，则这便无意中创造了一个政策问题：大而不倒。我们不可能及时返回去看看如果伊利诺伊大陆银行和信托公司被允许倒闭了会发生什么，然后再决定救助它正确与否。但最好的政策是设计一个不会将监管者置于两难境地的银行体系，

---

① Ibid., 300.

但当它们将监管者置于两难境地时，反事实需要是令人信服的。这是经济学家们的任务。

雷曼兄弟

与伊利诺伊大陆银行和信托公司的遭遇相反，没有在危机中救助一家大型银行的错误，如1907年尼克博克公司的错误，在2007—2008年危机中又重复出现了，这次雷曼兄弟被允许倒闭。雷曼兄弟于2008年9月15日登记破产，第二天，拥有超过500亿美元资产的美国货币市场基金（The Reserve Primary Fund）跌破净资产，之后美国政府介入来救助美国国际保险集团AIG。美联储主席本·伯南克告诉金融危机调查委员会，政府官员明白雷曼兄弟的破产会是灾难性的：

我们从不质疑这一点。这将会对融资市场有巨大影响，会使人们对其他金融机构的信心极大地丧失。即使不是高盛的话，这也会给美林证券和摩根士坦利很大压力，当然最终高盛还是承担了很大压力。这可能会使短期货币市场陷入危机，这我们之前没有预料到，但当然，它最后还是给了商业票据市场和货币市场互助基金很大的压力。所以，在我们的头脑中从未怀疑过这将会是一场灾难，你知道，为了拯救雷曼兄弟我们应该做任何事情。（金融危机调查委员会2011）

雷曼兄弟的倒下使银行间市场瘫痪了，短期借贷被冻结了。市场参与者不知道其他金融中介机构在雷曼兄弟事件中的风险敞口有多大，因此拒绝交易。当时的财政部长亨利·保尔森（Henry Paulson）是这样描述雷曼兄弟的倒下的：

我们的金融系统处在危机当中。信贷市场冻结了，银行大大地减少了同业拆借。整个金融体系的信心受到了严重的损害。我们的金融系统正在崩溃的边缘，这一崩溃将会深深地恶化和延长已经在进行中的经济

第十章
道德风险与大而不倒

衰退。(保尔森 2008)

图 10.1 显示了对同业市场的交易对手风险的测量以及对次级贷款市场风险的测量。交易对手风险通过三个月 LIBOR 利率、在伦敦美元市场中的同业拆借利率之间的差异来衡量。次级贷款市场风险以 BBB 级次级债指数的利差来表示。在图中所显示的时期中，次级贷款市场风险持续恶化，利差不断扩大。但在银行间市场，雷曼兄弟的倒闭在图上显示为一个大尖头。

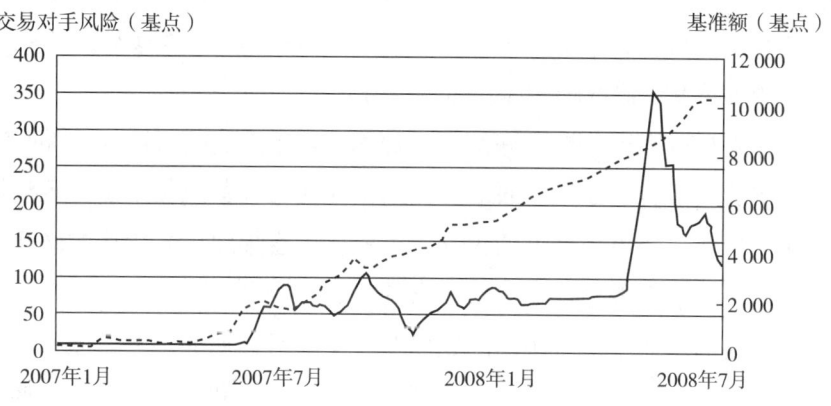

资料来源：Gorton 和 Metrick，forthcoming.

图 10.1　交易对手风险（LIB－OIS）与基准额（ABX）的对比

雷曼兄弟的倒闭让市场震惊，因为市场参与者理所当然地认为没有大型机构会被允许倒闭。为什么雷曼兄弟被允许倒闭了呢？伯南克坚持说，雷曼兄弟没有合适的担保物来使美联储能给它足够的贷款来救助它。可能是这样的吧。在危机期间是很难，甚至不可能，去确定资产价值的。然而迫在眉睫的危机却是明显的，根据利文斯顿规则，雷曼兄弟不应该被清算。这似乎是一个公认的错误。当然在事后说这是一个错误是很简单的，因为我们看到了危机的发生。但是人们不可避免地会觉得诸多政治事实也起到了作用。

在雷曼兄弟倒闭之前，很多经济学家和监管者说，危机期间大型银行应该被允许倒闭。现在没有人承认这一点了。道德风险的说法是根深蒂固的,因为伊利诺伊大陆银行和信托公司事件,要惩罚银行的观点变得至高无上。保罗·沃尔克(Paul Volcker)在几十年前清晰地说出了这一逻辑:

> 20世纪80年代暴露出了各种过分的行为,我觉得在一定程度上,这在70年代就已经很明显了。我非常清楚地记得,作为纽约联邦储备银行的主席,我坐在办公室里,思考这个国家需要什么,觉得需要的正是一次一级银行的倒闭来给我们一些教训。但是,上帝啊,请不要发生在我的辖区内。我们需要一个来自市场自律的清晰的教训,但是上帝啊,请不要发生在我的国家。①

如果没有银行曾被允许倒闭,那么人们只能想象那种可怕的情形。反事实从来不会是令人信服的。如果雷曼兄弟被紧急救助了,政治风暴可能会导致一场更为严重的火灾,可能会无意导致更多机构的破产。例如,这一政治困境导致了对银行家的惩罚。

主要的点在于反事实的问题以及反事实对预期的影响。监管者永远不可能让人信服,倘若不救助伊利诺伊大陆银行和信托公司,一场金融危机就会发生。联储也不能展示,倘若他们在2007—2008年危机中不行动,危机会更加严重。显然,在危机期间救助大型银行的政策并不是政府导致的,因为前美联储时期便有例子显示了这一点。

底线是,在利文斯顿案件和随后的历史中,银行若在非危机时期不能履行它们的偿债义务,它们应该被清算,但若是在危机时期则不能被清算。没能救助尼克博克信托公司和雷曼兄弟或许是个错误,就像救助了伊利诺伊大陆银行和信托公司或许也是个错误一样。但是,鉴于伊利诺伊大陆银行和信托公司事件以来银行业改变的路径,让雷曼兄弟倒闭的替代方案可能会更糟糕。

随着特许证价值的丧失以及原来的银行监管规则变得不那么有效,

---

① 保罗·沃尔克,"Panel 4: The 1980s in Retrospect,",于联邦存款保险公司(1997)。

道德风险和大而不倒变成了重要的问题，特别是在伊利诺伊大陆银行和信托公司遇到麻烦又被救助之后。这显示出，如果银行的监管体系无法可靠地避免危机的发生，那么银行监管者的两难境地便是不可避免的了。

利文斯顿规则的一大暗示是，如果银行只会在危机时才会被救助，那么银行就不能相互协调去参与到道德风险中去。它们无法在风险承担的决策中沟通，也不会存在道德风险和大而不倒的问题。然而，伊利诺伊大陆银行和信托公司事件显示，确定何时有危机是很困难的。我们怎么知道这本来会有一场危机？我们怎么知道我们何时处于危机之中？前期表明：会有恐慌出现。

道德危机和大而不倒并不是根本问题即金融危机的原因。如果银行监管规则被设计可以避免危机的发生，监管者的两难困境便可避免，至少是一会儿。如果平稳期能被再次创造的话，问题也就不存在了。

第十一章

银行资本金

- ■ 存款利息和资本金要求
- ■ 银行资本金的目的

第十一章
银行资本金

针对这种恐慌，银行的任何系统都不安全；从本质上他们是受制于这些恐慌的，任何时候都不会有一个银行或者一个国家会有如储户的所有存款一样多的硬币或金条。如果人们都在同一天提取他们的银行存款，无论多少倍流通中的纸币数量都将不足以满足这种需求。

——大卫·李嘉图

纵观美国历史上银行系统，都是由国会或州议会为了努力实现稳定，防止危机而设计建立的。平稳期表明，它可以成功地做到这一点。也有一些奖励，像特许权价值，鼓励银行不要冒太大的风险。还有一些规定，如存款准备金率——银行持有的现金必须有多少；以及资本金要求，限制了银行可以借用的金额。同时还有对银行的审查。通过这些的组合，稳定性是可以实现的。但它需要在回报和惩罚间有一个微妙的平衡——如果成立银行是没有利润，资本将退出银行行业。

从概念上讲，如乔治·巴尼特在1911年解释的，主要有两个问题：

在美国，银行的问题至少有两个。其中比较严重的是，如何预防恐慌，比如那些发生在1893年和1907年的恐慌。另一个没那么紧迫，但很重要的问题是，如何在银行倒闭时减小损失。这两个问题并非完全独立，因为恐慌，直接或间接地，导致了我们很多银行的倒闭，但两者又可以被认为是相互分离的，因为大多数银行倒闭，不是因为整体信贷结构的崩塌或由此而导致的贬值，而完全是因为具体机构自身某些特殊原因。

自从1934年存款保险使用之后，直到20世纪80年代，银行监管机构都侧重于银行的审查，而不是资本金要求。这一时期特许权价值极高，银行将风险管理内部化，很少有金融创新。在美联储之前，结算公司关注存款准备金要求和对存款利息的限制。资本金要求虽然已经出现却并没有受到重视。原因是显而易见的，银行恐慌是关于现金的，所以有足够的现金，如果可能的话，就意味着持有储备而不是借出以谋求利息。银行家和银行监管机构知道危机是和现金相关的。例如，联邦存款保险公司的 Tynan SmiThand Raymond Hengren 写道：

> 资本不是让银行永不倒闭的唯一的答案。无论银行资本规模的大小，只要它持有现金或可以获取现金，以满足储户的取款要求，它就将持续受到关注……每当银行面临着大量的取款需求时，无论是因为大范围的经济危机还是只是局部区域性的情况，首要的问题是流动性而不是资本……股权比例和一家银行在需要时获得现金的能力的关系相对较小。

系统性金融危机发生时银行体系资不抵债，这意味因为资产不能出售，所以债务不能用现金兑现。在这种情况下任何的资本都不能阻止危机发生，除非它是 100%，即没有任何银行债务。最近的金融危机强调了这一点。例如，在讨论雷曼兄弟即将发生的破产时，一位纽约联邦储备银行官员写信给他的同事们："如果你正在遭受巨大的挤兑，资产负债表上的资本是没什么用的。"（金融危机调查委员会 2011 年）。如果银行系统遭遇挤兑，没有买家能达到在不造成价格暴跌的情况下购买足够的银行资产。高资本充足率也不能阻止挤兑的发生。

这种危机是针对现金的，而不是资本。大卫·李嘉图也指出了这一点：

> 银行的现金支付能力是否会随着他们的资本金增加而增加还有待考虑。银行支付现金的能力是由他们手上所持有的现金决定的，这些钱被用来满足人们提取现金的需求；当他们所持有的现金不仅仅等同于流通中的纸币还等同于所有公共和私有的存款时，他们的现金支付能力不会再增大，因为任何情况下都不可能再有大于这的现金需求了。但银行的利润主要取决于现金存量能有多少；企业的整体灵活性在于能用最少的现金保持尽可能大的流通量。（1876 年）

然而，关于系统性危机的意义和银行资本的作用的困惑仍在继续。2011 年 8 月在堪萨斯城的联邦储备银行的杰克逊霍尔研讨会（Jackson

第十一章 银行资本金

Hole Symposium)上,一位重要的金融官员表示,欧洲银行都需要一个的"紧急资本重组"。对此,金融时报报道说:"这些评论忽略了银行目前的困难的重点。'资金才是关键',一个有经验的央行行长说,'最近几周,一些国家的银行难以再保证他们的流动性,而这些压力也将持续增加。谈论资本有些舍本逐末了'。"(2011年8月28日)。然而,自20世纪80年代初以来大部分人仍只关注银行的资本比率。存款保险和平稳期使银行倒闭看起来是由不相干的特定的事件造成,如欺诈,或偶然的冲击。单一银行而言,资金可以吸收损失,最大限度地减少保险资金的运用。当20世纪80年代特许权价值开始下降,银行开始出现问题。但是,这些问题不是一个系统性的事件;它们反映了商业银行的商业模式的恶化。在乔治·巴尼特(George Barnett)上述的分类中,这是损失最小化的"不那么紧迫,但很重要"的问题。

如图11.1所示,在平稳期和20世纪80年代,伴随着特许权价值的下降,银行破产有所增加。

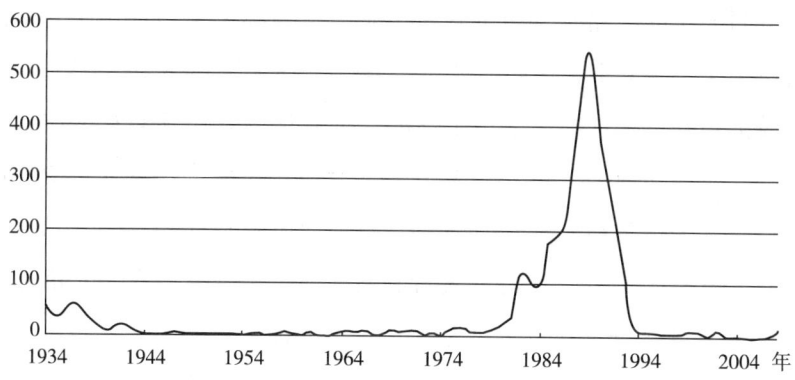

资料来源:Federal Deposit Insurance Corporation.

图11.1 美国银行破产数,1934—2008年

20世纪80年代的银行破产反映了特许权价值的下降,但这并没有看作是一个系统性危机——在美国,系统性危机理应是不可能发生的。眼下的问题是要确保存款保险基金没有像联邦储蓄贷款保险公司那样把钱用完了。20世纪80年代储贷危机中，约750家储蓄和贷款机构破产，而FSLIC（联邦储蓄贷款保险公司）也因此变得资不抵债。保险资金受到紧急援助而幸存。银行资本金正是保护保险基金不破产的一部分要求。

尽管如此，资本金要求是很重要的，影响银行破产的可能性，但它们不能解决系统性事件。首先考虑的应该是设计一个不容易受到挤兑的银行监管体系。作为这一完整体系的一部分，资本金才可能发挥作用。

存款利息和资本金要求

美联储（Fed）出现之前，通过票据交换所，银行十分重视储备和存款利率，特别是同业存款利率。此时出现的问题被称为"储备金字塔"。银行希望用它们的准备金赚取利息，所以它们会将储备借给其他银行。从村镇银行到大银行，然后到纽约市的银行，金字塔的顶端是可以赚到足够支付允诺的准备金利息的钱。但是，它最终还是被借出了，不能作为准备金了。事实上，他们被称为"虚拟准备金"。这种虚拟准备金令整个系统的风险更大，因为准备金不能快速召回，它们并非真的储备起来了。乔治·科在他著名的1884年6月4日的提案中向纽约票据交换所协会建议，认为存款利率应为零，这样票据交换所就可以采取以下规则：

从一开始，为人民的存款支付利息的恶性条款使得人们对准备金穷追不舍，像敌人一样从地方上每一点地削弱他们的完整性。而当这些存款最终集中在纽约的银行后，同一恶魔在那里将这些存款拿走，这些都使得有形现金逐步减少，以至于整个国家都趋弱趋贫。在这里将这种恶性条款制止，在整条线的最终点对其进行必要的改革，其他城市和它链接也将逆行，为整个国家增加力量，带来的利益难以估量。每一个接收了银行准备金且允诺有需求时立即返还的机构在忠实地保管这些准备金上有同等的责任。他们有义务必须保持如此大的比例的现金，其他任何

方式的弥补都不应被轻易允许。(48)

在那个时候，科的建议没有被采纳。但后来，《1933年银行法案》禁止对所有的活期存款支付利息。到了20世纪30年代，自乔治·S.科时起这个逻辑就有所改变了。既然存款是要被投保的，系统的脆弱性便不是问题。

《1933年银行法案》要求监管机构考虑"资本结构的充足度"，但明确的资本要求直到1982年才出现。相反，基于每个银行不同的检验结果，有不同的主观资本金要求。监管机构会比较有共同的特点的银行资本资产比率，如资产规模等，并尽力确保资本充足率低于同类银行平均水平的银行提高资本比率。用于检查和监督银行系统被称作"骆驼"（CAMEL）评级体系，CAMEL代表了银行被评估的5个方面：资本充足率，资产质量，管理，盈利和流动性。1997年银行的市场敏感性作为第六部分加入到了这个评级系统中，这样的缩写变更为CAMELS。在这个系统中，资本只是组成部分中的一个。

随着20世纪80年代银行破产，人们开始关注存款保险制度的风险敞口。其结果是，资本金要求不再是通过同类银行间的比较来决定，取而代之的是一个确定的最小资本金要求。特许权价值的下降导致银行风险增加。新的最低资本金要求迫使资本充足率较低的银行增加资本金，这意味着银行不能像以前一样依赖借款。1985年6月，所有银行和银行控股公司被要求持有至少5.5%的一级资本金。

基于不同的银行借出资本方式，风险导向的资本金要求于1990年正式生效，美国联邦存款保险公司改进法案在1991年获得通过，其明确要求监管机构需强制银行合规。国际上也有类似的趋势。1988年，G10国家以及瑞士和卢森堡的银行监管部门协调其政策，关注以风险为基础的资本要求。"巴塞尔协议"以瑞士的一个城市命名，巴塞尔是国际清算银行的发源地，第一次世界大战后，众多中央银行官员在此集会，创立了国际清算银行，巴塞尔协议也是在这里制定和签署的。

巴塞尔的银行监管委员会成立于1974年。① 每个成员国是由其中央银行和负责监管国内银行的机构（如果不是央行）代表。巴塞尔委员会没有正式的监管权。它形成统一的监管标准以及推荐相应的政策做法。该委员会最初的任务是要应对在20世纪70年代银行日益国际化所带来的监管挑战。德国赫斯特银行和纽约的富兰克林国民银行1974年的破产表明，银行倒闭的影响已不再局限于一国，需要国际社会协调并采取行动来防止未来银行倒闭的影响在国与国之间蔓延。该委员会的第一项提议是1975年的巴塞尔协议，协议规定了母国和东道国监管者面对跨国银行的责任并制定了相应规范。

巴塞尔委员会2010年秋季引入了有关资本金要求的《巴塞尔协议Ⅲ》。新规则在如何衡量资本和资本是如何与风险相联系方面更为富有经验。此外，也是第一次有了需要持有流动性工具的要求。新的《巴塞尔协议Ⅲ》规则要求银行持有的"核心"的资本要达到风险加权资产7%，而对于大型银行则有再高2.5%的附加要求。一些人仍然认为这还不够好。国际清算银行的总经理曾说（Caruana 2010）："有更好的资本是不够的。金融危机的沉重教训告诉我们，银行业需要更多资本。"这是最近的金融危机的主要应对方法。但它仍然反映了一些认识上的误区——不理解系统性危机其实是关于现金的。

几乎没有证据表明，资本和银行倒闭有关系。每一代人似乎都发现了这一点。最近的危机并没有集中在商业银行，而是在自营商银行。整个影子银行体系已经发展起来了，而银行监管机构难以发现其踪迹，这一事实将表明，更大的问题是经济活动的测量，而不仅仅是资本。在近期的危机中破产的商业银行所拥有的资本金其实比《巴塞尔协议Ⅲ》所要求的更多。

---

① 多年来巴塞尔委员会的成员一直在改变。目前，它包括阿根廷，澳大利亚，比利时，巴西，加拿大，中国，法国，德国，香港特别行政区，印度，印度尼西亚，意大利，日本，韩国，卢森堡，墨西哥，荷兰，俄罗斯，沙特阿拉伯，新加坡，南非，西班牙，瑞典，瑞士，土耳其，英国和美国。

银行资本金的目的

银行的产出是债务。银行创造债务的投入是什么？银行资本。银行资本结合银行的资产选择和监管环境，决定了银行创造以面值交易的债务的能力。银行资本是一种投入，但其他的也很重要。

在过去的二百年里，银行业有着重要的技术进步。在有价证券、破产和丧失抵押品赎回权方面有重要的法律变化；会计学在进步，信息技术在发展，包括铁路和电报，以及电脑；支票清算也有了进步；信贷决策也更加先进；增加对银行人员的职能分工与专业化；投资组合管理和流动性管理的改进；更好的对冲工具，如利率互换和信用违约掉期；以及改进后的危机处理方法，如中心贷款证明书和联储贴现窗口。所有这些变化都提高了银行利用资本的效率。随着几个世纪以来银行业的发展，银行资本作为一种投入来创造可用债务的比例大大下降。

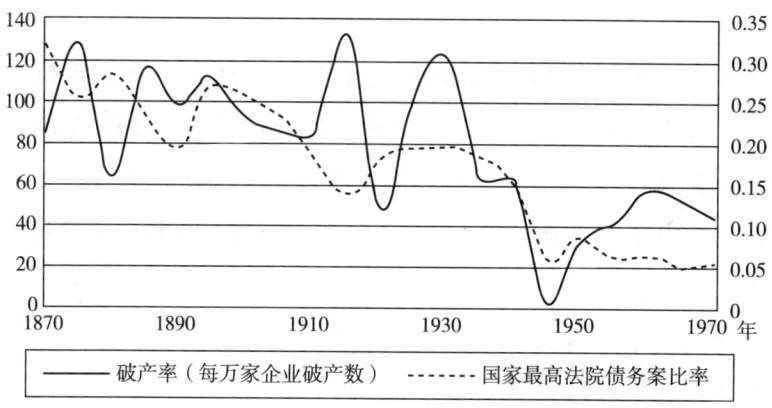

资料来源：Kagan（1984）.

图 11.2　商业破产以及国家最高法院债务案数量

许多领域的变化都非常显著。我给几个非常简单的例子。第一个涉及破产法和附带诉讼的改变。银行发放贷款，这是债务合同。当有违约，挂账被强制回收。人们呼吁，尤其是政府和法院，此时应按照州或联邦破产法，规范追债过程。衡量个人及公司破产进程进步的一种方法是，审查该州最高法院（SSCs）裁定债务相关案件的程度。图11.2展示了已简化的处理违约过程所取得的进展。

此图显示了许多内容。其中，州最高法院关于保护债务人或债权人权利的意见的数量在下降。这种下降的比例和绝对数量都是很明显的。这归因于合同设计的改进，替代诉讼形式的发展，以及平稳期，这些都使得争议更少。这意味着银行有效地运作需要的资本减少了。

第二个例子是信用报告机构重要变化。信用报告机构对商家以及个人提供报告，并最终评分。它是最早的"商业机构"，1841年由刘易斯塔潘（Lewis Tappan）建立。刘易斯塔潘和竞争对手，如1849年成立的邓白氏商业机构，向用户销售报告。过了一段时间，甚至通过诉讼，用户们才相信其报告的准确性。最终，这些机构采用与商人直接面谈的方式。麦迪逊（Madison）（1974）描述了技术变革在信用报告中的一个例子：

敦原子能机构（Dun Agency）是最早认识到打字机潜力的企业之一。虽然打字机除了是个神奇的物件外什么都不是，1874年敦高管钻研了雷明顿（Remington）的新模型，并订购了100台机器。大约在同一时间，实用复写纸开始可以大批量供应。随着打字机和复写纸在纽约的办事处和分支机构的快速引进，其替换职员单纯复制手写和阅读报告给用户的进程也在快速进行中。在1875年秋季，该公司给所有分行经理送了使用打字机的21页说明手册。

与1874年敦原子能机构使用打字机相比，只需要想象一下证券化所需要的东西就会理解技术进步的程度，比方说，两万住房抵押贷款投资组合。证券化抵押贷款，需要大量的信息，如信用分数，收入信息，贷款收入比，按揭细节等。资产证券化离不开电脑。

其他的例子包括会计和簿记的发展，银行劳动分工的深化——银行专业化。1899 年，多卷《论簿记和速记》出版了。也正是那时，关于信用分析的书首次出现。"信用人"和"信用局"应运而生。1893 年"信用人协会"成立：

> 该协会的宗旨很好地规定在了宪法第二条里："本组织的目标应是个人组织和信贷协会共同创造信用规范的统一基础；要求不利于诚实债务人的法律作出改变，要求在一些州制定对商业有益的规范；以提高使用收集关于信贷数据的信息差异的方法；改善商业惯例；为会员提供反对不公正和欺诈的保护基金。"（Hagerty 1913）

到 1911 年信贷协会第十六次年会的会议记录共有六百多页。在 1920 年，零售账单首次出现，后来促进了信用卡的发明。现代的承保方法不断改进。

电子支付和信息技术的进步开始于 20 世纪 70 年代初，这也引发了银行业的一场革命，建立电话银行服务，自动柜员机，销售点终端，全国自动票据交换所协会等等。所有这一切都源于计算机。乔治·S. 艾克尔斯（George S. Eccles 1902—1982）正是经历过这些的一位银行家：

> 电子计算机催生了新的银行服务，给银行带来了巨大的费用，但不能确定收益大于成本。它成为银行企业在法定限制下扩张领土的攻城利器。它刺激了新型的非存款资金的兴起，并帮助扩大银行的全球影响力。"钱"的概念被强制性地重新定义。这给金融交易的安全性带来了新问题，在隐私权上也多有争论。这在银行业创造了新的细分的职业。它的存在激发了私人金融分析师对银行提供更多信息的需求，也激发了政府监管机构对更多报告的需求，同时也增加了对银行和客户间信息披露准确性的规定。（Eccles 1982）

所有这些变化都意味着对投入以创造银行债务的资本金的需求减少。图 11.3 显示了在 176 年来美国的平均银行资本充足率趋势。

该图仅包括一个投入，银行资本，但它的变化显著。从过去的 176

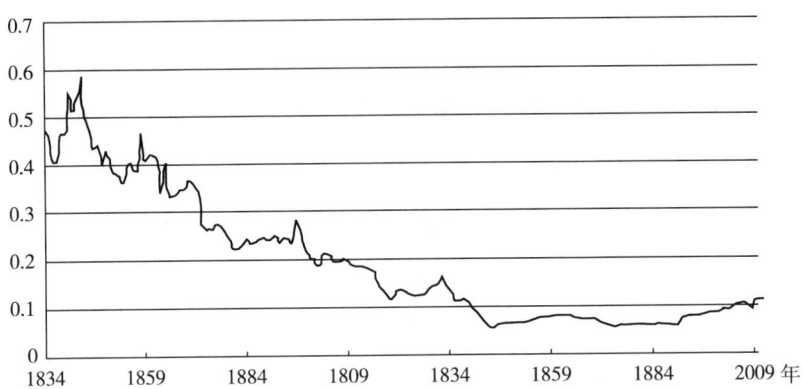

资料来源：from 1834 to 1933：Susan B. Carter, Scott Sigmund Gartner, Michael R. Haines, 和 Alan L. Olmstead, eds., *Historical Statistics of the United States, Earliest Times to the Present*（Cambridge, UK：Cambridge University Press, 2006），3：653 and 3：654；from 1934 to 2010：FDIC Historical Statistics on Banking website：http：//www2.fdic.gov/hsob/hsobRpt.asp.

图11.3　美国银行资本充足率，1834—2010年

年来看，银行已经可以更有效地利用银行资本来生产债务了。在这一个时期（1870—2010年），尽管危机频繁，美国的人均实际收入增加了12倍。

如图11.4所示，资本充足率长期下降是一个世界性的现象。虽然这个数字是有点难以理解而且直到1939年，但很显然，所有国家的总体趋势是下行的。这是全球银行创造贷款效率的进步。

有趣的是，如图11.5所示，没有资本金要求的国家，资本投入更高。

银行债务创造的进步与银行系统的规模的简单增加并不对应。银行系统的大小与经济体创造的价值——国民生产总值（GNP）——相关。银行资产或贷款与国民生产总值的比率，或与经济学家约瑟夫·戴维斯（Joseph Davis）早先提出的工业产出的比率，都没有什么实质性的变化。

银行资本是银行创造债务的一个重要投入。但随着信贷决策方法、

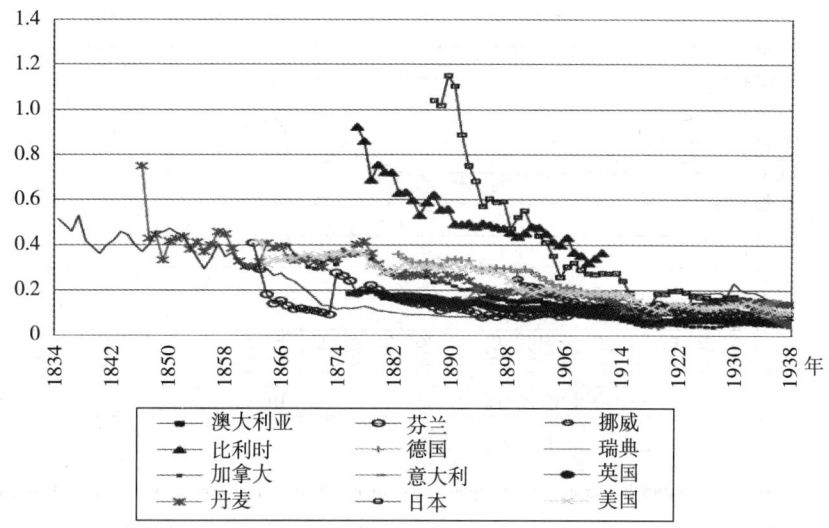

资料来源：Grossman（2007）.

图11.4　国际资本对资产比率，1834—1939年

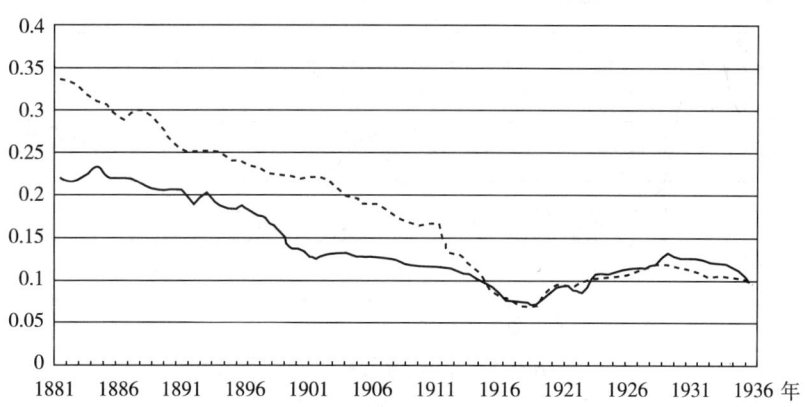

资料来源：Grossman（2007）.

图11.5　资本对资产比率，1881—1939年：有无资本要求的国家

承保和风险管理过程的管理、信息技术和银行监管的设计的改进，银行所需的资本额在稳步减少。这是创造以交易为目的的银行债务方面的技术进步。

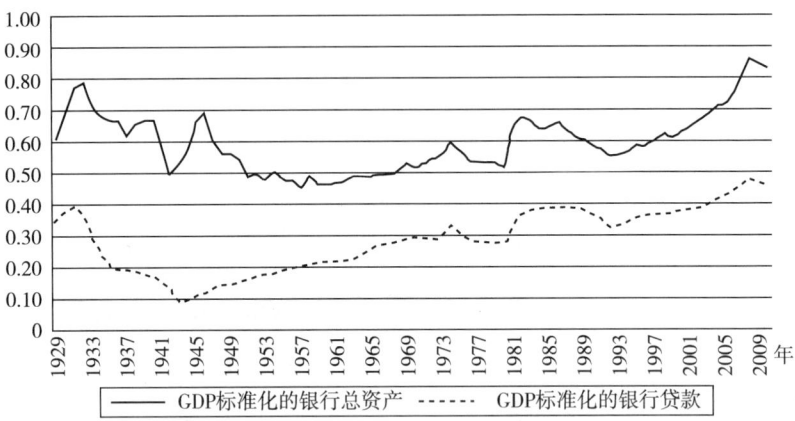

资料来源：Susan B. Carter, Scott Sigmund Gartner, Michael R. Haines, 和 Alan L. Olmstead, eds., *Historical Statistics of the United States, Earliest Times to the Present* (Cambridge, UK: Cambridge University Press, 2006), Cj252, Cj253; U. S. Bureau of Economic Analysis.

图 11.6　GDP 标准化后的银行总资产和贷款，1929—2010 年

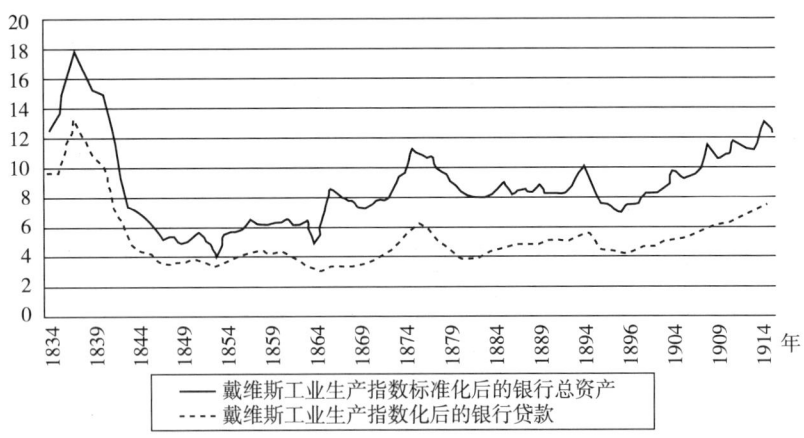

资料来源：Susan B. Carter, Scott Sigmund Gartner, Michael R. Haines, 和 Alan L. Olmstead, eds., *Historical Statistics of the United States, Earliest Times to the Present* (Cambridge, UK: Cambridge University Press, 2006), Cj252, Cj253; Davis (2004).

图 11.7　戴维斯工业生产指数标准化后的银行总资产和贷款，1834—1915 年

第十一章
银行资本金

直到最近，银行资本才成为银行监管的重点。在 20 世纪 80 年代监管层开始关注银行资本，将它用作特殊的银行倒闭或可能导致存款保险基金破产的相关损失的缓冲器。但是，人们已经认识到，历史上的系统性银行危机都是和现金相关的。它们可以通过一些公共或私有的监管结构来防止或减轻。但银行资本并不能阻止危机的发生。

第十二章

有权有势的人，危机的成本以及金融危机的矛盾

- 金融危机的矛盾
- 危机的成本
- "善意"和僵尸：以美国储贷危机为例
- 行动缓慢：危机反应下的政治问题
- 危机的益处？

第十二章
有权有势的人，危机的成本以及金融危机的矛盾

"从金融危机中学到的一条经典教训就是政府总是等很久才行动，"蒂莫西·盖特纳（Timothy Geithner）告诉NBC的"与媒体见面"节目，"他们等得太久。这意味着对经济的损害更大，未来的赤字更高，纳税人的成本也更高。我们不准备采取这种做法。"

——John Schoen，2009年3月29日

当各国政府和央行一直等着对金融危机作出反应，危机成本就会急剧增加。为什么要等？也许随着等待，危机成本增加，就可创造出激励他们作出反应所需要的紧迫感。也许我们误解了危机。

实际上，有两个问题导致政府等很久才采取行动。首先，政府往往不知道出现了危机，直到它完全爆发。在各国央行和政府被希望对危机采取干预行动之前，居民通过银行挤兑引发了危机。这场危机是有目共睹的。现在，当各国央行和政府开始干预，危机在变得明显前就开始发展了。当国会于1933年3月修改了与敌贸易法，他们规定，除了"战争时期"，"由总统宣布国家紧急状态的其他时期"，这项法案也可生效。换句话说，总统可以决定是否宣布有危机。

响应延迟的第二个原因源于另一个简单的事实：拯救银行系统意味着拯救银行家。不可避免的是，政治影响危机应对。由于救助是给银行家资金，是以牺牲纳税人为成本的，其实是不受欢迎的。"众所周知，我竞选公职人员并不是为了帮助华尔街有权有势的银行家的"奥巴马总统在60分钟上说。我认为这是响应延迟的原因之一。

金融危机的矛盾

根据利文斯顿规则，在危机中应该救助银行。我们不希望清算银行系统，因为这会破坏经济。但是，政府救市是一种累退税，这钱取之于

民，却用来救助银行和银行家。我认为美国财政部长蒂莫西·盖特纳（Timothy Geithner）已经越来越了解这种矛盾了，他说，"金融危机的核心矛盾在于，感觉公平和公正的与要达到公正和公平结果所需要的正好相反。"（纽约时报，2011 年 11 月 5 日）。为了救普通大众，必须救华尔街。

这种矛盾是华尔街和普通大众民粹主义的核心点。在任何市场经济中，实体经济与金融部门有着密切的联系。普通大众和华尔街是连体婴儿，皮之不存，毛将焉附。

金融体系是市场经济的中枢神经系统；没有金融系统就不存在经济。而且，从历史上看，全世界没有哪个银行系统被停业清算过。在央行的现代化时代，在避免清算银行系统方面已经下了很大成本。但由于救银行同时也就救了银行家，每一次金融危机都被政治上的紧张局势所笼罩。这使得改革难度太大。

这种紧张关系存在于每一个危机之中，并始终存在两种说法。一种说，金融危机是因为贪婪、邪恶、有权有势的银行家利益不和所造成的。而另一个说法是，市场经济的结构特征——采用了脆弱的银行债务。一个人说救市就是给银行家钱；另一个人说经济援助来拯救银行系统是必需的。

银行家是邪恶的，这种想法和资本主义一样古老。下面是在 1896 年农民国家联盟的官方杂志中的民粹主义观点的描述：

> 银行业务是邪恶的，银行家是商业水蛭。当银行家繁荣时，人民哀悼。比起任何其他业务，银行业破坏更多的财富……银行利息是货币的组合，它破坏立法机关、国会和政府，正如现在，它导致民族的耻辱和灾难。国家现在已经和银行体紧密结合，我们需要一场革命将银行驱逐出去，打倒银行！[①]

[①] Southern Mercury (Dallas, TX), official journal of the Farmers' State Alliance, quoted in Bankers' Magazine 52 (January – June 1896): 647.

第十二章
有权有势的人，危机的成本以及金融危机的矛盾

图12.1 普通人民和华尔街作为连体婴儿，**Harry Bliss** 画

白宫经济顾问奥斯坦·古尔斯比（Austan Goolsbee）教授关于最近危机的评价与AIG（美国国际集团）高管的言论差不多："这些人应该得到诺贝尔邪恶奖。"① 每一个危机都是银行家的报应，然后这个周期又重新开始，正如1873年的恐慌后国家所解释的：

对那些认为游艇运动是完全无意义的娱乐活动的人来说……想到游艇数量因恐慌而减小是令人高兴的……"我们现在，"他们说，"快马少了，香槟少了，华而不实的家具少了，诚实的工作和清淡简单有益健康的食物也多了。"

---

① Quoted in Arthur Delaney, "White House Adviser: AIG Deserves 'Nobel Prize for Evil,'" Huffington Post, April 16, 2009, http://www.huffingtonpost.com/2009/03/16/white-house-advisor-aig-d_n_175408.html.

关于这一预期奇怪的是,它已经经历了无数的失望但似乎并未失去它的任何活力。1837年后它很强,1857年后它很强,1861年后它比以往任何时候都更强了。(1873年10月9日)

但是,除了"银行家是邪恶的"的说法,也有其他的观点:

目前国内有五类严峻的商业恐慌;其中四个重要而深远,第五个在当时严重但持续时间短。真正最严重的恐慌发生在1837年、1857年、1873年和1893年,1884年的其实程度较轻。目前,大家想知道答案,我们现在的恐慌和衰退是哪一种,长期还是短期?

首先,让我们将道德和经济分开。邪恶并没有引起1907年的恐慌;它从来没有引起任何恐慌。(铁路公报,1907年12月27日)

对那些试图将责任归给个人的人来说,银行系统的债务存在组织结构问题并没有什么意义。危机之后,我们不能报复整个体系,至少历史上我们不曾试过。有观点认为资本主义是一个体系,这意味着数以百万计的人们在价格和预算基础上做决定,他们不断创新,引起变化。银行的不同之处仅在于其有一个特定的监管环境。采用了存款保险制度,平稳期继而产生,事情发生了变化,老问题又重新出现。危机是一个结构性的问题。

这不是一个令多数人满意的解释。2007—2008年金融危机发生后,怎么能没有任何人对此负责,或进监狱?在它面前,有少数人从事犯罪活动并引发了系统性金融危机,这一遍又一遍在历史上重演的想法是荒谬的。数以百万数十亿的人做出决定,随着时间的推移,体系也发生变化。事实上,真正的问题是谁能够为资本主义承担责任。正是拯救银行系统以及拯救银行家之间的这一僵局导致了雷曼兄弟的破产。一旦犯了这样的错误后果是很严重的。

然而,矛盾注定改革,如果任其发展,对经济体来说无异于自杀。在亚洲金融危机时印度尼西亚就是这样的一个例子。印度尼西亚的危机,始于1997年8月,在1998年5月已经升级成为一场货币、金融、自然、经济和政治危机。本土印度尼西亚人和印度尼西亚的华人间,穆斯林和基督徒之间，爆发种族和宗教冲突。1998年5月苏哈托总统在四名学生示威中丧生后"退休"，随后的骚乱中，超过1000人死亡。

在美国没有那么糟糕，虽然我不能忘了死亡威胁，或者说，参议员查尔斯·格拉斯利对AIG高管辞职或者自杀的建议。回想一下有关危机的国会听证会，这些人不能冷静地思考。危机的经历让人想起辛克莱·刘易斯（Sinclair Lewis）的小说《它不可能发生在这里》（*It Can't Happen Here*）。它提醒我们，或者至少我，法治的脆弱性。但即使没有刘易斯的书中这样戏剧性的转变，因为金融危机的悖论，我们无法就金融危机开展全国性的讨论。而关于这场危机的决策却会产生长期的影响。

危机的成本

金融危机的成本是很昂贵的。

比中央银行和政府干预前的时期，现在来解决他们更加昂贵。例如，在亚洲金融危机的成本占泰国GDP的97.7%，而其财政成本为GDP的43.8%。印度尼西亚的输出成本为67.9%，财政成本为56.8%。乌拉圭在1981年产出减少了87.5%，财政成本为31.2%。还有一些整个银行体系都无力偿债的危机实例。许多现代危机涉及政治动乱、暴乱、贫困和高失业率。失业是不好的，死亡人数是巨大的。虽然危机的定义是相同的，发达经济体的整个成本要小得多。在日本，例如，产出损失占国内生产总值的17.6%，财政总成本为14%——仍然非常高。

现代危机的成本与国民银行时代的危机成本是很难进行比较的。国民银行时期的成本，由每一美元活期存款已实现的亏损和国家银行破产的百分比来衡量。今天的衡量方式没有那么精确。另一种可能的不同之处在于现在相比19世纪，金融和银行业更重要，经济更加全球化。不过，在前期没有整个银行系统在危机后破产的情况。这并非是证明我们在倒退的例子，而是需要理解的一个关键点。

危机成本的增加似乎是中央银行运行前后，银行挤兑的一个重要区别。在美联储成立前，恐慌并没有因为预期政府和央行采取行动而延迟。在美联储成立前，票据交换所能够通过暂停兑换和贷款证明来减轻金融危机的影响。存款损失和银行倒闭的数量都很小，虽然我们不知道暂停兑换是否加剧经济衰退。但我们知道，在早期，整个银行系统最终没有破产。

预期政府和央行采取行动意味着，如果响应延迟，除非这些预期没有得到满足，否则没有银行挤兑。在当今时代，危机是银行体系的净资产已经几乎或者完全消灭了的事件。使用这个定义危机——银行体系的净资产已经几乎或者完全消灭了——研究员 Gerard Caprio 和 Daniela Klingebiel 发现从 20 世纪 70 年代末到 1995 年，69 个国家共有 86 次的系统性银行体系崩溃，且损失相当高，在许多情况下是国内生产总值的 10%～20%，有时甚至高达 40%～55%（Gerard Caprio 和 Klingebiel 1996 年，1997 年）。在前期，政府干预之前，从来没有发生过这样的情况。相较于美国的前期，现代政府处理危机往往较晚且效率低下。

部分问题是，没有机制来确定何时有真正的危机。银行业恐慌的一个优点是，储户评估新的信息，并决定是否到他们的银行提取存款。如果他们去，则有危机。但因为有了存款保险制度，这样的调节机制就没有了。干预有时较早，例如伊利诺伊大陆银行事件，但更典型的是较晚，经常是，达成共识要采取行动时，危机中的损失已经达到非常高的水平。央行如果是独立的，且可承受政治压力，它们可能能够更早采取行动。但即使这样，政策也可能没有效果。在许多情况下，例如，大量的资金被用来尝试解决危机，却只助长了更多的问题，通过货币危机加剧动荡或使得货币政策复杂化。

危机的成本难以确认。首先，危机必须被定义。Caprio 和 Klingebiel 定义危机是当银行体系的整体资本耗尽或银行系统存在问题，如银行挤兑显著，迫使银行倒闭，被迫兼并，或政府接管银行的情况

第十二章
有权有势的人，危机的成本以及金融危机的矛盾

（1996）。大多数后来的研究都遵循了这一定义。

一般来说，金融危机的潜在成本有四种类型：（1）财政转移支付中的无谓损失。（2）实际总产出反趋势下降，造成产出损失和失业增加。（3）危机中的分配不当和政府试图平复危机的行动。（4）社会福利成本，如由于失业，收入和财富的损失导致压力或抑郁，甚至自杀。

所有这些计算危机成本的方法都有问题。救助银行相当于是将纳税人的钱转移到银行，这不一定是成本，只是收入在纳税人和银行家之间进行了再分配而已。但也有可能有无谓的损失，因为这钱花在其他地方可能更有效。无谓的损失是一种浪费，而这些损失难以确定，它们是显著的。但是，由于这些都是难以衡量，因此，仅仅当这些无谓损失和转移支付成正比或增加时，计算财政成本才被认为是合理的。

对于产出损失，由于衰退而产生的损失和由于危机而产生的损失很难分离开。其中用来将其他原因造成的损失和危机造成的损失分离开的一种方法是，将存在危机的国家，和一个经济不景气但没有银行危机的相邻的国家对比。这就需要找到这样的一对国家。危机是经常聚集在一个地区内，例如拉丁美洲在80年代初，90年代中期的银行危机；80年代末和90年代初的北欧银行危机；而在1997—1998年的东亚危机。虽然不完美，但有证据表明，平均而言，银行危机导致累计产出缺口增长国内生产总值的13%。

第三类成本，资源的分配不当，虽然它是显著的，但迄今已被证明无法估计。

社会成本也很难衡量，但人们一直在努力。例如，一项研究发现，印度尼西亚的贫困率从1997年的金融危机刚开始时的最低点15%左右增加到1998年危机结束时的最高点33%。18个百分点的增幅，意味着在危机期间大约新增了36万人陷入赤贫因危机（Suryahadi，Sumarto和Pritchett 2003年）。至于美国，经济学家Janet Currie和Erdal Tekin，在一篇题为"是止赎危机使美国生病？"的文章中写道，问题答案是肯定的：

198 对金融危机的误解

我们发现，抵押品赎回权数量的增加和心理健康就医次数（焦虑和自杀企图）、可预防的疾病（例如高血压）的增加，以及由于压力导致身体情况变差的抱怨的大幅增加有关。黑人比白人受到影响更大，符合非裔美国人一直受到特别大打击的一贯观念。

此外，危机影响到人们的态度，他们的人生观和他们的幸福感，他们变得悲观。根据调查，研究人员发现，随着失业率上升，房屋止赎增加，人们对未来感到越来越悲观。报告表明，他们幸福感减少，压力增加。但是，其他大多数国家并没有与此相当的测量和调查。

由于测量危机成本十分困难，研究往往集中于财政成本和产出的损失。在图12.2a和图12.2b，财政成本是净财政成本占五年GDP（危机

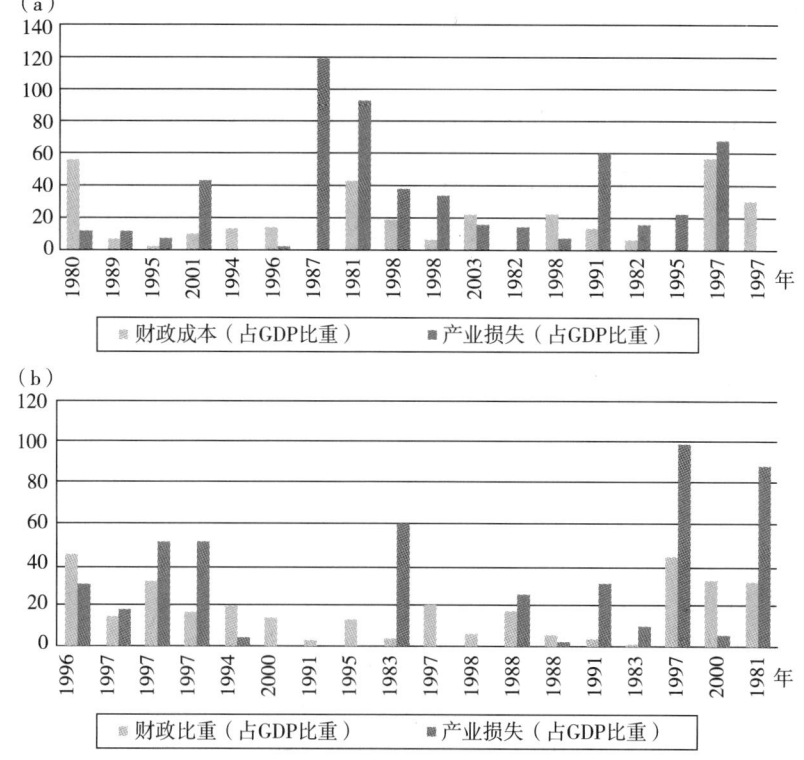

资料来源：Laeven 和 Valencia (2008).

图12.2 危机成本

爆发后的一年和未来四年）的百分比。产出损失是基于实际国内生产总值的趋势的推断，通过比较趋势推断下的 GDP 和实际 GDP 的差额来计算。这些数字表明金融危机的成本很高。

"善意"和僵尸：以美国储贷危机为例

为什么解决现代金融危机成本这么高？

许多现代危机与历史上银行恐慌有很大的不同，有可能是银行的监督力度不大，或者在有关机关认识到危机已明显出现时，银行系统就已经开始恶化。在现代危机中，银行系统通常已经十分脆弱，又遭到打击，从而彻底崩溃。打击可以使汇率突然下跌或者利率大幅提升。

美国的储蓄和贷款行业的例子很有启发性。这个危机不是一个系统性的危机，因为它被限制在一个部门，但清除它的后果所付出的代价很高。储蓄和贷款起源于大萧条时期，它是由金融中介组成，被称作储蓄银行，利用活期存款的资金来发放长期、固定利率抵押贷款。在 20 世纪 70 年代末和 80 年代初，当利率上升，这些储蓄机构发现，他们不得不支付比他们已经签约的贷款利率更高的存款利率。例如，他们借用的是 6%，对抵押贷款收入是 3%，赚取息差为负。结果，数百储蓄机构无力偿债。监管的放松是原因之一，这让储贷银行可以从事新的投资项目，而资本需求被调低。也因此导致了储蓄银行保险基金——FSLIC——的破产。

但仍有一个问题。资不抵债的储蓄机构被允许继续营业，因为联邦储蓄贷款保险公司的资源枯竭但他们的资产没有出售给新的投资者。联邦住房贷款银行董事长理查德·普拉特（Richard Pratt）当着国会议员做声明时说："该银行董事会……没有足够的资源来关闭所有破产企业，（但）在同一时间，它必须巩固该行业，将较弱的机构转变得更强，并尽一切可能，以尽量减少过渡期间的损失。善意是执行这项任务不可或缺的工具①。"善意"是指容忍，允许资不抵债的储蓄机构继续存在，即使他们的净值为负。埃德凯恩（Ed Kane）描述容忍是将破产的储蓄银行变为"僵尸"——实际上已经死了，但仍在运行②。最后，信托公司成立清算的破产储蓄银行的资产。储贷行业的救助计划最终花费1 800亿美元，这是国内生产总值的3.2%。

研究储贷危机对来自于危机的损失非常有指导性。现代危机的一个典型的问题是，由于延迟解决、关闭或出售潜在的破产银行，所带来的银行价值的损失。当一个资不抵债的银行不关闭，会发生什么？储蓄和贷款机构，虽然已资不抵债，但仍然持续经营，并享受被保险的存款收益。

在这种情况下，这种贷款和储蓄机构的管理办法最终会将公司抢劫一空。在一篇著名的论文中，乔治·阿克洛夫（George Akerlof）（2001年诺贝尔经济学奖得主）和保罗·罗默（Paul Romer）解释说，这些僵尸机构"更愿意牺牲社会利益（非法得利），而不是孤注一掷（博取成功）地去破产。如果因为会计差、监管不严，或低处罚滥用出现破产牟利，使得经营者通过破产能得到超过他们公司价值的钱，他们就会破产，然后拖欠债务"（1993，2）。他们研究的例子是智利和储贷危机。在他们的结论中，他们列出了一些由于非法收入导致成本高的原因：

政府为什么会让自己身处险境？部分答案当然是政府采取的行动是政治过程的结果。当监管机构利用虚假会计核算隐瞒部分问题；当国会议员施加压力让监管部门对偏爱的选民和政治捐款者放松监管；当最大的券商游说，以保护他们向储蓄银行以储蓄人身份安排存款的能力，当储蓄和贷款行业游说议员者采取推迟行动的策略，直到行业困境大到不

---

① Savings 和 Loan Policies in the Late 1970's and 1980's: Hearings before the House Committee on Banking, Finance, 和 Urban Affairs, 101st Cong., 2d Sess., Ser. No. 101 - 176 (1990), 227.

② Ed Kane 是 MIT 的经济学博士是美国金融协会前主席 http://www.ggdc.net/MADDISON/oriindex.htm。

得不将税收收入用于解决问题，而不是从成功企业收取税收——当以上行为发生时，人们根据政治过程中的种种诱因遵循理性人原则做着自己的选择。

不当得利这个词不是以前说的道德风险。道德风险是指由运营良好的企业做出的行为。不当得利是盗贼的无耻行为，其需要一个特定的政治环境。

行动缓慢：危机反应下的政治问题

救助的政治风险导致政府采取行动较晚。例如，在新兴市场，在政府选举之前濒临破产的银行不太可能被接管。但这种情况不仅出现在新兴市场。当然，在发达经济体中政府干预过晚的案例似乎也明显。或许是因为对危机仍心存疑惑，或许是因为政治限制而直接或间接地采取了容忍的策略。举一个例子，在20世纪90年代日本没有银行挤兑。相反，政府如果选择容忍，则会造成长期的损失和停滞。美国储蓄和贷款危机还没有看到银行挤兑，但这一长期容忍的策略代价昂贵。容忍通常会导致更大的损失。政府的行动似乎能阻止银行挤兑，但如果有危机，危机解决成本增加。在后一种情况下，政府本身就有问题。

美国政府在2007—2008年危机干预晚。很明显，2005年末次级抵押贷款的问题越来越多。到2007年年初，一切越来越明晰，次级贷款发起人失败和ABX指数的下降。ABX指数挂钩证券化抵押贷款。在2007年8月，回购市场的撤回开始回升，开始抛弃结构性投资工具（独立管理的基金，购买资产支持证券和资金本身带有商业票据），导致货币市场共同基金之间的恐惧蔓延。2007年的秋天危机开始。我在2008年1月提交的一篇专栏片报纸上的部分内容如下：

问题是，开始两三年之后，抵押贷款利率重置，数以百万计的次优抵押贷款持有人还不起他们的抵押贷款。他们无法找到融资来获得他们负担得起的新的抵押贷款。与此同时，金融机构和投资者缺乏到底哪些证券化的抵押贷款债券已陷入真正的麻烦信息，便造成了信贷市场缩紧。没有信用，就没有投资，然后经济衰退。

还有另外一个问题。不同于历史上的银行恐慌，当前恐慌还涉及"影子银行体系"，这样的风险转移机制导致信贷风险在全球范围内的移动。专门处理银行恐慌的机构可以追溯到大萧条时期。但是他们和当前的危机没有一点关系。

我曾主张房地美和房利美以他们最初的抵押贷款利率融资所有次级抵押贷款。这是在雷曼兄弟倒闭的八个月前。我相信，如果它们这样做了便可以在很大程度上避免危机。从对这个专栏的反对来看，我意识到，恐慌对大多数人来说是不可见的，媒体、政客和监管机构。这是对危机未观察和不理解。监管机构、学术界和媒体不理解危机已经到来。事实上，曾有过银行挤兑，但它是在回购上的挤兑，涉及的银行也是未监管的商业银行。因此这一挤兑并没有被观察到。损失要大到可见才能激励政府行动。我们不得不等待，直到大企业遇到了显而易见的麻烦。由于经济学家们误解了危机，这件事就不再清晰。而由于结果所导致的政治制约延迟了行动。

唯一的好消息是，在应对危机方面，民主国家似乎比非民主国家做得更好。菲利普·基弗（Philip Keefer），世界银行的经济学家，在对35个国家1970—2000年的一项研究发现，"虽然民主国家也同样可能遭遇银行危机，在危机的情况下，竞争性选举产生的政府对破产银行干预更迅速，转移支付比那些非民主政府少10%~20%的国内生产总值"（2007年）。

第十二章
有权有势的人，危机的成本以及金融危机的矛盾

危机的益处？

我们可以设计一个金融系统来避免危机，至少在一段时间内可以避免，但该体系一方面冒着危机加剧的风险；另一方面面临金融抑制的问题。我们可以极端地限制银行或允许金融创新，但这都是危险的。权衡似乎是可行的。经济学家罗曼·朗西埃（Romain Ranciere），Allen Tornell，和弗兰克·韦斯特曼（Frank Westermann）（2008）发现，偶尔经历过金融危机的国家比没有经历过危机的国家增长得更快，其样本既包括发达国家又包括新兴经济体。

如果政策制定者，其目标是最大限度地提高GDP的增长，可以选择是否有周期性危机，决策者可能会选择有危机，而不是低增长。这要看社会对经济波动怎么看了。该政策的问题与在罗伯特·卢卡斯在2011年华盛顿大学的明德讲堂提出的问题相关——"2007—2011年美国经济衰退了？""有没有可能因为模仿欧洲对劳动力市场、福利和税收的政策，美国会选择了新的、较低的国内生产总值？"卢卡斯说的正是对2007—2008年金融危机的政策应对。问题是根据《多德弗兰克法案》，在金融部门采用的政策是否会有同样的降低经济增长的效果。

从泰国和印度中可以看出这种设计的权衡之处。尽管有亚洲金融危机，在1980—2002年，尽管在泰国发生了亚洲金融危机，泰国人均国内生产总值还是增长了162%，而同一时期没有金融危机的印度，人均国内生产总值仅增长了114%。

如图12.3显示了信贷繁荣以及随后的崩溃，正与亚洲金融危机重合。

信贷繁荣导致了泰国的危机。图12.4显示了这两个国家的人均实际GDP。尽管泰国受金融危机的影响，但实际GDP增长率仍是高于

印度。

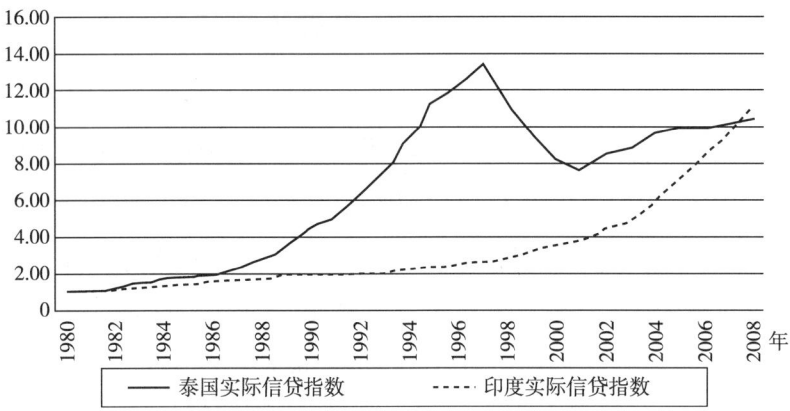

资料来源：Rancière, Tornell, 和 Westermann (2008).

图 12.3　泰国和印度的信用增长（以 1980 年为"1"）

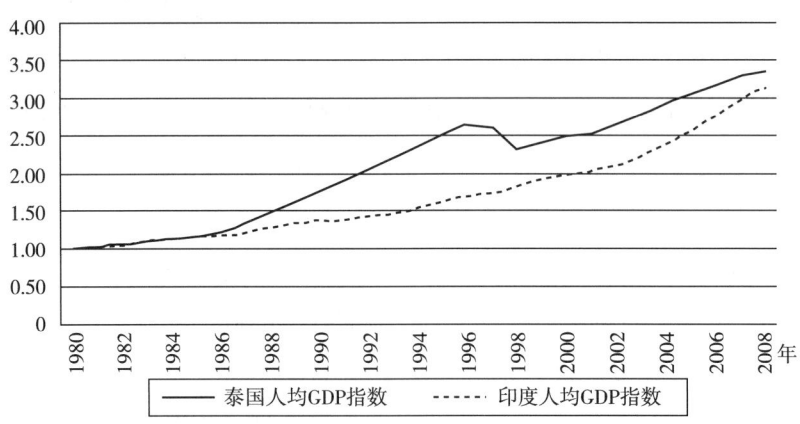

资料来源：Rancière, Tornell, 和 Westermann (2008).

图 12.4　泰国和印度的增长及波动（以 1980 年为"1"）

下图正体现了这种权衡。在这个例子，泰国如何累积获益？有几种可能性。一种可能性是信贷繁荣的正面效益。在信贷繁荣中，如果越来越多的公司能获得贷款，并进行有效的投资，那么产出上升。信贷繁荣意味着银行在不断贷款。如果银行贷款不受限，那么他们可以根据其资产借钱给公司，即使这些资产没有经过彻底的调查。在这种情况下，没有优质抵押品的企业也可以借用，增加了经济的产出。产出往上走，但十分脆弱，因为越来越多的公司在银行没有调查抵押品质量的情况下获得了贷款。很小的冲击也可能导致公司被调查，那些没有足够抵押的贷款会被切断。

如果经济增长因无法贷款而受限制，那么如果能对银行提供显性或隐性担保，银行会被鼓励放贷。对于整体经济而言，更大的杠杆作用可以允许更多的投资，但也意味着整个经济具有更大的脆弱性的。如果有救助行为，政府可以通过时间分散风险，但将对后代增税。但是，净效应仍可以是正的。

我们对这些问题还没有充分的了解，更遑论最好的策略是什么。关键的一点是，我们正在谈论的政策，导致印度和泰国两个走向的政策，不太可能由简单的一条法例或一种监管制度组成，而是在一段时间内政策的积累。在序言中我提到，阿根廷可以作为有一系列坏政策的例子。图12.5所示为美国、泰国、印度和阿根廷的人均国内生产总值。这些增长路径反映出随着时间的推移，政策的决定，以及其他因素，例如运气好坏。

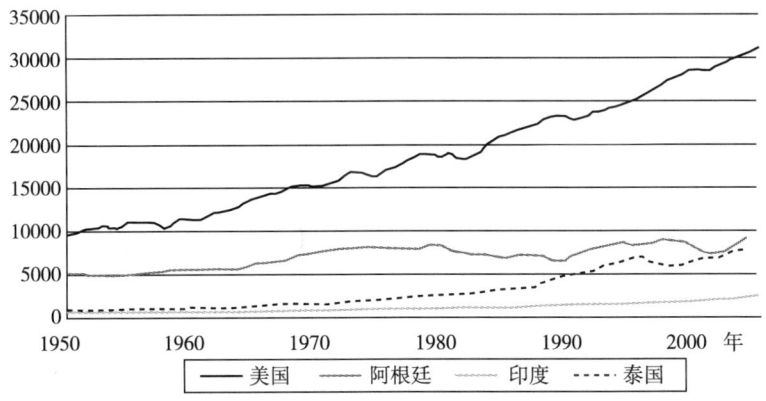

资料来源：Angus Maddison，Historical Statistics of the World Economy：1 – 2006AD.

图12.5　人均GDP（1990年国际吉尔 – 哈米斯美元）

相比于美国和阿根廷，印度和泰国之间的差别并不那么明显。在阿根廷的例子中可以看出真正的政策失误。每一个政策和每一个国会的决定都将影响增长路线，长期则表现为图中所示。

在中央银行和政府干预的时代，危机的成本似乎非常大。这可能是由于延迟或错误地应对危机。政府主管部门似乎不知道什么时候危机开始，因为市场人士预测有关当局会采取行动，所以通常并不存在银行挤兑的信号来昭示危机的爆发。这并不意味着我们应该恢复过去。相反，它显示了银行系统的设计应避免危机，如果不能避免，那么央行应该能够检测到危机并且不受政治干扰地进行行动。

没有政治干预而行动是罕见的，因为危机的反应不可避免地含有政治色彩，拯救银行意味着拯救银行家。政治快速创建一个法制的环境，导致有缺陷的改革被执行。但即使是智能设计的改革也面临两难选择。虽然最好的银行监管制度应当避免危机，这也有抑制金融的风险。避免危机可能带来很大成本。

第十三章

2007—2008年的恐慌

- 事情的解释
- 学到的教训
- 对银行监管的再思考

第十三章
2007—2008 年的恐慌

[前康涅狄格州联邦参议员克里斯托弗 Christopher] 2008 年 9 月，多德描述了危机最糟糕的部分，"在一个极不寻常会议的晚上，财政部部长保尔森，美联储主席本·伯南克，两党当时的众议院议长领导人南希·佩洛西都在。伯南克说：'必须在接下来的几天里采取行动，否则美国金融系统乃至于全世界都会崩溃。'房间中的空气令人窒息，"他说，"然后是长时间的沉默。"

——凯瑟琳·麦克布莱德（Kathleen McBride）

2007 年夏天在美国发生的全球金融危机是由银行挤兑引发的，就像那些 1837 年，1857 年，1873 年，1893 年，1907 年和 1933 年的一样。这就是为什么我花了这么多时间研究这些危机的历史。

这场危机是大萧条以来最严重的，造成的巨大破坏一直延续到今天。这场危机从金融恐慌开始，对短期货币市场工具抛售。这是一个系统性的事件。美联储理事伯南克报告"美国最重要的 13 个金融机构中，一两周内有十二个面临破产风险"（金融危机调查委员会 2011）。资产价格暴跌，信贷市场冻结，生产和投资急剧下降，以及数以百万计的人失去工作。我们一度认为已经处于萧条的边缘，但各国央行十分努力地稳定经济。这些事件是非常有意义的。以银行挤兑开始的危机导致美国和其他许多国家经济严重衰退。

2007—2008 年的恐慌应该使我们对危机有更清晰的认识。首先，这是一个系统性的金融危机，认为这不会发生在美国的想法是不正确的。其次，危机是由回购和资产支持商业票据挤兑引发的。银行恐慌始于 2007 年 8 月 9 日。危机（如果不是响应）类似于前美联储时期的银行挤兑。回购和商业票据都是资金，是银行债务的一种形式，他们都已相当巨大却又十分脆弱，容易造成抛售。它们中大部分是由受监管的商业银行部门之外的机构提供的。

仅仅是房价的下降和次级抵押贷款市场的违约还不足以造成系统性

危机。但是，像早期一样，当时消息传来说存在冲击，银行债权人就会去监督银行：他们有没有钱？该挤兑是对现金需求，但回购协议和商业票据未更新。这一次不可以暂停兑换，也没有银行假期。为了满足现金需求，金融中介不得不出售资产，导致所有资产价格走低。这是很困难的，因为资产是债券，它们被设计为无秘密且信息不敏感的。当它们变得信息敏感，便很难卖出，筹集足够现金，所以美联储出面购买资产。当雷曼兄弟并没有被救助时，危机放大。最后，一批重大金融公司消失了：贝尔斯登，美林证券，美联银行，雷曼兄弟，华盛顿互惠。证券大幅萎缩，并进入休眠状态。经济变得奄奄一息。萎靡仍在继续，未来看起来并不光明。

表 13.1 显示，2007—2009 年的经济衰退比美国平均战后经济衰退更加严重。投资和就业在美国比在其他国家下降更多。尤其在投资，就业和产出的下降。

表 13.1 透视地看 2007—2008 年衰退：峰值到谷底时间段内，每一变量的变化

单位：%

	产出	消费	投资	就业	工作时间
美国战后衰退 VS2007—2008 年衰退					
平均战后衰退	-4.4	-2.1	-17.8	-3.8	-3.2
2007—2008 年衰退（2007 年第四季度到 09 年第三季度）	-7.2	-5.4	-33.5	-6.7	-8.7
2007—2008 年衰退，美国 VS 其他高等收入国家					
美国	-7.2	-5.6	-33.5	-6.7	-8.7
加拿大	-8.6	-4.6	-14.1	-3.3	—
法国	-6.6	-3.4	-12.6	-1.1	—
德国	-7.2 -2.9	-10.2	0.1	—	
意大利	-9.8	-6.6	-19.6	-3.0	—
日本	-8.9	-3.6	-19.0	-1.6	—
英国	-9.8	-7.7	-22.9	-2.9	—
其他高等收入国家平均值	-8.5	-4.8	-16.4	-2.0	—

Source：Ohanian（2010）.

我们还可以检查各个循环来进行比较，包括大萧条，如表13.2所示。

表13.2　　　　　　　2007—2008年衰退期和大萧条

衰退期	时间（月）	实际GDP减少：从峰值到低谷	失业率：衰退中出现的最大值	CPI：从峰值到低谷的变化
1929—1933	43	-36.21	25.36	-27.17
1937—1938	13	-10.04	20.00	-2.08
1945—1945	8	-14.48	3.40	1.69
1948—1949	11	-1.58	7.90	-2.07
1953—1954	10	-2.53	5.90	0.37
1957—1958	8	-3.14	7.40	2.12
1960—1961	10	-0.53	6.90	1.02
1969—1970	11	-0.16	5.90	5.04
1973—1975	16	-3.19	8.60	14.81
1980	6	-2.23	7.80	6.30
1981—1982	16	-2.64	10.80	6.99
1990—1991	8	-1.36	6.80	3.53
2001	8	0.73	5.50	0.68
2007—2009	18	-5.10	9.50	2.76

资料来源：Wheelock（2010），updated from the Bureau of Economic Analysis（2011）．

最新的经济衰退被列为在近来美国历史上最严重的衰退之一，但它不如大萧条和1937—1938年衰退那样糟糕。因为美联储采取了非常行动，我们才没有经历另一次大萧条。

为了阻止这场危机，美联储共借出1.1万亿美元给金融公司。四家银行——花旗集团，苏格兰银行，巴克莱集团——借入了2330亿美元，如表13.3所示。这些美联储的方案是美国政府的问题资产救助计划（TARP）的补充，通过美国国债确保或购买高达7000亿美元不良资产。此外，2009年的《美国复苏与再投资法案》又提供了8000亿美元。为了应对危机并试图阻止它的有害影响、防止全面崩溃的投入是惊人的。

我们评估这些款项的影响还需要一些时间。我们不能看到如果我们没有使用这些巨大的资源会发生什么。但是，我们可以加深了解发生了什么。事实上，我们必须加深了解，我们不能再等几十年来尝试重新设计银行监管体系。

事情的解释

次贷冲击是没有大到足以解释危机。在危机最严重的时候大约有 1.2 万亿美元的次级抵押贷款未偿还。即使所有这些抵押贷款都被拖欠且无法收回任何还款，那也不足以解释危机的严重程度。此外，次级抵押贷款的损失没有特别大。Sunyoung Park 检查了 2010 年 2 月的受托人报告，名义金额的 88.6% 的次级债都是在 2004 年至 2007 年发行的。她计算出 2004 年至 2007 年发行的 1.9 万亿 AAA／Aaa 级次级抵押债券本金的损失为 2011 年 2 月的 17 个基点（Park 2012）①。这是当时最新的已实现的损失。最后的损失金额可能会在二十年后才知道，且这取决于许多因素。

金融危机调查委员会（FCIC）的报告通过看次级抵押贷款的评级，指出预期亏损似乎并不是那么高。FCIC 指出，"总体而言，尽管大规模的降级，2005—2007 年评为 AAA 级抵押贷款证券的最高档中，只有约 10% 的 Alt‑A 和 4% 次级证券在 2009 年底是'重大损失'——即将或已经遭受损失"（金融危机调查委员会 2011 年）。如果冲击没有那么大，我们怎么会出现危机呢？

危机的另一个方面是所有的债券价格下跌，不只是次贷相关债券，和资产支持证券的一切价格都在下跌。此外，非次级债券价格跟踪显示了银行间风险，并没有表示次贷的基本面。为什么 AAA/Aaa 的信用卡

---

① 100 个基点等于 1%。

资产支持证券暴跌，但其实这一资产与次级抵押贷款没有关系，且没有经历过亏损？

在表13.3中，四行中的每一个都表示一个"利差"，指的是证券的收益率和其他等效的无风险证券收益率之间的差异。利差代表了风险投资者获得的补偿。例如，如果利差为1%，即市场上债券收益率和相同期限的美国国债收益率差为1%。债券收益率和债券的价格是负相关的，所以当利差上升，债券价格相应地下跌。利差高意味着债券价格正在下降。

表13.3 美联储紧急项目中借入最多的机构，2007年12月到2010年7月

单位：百万美元，%

借入公司名称	TALF	PDF	TALF	CPFF	小计	AMLF	TALF	贷款总额	百分比
美国银行	$48	$6	$8	$6	$67	$0	—	$67	6
花旗集团	15	8	27	8	58	—	—	58	5
苏格兰皇家银行（英国）	25	—	23	10	58	—	—	58	5
巴克莱集团（英国）	24	2	15	10	50	—	—	50	4
UBS（瑞士）	7	—	9	18	35	—	—	35	3
德意志银行（德国）	9	—	22	—	30	—	—	30	2
富国银行	25	—	—	—	25	—	—	25	2
德克夏银行（比利时）	10	—	—	13	23	—	—	23	2
瑞士信贷（瑞士）	—	—	21	—	21	—	—	21	2
苏格兰银行（英国）	20	—	—	—	20	—	—	20	2
德国商业银行（德国）	16	—	—	4	20	—	—	20	2
高盛	—	—	17	—	20	—	—	20	2
美林	—	2	14	—	19	—	—	19	2
法国巴黎银行（法国）	11	3	—	4	19	—	—	19	2
法国兴业银行（法国）	17	—	—	—	17	—	—	17	1

续表

借入公司名称	TALF	PDF	TALF	CPFF	小计	AMLF	TALF	贷款总额	百分比
摩根士丹利	—	8	8	1	17	—	—	45	4
美联银行	16	—	—	—	16	—	28	16	1
摩根大通	13	—	3	—	16	15	—	31	3
AIG	—	—	—	15	15	—	—	15	1
农林中央金库（日本）	15	—	—	—	15	—	—	15	1
所有其他借款人	204	4	11	94	313	13	211	$ 1 139	47
总计	$ 474	$ 35	$ 179	$ 183	$ 870	$ 29	$ 240	$ 1 139	100%

图 13.1 所示的一条线是 LIBOR 和 OIS 之间的差别，LIBOR 是金融公司借入和借出的利率，而隔夜指数掉期（OIS）是在无风险工具收益率的流行指标。LIBOR 利率减去 OIS 利率利差代表了银行间市场的风险。你可以看到，这条线于 2007 年 8 月开始急剧上升，然后当雷曼破产后甚至可以叫做垂直上升。

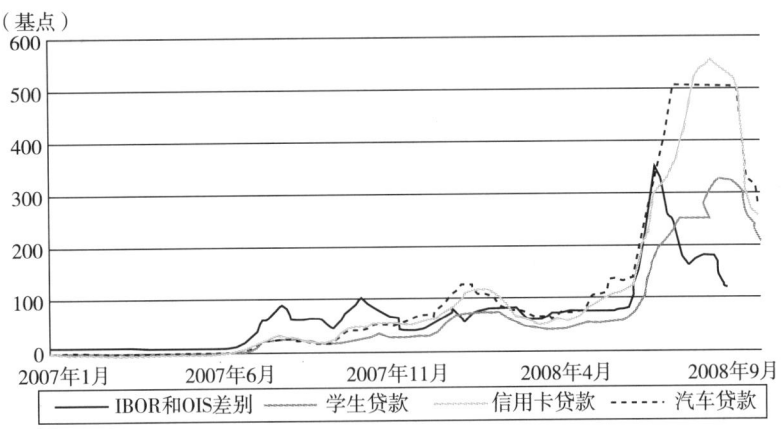

资料来源：Gorton 和 Metrick，forthcoming.

图 13.1 AAA/Aaa 级资产支持证券的利差和银行交易对手风险

其他三条线是三类 AAA/Aaa 级资产支持证券的利差。三类已被证券化成为债券的贷款是学生贷款、信用卡贷款和汽车贷款。这些贷款都与次级抵押贷款无关，他们从未有过亏损。你可以看到，在这种新型的"银行"体系下，这三种类型的债券利差和风险的移动紧密相关。

为了简化，数字不包括次级抵押贷款利差，其于2007年1月开始持续上涨。换句话说，次贷利差没有随着交易对手风险而改变，但故事本不该是这样的。

撇开历史来看经济学，每一个危机都是特殊的，有自己的解释，如特别强调的次级抵押贷款。但要记住威廉·N.帕克关于不了解经济史的经济学家的话，此处值得再次引用："这样的经济学家变得更加肤浅、更加狭隘，他们作为分析师，对新的陌生的社会环境的理论适应和掌握的统计的能力都十分薄弱。所有的问题对他们来说都是全新的。"（1986，9）。

银行系统在过去的25年里在多个重要的方面上发生了改变。规范的商业银行部门开始贷款证券化，而证券化后大部分在一个新的银行系统中被使用。它被称为"影子银行"，它为非金融企业和机构投资者提供了一个类似存款的银行体系，但这并不是为可以到商业银行去的家庭和小型企业服务的。非金融企业和机构投资者采用短期存款赚取利息，并采取抵押债券的形式保证其存款的安全性。证券化满足了抵押需要，因为它经常采用资产支持证券的形式。在危机爆发前，抵押物是短缺的，它们被用来降低衍生品交易对手风险，清算和结算系统，以及回购。

危机之前，基于回购的银行体系变得非常大。虽然没有关于这个市场的总体规模的官方数据，各种估计表明，大约为10万亿美元，相当于美国的商业银行部门的总资产大小，但我们并不确定。普遍认为欧洲回购市场比美国要小得多，根据国际资本市场协会欧洲回购市场十分全面的调查显示，欧洲回购市场在2009年6月是48700亿欧元（3.5万亿美元），于2007年6月达到顶峰67800亿欧元（5.1万亿美元），下降了31%。资产支持商业票据（ABCP）市场也大，但远不及回购。在美国，ABCP 于 2007 年 7 月达到高峰，约 1.2 万亿美元。

不仅回购是一个非常大的市场，专门从事这类银行业务的"银行"也十分大。这些回购银行是经纪自营商银行、老牌的投资银行，最大型的商业银行及许多外国银行。据官方统计，美国银行回购中主要的参与者分别是券商（"自营商银行"的简称）、没有规定存款机构①。这些公司经常出现在新闻里，像高盛，花旗，摩根士丹利等。

就在危机之前，自 1990 年至 2006 年自营商银行的总资产占商业银行总资产的比例从 6.3% 上升到约 30%，同比增长 376%。证券交易委员会关于高盛、美林、摩根士丹利、雷曼兄弟和贝尔斯登的归档文件显示，这五名前投资银行共同拥有价值 1.4 万亿美元的金融资产，其中截至 2006 年年底 48% 被用作抵押。

2007 年 8 月 9 日，在次级抵押贷款市场问题愈发严重，以及关于由次级抵押贷款支持资产不确定性增加的数月后，银行挤兑通过增加回购"扣减"开始发生。扣减是指储户要求用高于存款价值的抵押品作为抵押。通常情况下，如果机构投资者寄存 1 亿美元的隔夜回购，抵押品应该是市场价值为 1 亿美元的债券。尽管机构投资者已持有债券，该银行将支付 3% 的回购利率，通过债券抵押品获得 6%。在这种情况下，回购保证金向债券提供了 100% 的资金。但是，如果第二天的机构投资者很紧张，他一晚上只能寄存 0.9 亿美元，并要求 1 亿美元的抵押品。这就好比机构投资者从银行撤出了 1000 万美元。这就是一个 10% 的扣减。现在银行必须从其他来源拿出 1000 万美元来为它抵押的债券提供资金。

如果没有新的资金到位，借款银行必须出售资产，或者去杠杆化。许多公司被迫出售资产，而且是甩卖的价格，这就是现实生活中所发生

---

① 自营商银行或经纪商，通过承销和交易公开注册的证券运作。投资银行是自营商银行没有任何存款的功能。一些受监管的存款银行也有经纪自营商子公司。例如花旗集团、美国银行和摩根大通。金融危机之前，自营商银行是受美国证券交易委员会的监管。

的。截至2009年9月，一级交易商（有资格与联储交易的银行）的回购交易量比雷曼兄弟破产前下降了一半。金融时报报道称："今年上半年美国整体回购已经下降到自2003年以来的最低水平。"（迈克尔·麦肯兹 Michael Mackenzie，"银行挤兑令回购暴露在风险之下，"2009年9月10日）。

回购扣减的大小由交易方的身份和抵押品的性质来决定。在危机发生之前扣减是非常低的。但是，当他们上涨时，他们大部分集中在次贷相关债券，但所有资产支持证券也上涨明显（最终有些企业债券）。扣减增加的原因是复杂证券价值中可能存在隐秘的怀疑。被设计为无隐秘的证券开始变得可疑起来。

扣减在危机中稳步上升，雷曼兄弟的破产时增幅最大。为了筹措所需的抵押物，回购公司被迫出售资产，他们想卖最有价值的资产以筹措到最多的钱，像AAA／Aaa级的资产，这是无关次贷且最有价值的资产。但是，所有的自营商银行做了同样的事情，并出售相同的资产。这种资产倾销造成所有债券价格在金融危机期间大幅下跌，而不仅仅是和次级贷款相关债券的价格。因此，图13.1显示，信用卡应收账款，汽车贷款和学生贷款等AAA／Aaa级资产支持证券的利差暴涨。

图13.2揭示了一些自营商银行的银行业恐慌。它显示了高盛、美林、雷曼兄弟、摩根士丹利、贝尔斯登、花旗集团、美国银行、富国银行、美联银行的金融工具的平均金额①。实线是金融资产作为给储户的抵押品的平均百分比。你可以看到，在危机爆发前，50%自营商银行的金融资产被抵押，在危机期间这一比例降到30%以下②。

恐慌也影响其他货币市场。当投资者选择不再投资资产支持商业票

---

① 摩根大通不包括在内，因为它们报告的数据与其他银行不一样。此外，在2000年只有三个银行的报告。这些数据并不需要被报告，但自2000年开始大多自营商银行都会报告。外资银行交易商，如德意志银行和兴业银行没有可用的数据。

② 这个数字不受贝尔斯登被摩根大通收购、美林证券被美国银行收购、美联银行被富国银行收购和雷曼破产的影响。

据或金融公司的商业票据时，商业票据市场上资金流出。回想一下，商业票据是企业、资产支持商业票据（ABCP）中转机构、用商业票据购买资产支持证券（由贷款池支持的债券）的管理媒介发行的短期债务。ABCP 中转机构是有限用途运营公司，他们通过购买主要是高评级中期和长期的资产支持证券，并用便宜且多为短期的高评级商业票据和中期票据进行融资，从而套利。

一旦回购的银行陷入困境，一级经纪人（自营商银行）账户立刻会有大笔资金流出。例如，2008 年 9 月 15 日星期一，对冲基金要求从摩根士丹利撤出 100 亿美元。金融危机调查报告将之描述为：截至周三，最终变成一个共 320 亿美元的取款洪流。

在回购、商业票据和一级经纪账户的抛售造成了经济中枢神经系统——金融企业——的崩溃。由于贷款停止，危机蔓延到欧洲和美国经济的非金融部门。像国民银行时代的银行恐慌，这种恐慌发生在商业周期的峰值附近。恐慌始于 2007 年 8 月，美国经济研究局认为商业周期的峰值是 2007 年 12 月。随着住房市场的问题正变得越来越明显，恐慌开始变得不理性。像早期时代的恐慌，这一次加剧了经济衰退和持续萎靡。

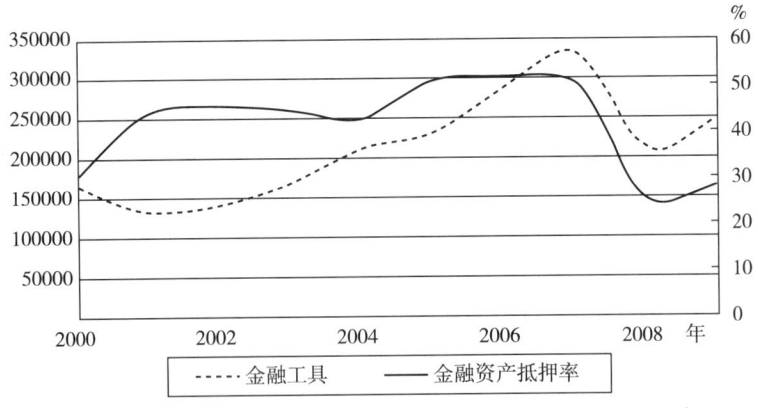

资料来源：Securities 和 Exchange Commission 10-k filings.

图 13.2　回购银行和危机

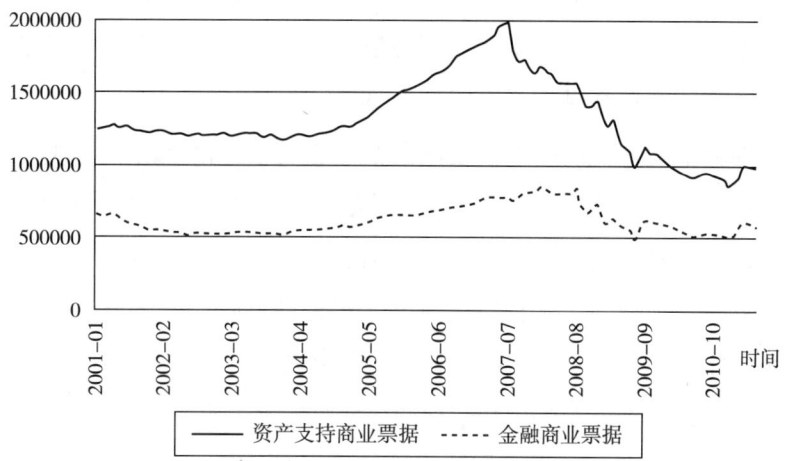

资料来源：Federal Reserve System.

图13.3 发行在外的金融和资产支持商业票据

学到的教训

2007—2008年金融危机应该使得我们对危机有更清晰的思考，因为它是从银行挤兑开始的。涉及的银行的钱是回购和资产支持商业票据——无保险的、私下创造出的钱——而不是活期存款。而那些对银行进行挤兑的也不是家庭，而是机构投资者、其他银行和非金融企业。被挤兑的"银行"也不是被监管的商业银行，而是自营商银行。即使除了这些金融公司，无人知道挤兑发生，但它仍然是一个银行挤兑，类似于美国联邦储备系统出现之前那些银行挤兑。

最近的金融危机较为典型，应该可以让我们了解金融危机的根本原因。自营商银行以前从未被救助过，他们的债务是没有保险的。至少在危机开始时，挤兑没有因为政府的危机应对预期而受到影响。政府监管所产生的"大而不倒"政策和道德风险相关的措施对自营商银行可能的影响，是很难理解的。政府不知道影子银行体系的存在。此外，从自营商银行的老总们在金融危机调查委员会前的证言来看，自营商银行也不一定了解这对金融体系造成的改变。

理解金融危机的一个重要问题是，银行债务潜在的结构性问题被政府的行动和每一个危机的特质所掩盖。一个常见（可能有些模糊）的观点是，危机是由政府的一系列政策、不良事件和贪婪一起造成的。每一次危机都被视为一个独特的事件。这种观点隐示，历史上的危机本质上是不相关的，故不需要研究，因为当时和现在相比政府政策不同，"世界和那时比也完全不一样了。"

资本主义有一些固有的结构性特征是所有市场经济国家所共有的。我一直强调的一个市场经济的共同特点是私人银行资金的脆弱性。最重要的教训是，所有的短期银行债务都容易被挤兑。由于金融危机涉及一个平行的银行系统，其独立于监管的商业银行或活期存款，这一点应该是十分明确的。这一教训不是新的。例如，Bonamy Price 在他 1876 年的《货币银行学》教科书中写道："这种危机……是银行所固有的"（132）。缺乏对历史的理解使我们看不到这个教训，金融危机所存在的矛盾让我们无法做与之相关的事情。这些也都是教训。

危机是不可预知的事件，即使当信贷繁荣和资产价格积累上涨等脆弱性的现象可以被观察到。2007—2008 年金融危机是出乎意料的。它之所以出乎意料是因为 30 年间金融系统的发展变化并没有被理解。任何市场经济都是在不断发展、变化、变幻之中的。竞争与创新的冲动是市场经济的核心。成千上万的人就是否要开货币市场账户或贷款买房作出决定。公司决定在更复杂的财务部门保留更多的现金，这些部门投资于短期货币市场工具。银行推出证券化。政府通过准政府机构的补贴促进住房购买。金融公司提供新的产品，等等。

考虑到不断变化才是唯一不变的事，唯一的问题：系统在如何变化？即使是现在，金融体系也还在重新配置。这表明，任何一个政策，如存款保险，将永远解决危机的想法是幼稚的。大概没有人能看到并了解这些变化。在变化方面，像对变化进行测量和采用新的规定，政府往往是滞后的。尽管我们可以用更好的衡量风险的办法，采取积极主动的法规，但我们可以做的最好的就是试着创造一个危机不经常发生的环境。

紧接着的另一个教训是关于央行的。由于金融危机的矛盾，央行必须独立，使他们能够采取不受欢迎的措施，以保持银行体系不至于停业。而且在危机中，不能有央行必须执行的死板的规则。在非危机时期，多数经济学家认为央行应该专注于对抗通胀，且必须根据规则，而不是自由裁量。但在危机时候，它是相反的。中央银行必须有自由裁量权，有时甚至可以采取前所未有的行动。此间不能有规则，因为危机是不可预测的，危机的展开是非常快的。如果时间和危机事件的顺序可以预测，合理的规则可以被使用，就不会出现危机，因为它们已经完全被理解了。

这并不意味着在危机时期央行没有指导纲领。沃尔特·白芝浩（Walter Bagehot）的经典规则，1873年在他的书《伦巴第街》中有所阐述，在一片恐慌中，央行应该可以向仍正常运营的公司自由放贷（即没有限制），以优质物品作抵押，同时以"高利率"借出。该想法是通过自由放贷，央行可以对这些银行提供足够的流动性，以满足现金需求，从而避免代价高昂的去杠杆化。但是，这条规则有些模糊。首先，何时能判断是否有"危机"？进而，在危机中，什么是"运营正常"的公司，什么是"好"的抵押物，什么是"高利率"？这些都是主观判断，央行必须作出决定，且决定要十分迅速。这些问题的答案很难事先被确定为规则。尽管可以，这些规则在未来的危机中可能不会有用。

利文斯顿规则认为，在危机时期，银行不应该被清算。该观点来自于，在危机中是没有办法知道哪些公司是正常运行的而哪些又不是。问题是系统性的。整个系统不能满足现金的需求，以及如果不是金融危机，企业是否能正常经营的问题难以回答。所以最好不要在危机中清算银行。但是，在雷曼兄弟一事中，即使是这个规则也不能被很好地遵循。金融危机的矛盾要求银行允许倒闭，以避免央行被民粹主义的回归掏空。很难想象，要怎样"独立"中央银行才能在任何情况下防止这个问题发生。因此，是否让银行倒闭也是由央行主观判断的。

对银行监管的再思考

要设计出解决银行债务的脆弱性并促进经济增长的银行监管环境在原则上是可能的。但是，由于金融危机的矛盾，它恐怕难以实践。

国民银行法和美国联邦存款保险公司认为，创造出不易发生危机的货币是可能的。但是，让我们理性面对它，立法产生有益结果很大原因是运气，而不是由于设计本身。国民银行法是为了资助内战才获得通过的，而其建立的统一的货币只是一个幸运的副产品。美国联邦存款保险公司获得通过，是因为公众需要它，而不是经济学家和监管者需要它。而在目前的危机之后，我们仍然可以看到反银行情绪占争论的主导地位，这可不是一个设计智能银行管理规定的好环境。

尽管如此，还是应该对影子银行体系做点什么。人们可以采取以下两种观点。一种观点承认，影子银行体系是一个真正的银行系统，在这种情况下，我们应当保护它使其更不易受挤兑。另一种观点认为，我们可以尝试来压制它。我和耶鲁大学的同事安德鲁·屈（Andrew Metrick）提出了一份提案解释了第一种观点[1]。

其基本思想是要以积极的方式解决影子银行体系的脆弱性，使这个

---

[1] 请参阅"规范影子银行体系，"布鲁金斯经济活动论文集，2010年秋季，261–312，网址为：http://papers.ssrn.com/sol3/papers.cfm?abstract_id=1676947。

银行系统能继续履行其职能。我们并不想关闭或不小心破坏该银行系统。相反，我们要恢复该系统的信心。为了实现这个目标，该提案的首要目标是将证券化纳入监管的保护伞内，同时为抵押品提供生成系统，将之用于支持回购而不致容易遭到挤兑。

这有两个关键点。首先是建立受监管银行的一个新类别，被称为窄资金的银行（NFB）。这些银行将是受到控制的实体，这些实体被规定限制了其投资组合的构成，其无法从事除购买资产支持证券、国债以及机构债券等的其他活动。这些购买将通过发行长期债券或中期债券，或通过回购进行融资。所有资产支持证券必须出售给 NFB。NFB 将成为有资本要求的独立实体，并且受到银行审查员的审查。他们不会被允许吸收存款，但将有机会获得美联储的贴现窗口的融资。

其次，规范回购。虽然将是对银行可以参与的回购数目没有限制，但应该对很多非银行金融机构参与回购的数目加以限制。非银行方应当被允许参与受监管银行的回购。

该系统将使政府在证券和债券回购市场处于监督地位，确保可以对回购的抵押品的安全性进行监督。抵押品将包括由 NFB 发行的债务，或者，如果交易是与其他 NFB 进行的，抵押品将是它们根据投资组合发行的债券，即资产担保证券、国债或机构债券。

重新恢复对影子银行体系的信心对于经济增长来说至关重要。这一建议受银行自主经营和国民银行时期的观点所启发，认为抵押品必须是无秘密的，这样的话如果一旦出现问题，就能获得美联储的贴现窗口的帮助。

最近应对 2007—2008 年金融危机的立法——多德—弗兰克法案——却并没有将这种方法和之前立法的成功联系起来。它并没有解决根本问题，新一类的银行债务巨大且没有充分担保。它无法识别出某些机构，这些机构以遵守特定规则来换取一定特权。相反，多德—弗兰克的核心则正好与之相悖。拟议的金融稳定监督委员会（FSOC）确定有

"系统重要性"的非银行金融公司的自由裁量权。该委员会拥有巨大的权力；绝大多数的规定都还没有被写入。此外，立法给监管者修改法定标准及发行豁免自行决定的权利。着眼于提高政府干预的自行决定权似乎不是正途，因为它忽略了银行债务脆弱性的根本问题。政府是不太可能像19世纪的恐慌时那样及时干预，因为它是不能迅速地得到信息，即使能迅速地得到信息也还会有政治上的限制。讽刺的是，似乎是只有经历巨大的损失才能激励政治家做出回应。最好还是设计一个不需要自由裁量的机构。

2007—2008年的金融危机再次证明，在市场经济中，银行债务存在内在的脆弱性。短期、无秘密的债务是需要的，但私营部门不能产生无风险的担保物。2007—2008年的经验，应该使得银行的钱和"危机"的含义更加明确。这是一个基本的结构问题，应该以积极的方式来解决，在这种方式下影子银行体系能够在经济中发挥作用而不导致危机。

这场危机令人困惑，因为银行挤兑无法在媒体、学者和公众的层面上观测到的，而只是局限于交易大厅的交易员。公众并没有看见债权人在银行排起长队。媒体和学者侧重于危机的影响、陷入困境的企业以及之后的救助。

检查出危机和之后的行动都晚了。由于欧洲的伊利诺伊事件，利文斯顿规则已经变得令人困惑，如此看来，出于政治原因雷曼不得不被允许破产（虽然其他替代方案可能会更糟）。欧洲伊利诺伊事件的复杂程度引发了许多仍着重于"道德风险"和危机的"大而不倒"的研究分析。

在多德弗兰克金融危机的迷茫回应反映了美国财政部长盖特纳所说的金融危机的悖论，即拯救了银行系统也就拯救了银行的问题。所以"感觉上的公平公正是实现真正公平公正的反面"。

而经济学家为理解到底发生了什么而做出的努力太少了。

第十四章

看的理论与实践

- ■ 重新评估的观点
- ■ 观察水管
- ■ "看"的预期和信念：
  如果……就的问题
- ■ 看世界：数据与真相

第十四章
看的理论与实践

> 理论上，实践和理论并无差距。而从实践上来说，差距是有的。
> ——约吉贝拉（Yogi Berra）

当我们看世界的时候，我们"看"到了什么？金融危机的事实应该使我们的目光更加锐利。理查德·斯通（Richard Stone）第七章的图显示了经济知识生产过程中经验的作用。要真正了解金融危机，一个人需要成为一名目击者，真正看到金融危机。这样的经验无可替代。在与罗伯特·希勒的一次访谈中，也是在耶鲁，耶鲁大学经济学家詹姆斯·托宾（1918—2002年，1981年诺贝尔经济学奖获得者）做出如下解释：

我十分看重在大萧条时期长大的经历，因为我认为很多当代的经济学家都不曾有过这样的经历，却把这样从未有过的大灾难当成某种异常，而不将之包括到他们的宏观经济学理论中。他们只是把它打发掉，当作是不曾发生或不能解释的事。但是对于在大萧条中长大的人来说，这令人痴迷。（1999年席勒）

在某种程度上，每个人都经历了当下的金融危机。你可能没失业；你可能没有丧失房子的抵押品赎回权。但是，每个人都可以了解一些当前的金融危机的影响。对于国家整体而言，了解金融危机是当前经济学家面临的最重要的任务，这应该是一种执着。没有更大的问题了。危机的恶果实质如此。

经历是看到的一种方式。建立一个复杂的现实构建模型可以辅助看这一过程，像望远镜辅助伽利略一样。看在社会科学里是复杂的，这里没有迈克尔逊—莫雷实验。也就是说，从未有一个单一的实验结果可以一劳永逸证明一个理论是死的，或改变看待世界的方法[1]。没有伽利略的望远镜可以来证实哥白尼的想法。在社会科学中，从未有过什么可以

---

[1] 1887年Albert Michelson和Edward Morley（在现在的凯斯西储大学）表示，实验不支持光以太的理论，转而青睐爱因斯坦还未发现的狭义相对论。实验表明，光在给定方向和它的相反方向运行速度都是恒定不变的。这是物理学新的时代的开始。

突然改变对世界的看法。这只会发生在一段较长的时间里。但也存在可以实现这一目的的事件。金融危机就是这样的事件。

在应对危机中不管经济如何变化，最重要的目标应该是防止危机。为了防止危机，银行监管必须在一段关键的时期里避免危机的发生。目标之一是重现平稳期，但目前这一目标似乎无法实现。原因之一是经济学家不理解危机，所以没有在政策建议上达成共识。但是，这个问题可以被克服。我相信经济学家将取得进展。但是，现在我们刚刚有一个危机，还有另一个问题。我们难以完成这个目标的第二个原因是，我们需要克服金融危机的矛盾。这从来没发生过——国民银行法和美国联邦存款保险公司的通过并非是设计好的。普通民众和华尔街的战斗不利于关于金融政策的对话，这是我们无法建立对危机免疫的银行系统的根源。克服这个矛盾属于教育问题。

重新评估的观点

如何解释经济学家的学术上的失败？经济学的问题不在于经济模型本身，问题也不在于数学的使用。模型有好有坏。问题是，对于危机可能发生在美国这一点缺乏认识。多数宏观经济学家研究的时间为近期很短的一段时期——平稳期。该观点认为，模型不需要涵盖危机，所以他们没有。他们与平稳期的现实相匹配。如果平稳期就是未来，是历史的终结，那么就没有必要研究经济史或机构的详细信息。通过金融危机的实践证明，这一理论是错误的。理论与实践之间的差异再清楚不过了。

还有一个概念上的混淆。从概念上讲，处理银行债务的脆弱性的根本问题和试图解决该根本问题所引起的问题之间有着显著的差异。因为他们不清楚企业和人民群众的期望，经济学家不能看出其中的差别。这就是为什么平稳期被认为是永久性的。现在的问题是，如果政府被预计不会采取行动，人们就不会做出跟原来一样的反应。政府为防止人和企业做出某种行为而采取行动，效果可能显著也可能微弱。于是经济学家看到了政府如何采取行动，而不是人和企业本该做出怎样的反应。若根本问题已经解决那么政府毫无理由采取行动。政府的行动却成为了关注的焦点，问题被误认为是政府的问题。

还记得第七章雷达测速仪的故事吗？假设我们今天研究的司机。我们观察到的司机加速相当频繁，而且毫无规律。也就是说，他们一会儿加快，一会儿减速，然后再次加速。事实上，我们的研究也表明，车辆行驶得越快的时候，就越频繁地间歇性减慢。但总体而言，有相当多的超速的。一项研究总结道，"当车辆以每小时70英里以上速度行驶却减速行为，其中超过一半的拖拉机拖车和超过四分之一的总车辆装有雷达。"另一项研究由马里兰州警方发现，1 190辆停止超速的商用车中79%装有雷达探测器——也包括被抓住的人。雷达探测器实际上是鼓励超速。我们可以得出结论，警察造成了超速，政府加剧了公路死亡的问题。

那么，作为经济学家，我们应该做什么不一样的吗？我们必须看到不同的事情。

观察水管[①]

所有的市场经济国家都有交易的技术，但宏观经济模型中缺失了银行和交易板块。它们被简单地认为是不重要的。此外，技术交易、清算法规涉及众多机构的详细信息，而市场经济的水管被隐藏在其中。但是没有人，包括经济学家，关心水管的细节情况，直到厕所堵塞了。细节情况本身不是重点。这些细节反映的是市场经济的结构。如果没有交易

[①] 译者注：原文是"Seeing the Plumbing"意为经济运行中的内部结构传导方式。

技术，宏观经济模型对金融危机根本完全失效。我曾尝试在上面提出一些细节阐明私人资金共同结构。

如果没有注意水管的细节情况，我们就看不到金融体系的转型，传统银行业务的下滑，贷款出售的到来，证券化的出现，回购的兴起，机构投资者的增加等等，而这一切都恰恰发生在我们眼前。最后，就是没有理解这些变化，最基本层面的变化，真正的变化，在我们有生之年发生的变化。亨利·亚当斯（Henry Adams），在《亨利·亚当斯的教育》中描述过这些变化对美国的影响在最后一章总结说，"19 世纪的教育是无用……就像 1838 年的孩子接受了 18 世纪的教育也是没用的一样，看起来 20 世纪的教育对 21 世纪来说也未必有用"。

交易技术和银行必须被包括进宏观模型。

"看"的预期和信念：如果……就的问题

我之前阐述的中心观点是，正是美联储的存在改变了家庭的行为，因此，在 1920 年 6 月和 1929 年 10 月没有银行挤兑。大萧条时的银行挤兑也来得晚了。这些陈述都是基于对国民银行时代恐慌时机的运行机制的研究。许多构建的模型可以解释为什么国民银行时代人们跑到银行提款。这种模式的核心是经济中的人的看法或预期。

宏观经济模型和博弈论模型是基于对人们如何形成自己对未来将要发生的事的看法和信念的假设的。这些数学模型都很少经过测试的原因是一个最基本的问题：我们无法估量家庭或企业的看法，我们也不知道他们有什么样的信息，他们从哪里得到他们的信息，或者他们是如何处理他们的信息。理性预期是从理论上模拟看法的一种方式。但是，我们还未曾非常成功地将理性预期从理论变为数据、从理论变为实践。芝加哥大学经济学家詹姆斯·赫克曼（James Heckman）（2000 年诺贝尔文学奖得主）解释说：

在理论上，理性预期已经成为一种恒真命题，对政策有非常强大的影响。但事实是，它没有任何实证的内容。当汤姆·萨金特（Tom Sargent），（芝加哥学派经济学家）拉尔斯·汉森（Lars Hansen），以及其他人试图使用交叉式的限制来测试它时，数据和理论不符。（采访约翰·卡西迪，理性非理性博客，纽约人，2010年1月14日，http://www newyorker.com/online/blogs/johncassidy/2010/01/interview – with – james – heckman.html）。

在特定情况下更好的方法可能会更加富有成效。在我对国民银行时代恐慌的调查中，我猜测了家庭形成自己的看法以及决定他们是否应该到银行挤兑时所查看的信息。伯恩斯和米切尔已确定非金融企业的负债是经济衰退的最重要指标。而恐慌往往发生在经济周期的峰值。把那两个现象放在一起可以想象，公共新闻的产生可能是家庭改变自己的信念、开始质疑银行的资金抵押品的近因。在这种情况下，信息是看法形成的根本。

关于联储存在与不存在时会发生什么事情的反事实是以这一观点为基础的。正是因此，我才得以回答若美联储不存在而票据交换所体系继续的话恐慌会在何时发生的问题。要点不在于我们想要回到票据交换所体系，而在于反事实的建构需要能够测量信念的替代物——在这一例子中，就是观念形成的信息源头。

如果我不能设想出和现实不同的可能性，那我就不能说明美联储的存在改变了人们的想法，例如1920年6月和大萧条的恐慌被推迟。

看法和期望是讨论的核心。我们不知道的20世纪20年代的人在想什么，觉得因为美联储的存在而没有必要跑到银行取钱。我们不知道为什么1929年10月没有银行挤兑，但后来就有了。人们在想什么？想想富兰克林·罗斯福的第一次炉边谈话。那是语言和承诺行动，导致储户改变看法（虽然它并没有结束大萧条）。那是怎么发生的？我们不知道银行家和其他人看欧洲伊利诺伊获得救助时想到了什么。当时雷曼兄弟倒闭事件破坏性极大,是雷曼倒闭本身的真正影响呢,抑或是因为市场预期大型企业将被允许在危机期间倒闭呢?或者是它引起了对经济的未来的悲观情绪?为什么当前经济如此衰弱?

图14.1是密歇根大学计算的消费者信心指数①。它是从以下五个问题衍生出来的:

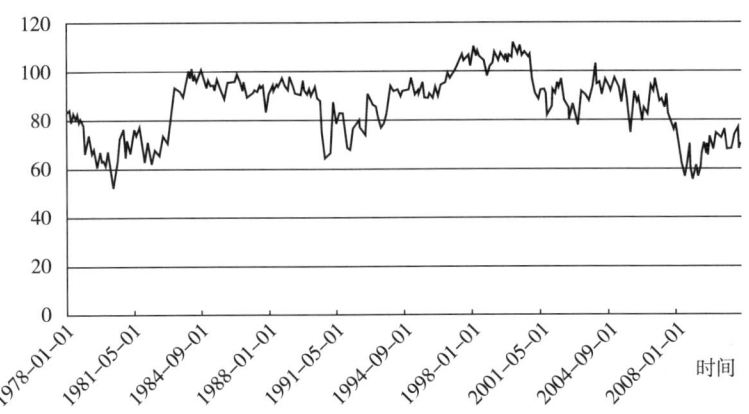

资料来源:University of Michigan/Thomson Reuters.

图14.1　消费者信心的指数

- 我们对最近人们在财政上的情况十分感兴趣。你觉得你和一起生活的你的家人的经济状况比一年前是更好了还是更差了呢?
- 现在,展望未来,你认为一年以后,你和一起生活的你的家人,的经济状况会更好还是更差,抑或不变?
- 现在,你认为,在未来十二个月内,考虑到国家的整体企业经营状况,我们将经历好的经济时代,还是不好的,抑或其他?
- 展望未来,在未来五年里,哪一种你觉得更可能,是我们将有持续的好时光,或者说我们将有大规模的失业和经济衰退,抑或其他?
- 关于人们为家里添置的大物件,如家具、冰箱、灶具、电视之

---

① 详情请见 http://www.sca.isr.umich.edu/main.php。

类的东西。一般来说，你觉得现在是人们购买主要家庭用品的一个好或不好的时候？

该指数不是对未来的期望的具体度量，但度量的确实是人们对未来的普遍态度。该指数随着时间不断变动。

我们不知道原因是什么。一种观点认为情绪只是反映了宏观经济的现实。经济好的时候，人们感到高兴和乐观，情绪上升，当经济不景气，情况相反。

我们不知道为什么人们乐观或悲观，或为什么他们改变自己的心理状态。如果没有这些细节，经济模式需要承认以下的"多重均衡"：如果每个人都悲观，企业不雇用或投资，人们停止寻找工作，而悲观进一步加强。如果每个人都乐观，情况正好相反。这种模型是毫无用处的，因为它完全没有对人和企业为何乐观或悲观做出解释。也没有任何政策建议采取这样的模型。

一些经济学家利用了多重均衡或看法的不确定性，他们声称这是现实的一个特点。但实际上，这些问题不存在于现实当中，而只存在于模型中。现实中结果只有一个。有多重均衡的模型是一个不完整的模型，如果它是完整的，它将告诉我们为什么人们会产生这一看法而不是其他看法。经济学界花了几十年来研究均衡的存在性和唯一性。这些成就是巨大的。但是现在很难说模型中存在不确定性是件好事。当然，经济理论家可以选择一种方法来选出一个"自然的"均衡，但这在很大程度上是临时性的且不能令人满意。更好方法应该是，在详尽的实证情况下研究"信息"以及它是怎么被处理的。

关于信息有许多问题。例如，随着时间的推移，信息会累积吗——是否会有压死骆驼的最后一根稻草效应？经常有人问我，为什么危机会在2007年8月9日发生。其中一个观点是，看看当天发布的新闻中都有哪些信息是危机发生的起因。但是2007年前半年就已经有很多的新闻，而且早在2005年底和2006年就有许多市场人士预计到了次级抵押贷款市场的问题。早在贝尔斯登对冲基金遇到麻烦前就有许多谣言和讨论。似乎在影响价格之前就已经有大量的信息堆积。也就是说，场外市场在汇总信息方面和股票市场有很大区别。

场外交易市场没有集中的交易所，如纽约证券交易所，而在集中的交易所里每个人都可以看到价格。"场外市场"指向双边贸易，比如两个不同的银行的交易员之间进行交易。没有集中交易，那么除了交易双方也没有其他人可以看到价格。"有效市场"的想法是，分散的市场参与者根据他们的信息进行交易，他们关于不同的价格信息的集合最终决定了价格。在股市中分散的参与者并不都知道对方，但他们在集中市场交易。场外市场不是这样的。大部分信息集合发生在双方进行交易前。交易商们相互交谈征求买入价和卖出价，询价可以是完全诚实的也可以是带有一定策略的。当然，交易者交易时有他们自己的看法，但该信息聚合和价格形成过程似乎和通常的"有效市场"完全不同。但我们还不是很了解这一点。

预期的形成以及信息的含义与信息的处理对于理解反事实是非常重要的。而政策问题也取决于对反事实的理解，政策的选择完全就是一种反事实的做法。如果没有可靠的模型，政策制定者很难证明另一种情况会更糟。这是银行救助的根源问题。如果……事情会变得更糟吗？如果伊利诺伊大陆银行没有被救助，会出现金融危机吗？有没有某种可靠的反事实可以对雷曼兄弟进行法外救市？

这些"假设"型的问题都不是经济学家目前能够回答的，因为模型不足以让他们理解人与企业的期望和看法。需要建立特定的模型来促使解决危机的社会共识的形成。这是经济学家的任务。它需要涵盖众多的方法、调查、原文分析和精确设置。它必须是经验实证的。

看世界：数据与真相

我们的经济学家还有很多工作要做。我希望重点会有所变化，就像二十年前的理查德·斯通所说的：

我希望经济学家可以更有经验，虽然理论是必不可少的，但它的目的在于帮助我们解释和理解我们生活的世界。纺纱理论是有趣的，尤其是当它们用数学的方式表现出来的时候。定量测试它们是纸上谈兵，但确实是证明它们是否有任何效力的唯一途径。我知道，理论被认为是比数字运算更高尚的追求，也正因此而被所有渴望成名的人视作最高成就。因此，每年有成千上万的理论论文公布。但我怀疑每年是否有数以千计的有价值的理论产生。（Stone 和 Pesaran，1991 年）

研究金融危机时变得更加有经验是不容易的。而困难正显示了经济学的方法论问题。前面我说过，危机频现。这是一个相对的概念。它们发生得往往比大多数人认为的更频繁。但是，对于经济学的研究来说，危机的数据集相对较少——没有那么多的危机。大部分时间，经济处于平稳期，所以关于平静时期的数据很多。其中一个危机数据集来自 Laeven 和 Valencia（2008），它涵盖了 1970 年至 2007 年 37 个国家的 124 次危机。这个数据集基于 Caprio，Klingbiel，Laeven，和 Noguera（2005）。但只有 42 次危机有可用的数据，因此这就是样本规模。目前其他的唯一能研究的时期就是美国国民银行时代，在此期间，有七次恐慌（尽管一些研究人员认为有更多的）。当然，也有许多单个的危机片段已经被研究过了。但对于解决最重要的问题，银行挤兑是不是危机的表现？这些事件是否具有结构相似性，例如都涉及银行债务？如何解释截面数据上的危机成本变化？金融危机矛盾在多大程度上是一个问题？等等，这个就不再多说了。

这就提出了一个明显的问题。我们只用这么一点点数据如何研究金融危机？事实上，因为国民银行时代有七次银行恐慌，我构建的反事实就是基于这七次观察。最近我和我的耶鲁大学同事吉列尔莫·奥多涅斯用美国的商业周期作为观察单位，然后我们得到了 26 个观察结果。所以事实就是可以用于继续研究的数据很少。"少数据"意味着它往往无法使用正规的计量检验。那应该怎么做？我们是不是不应该研究危机？而不只是金融危机才有的问题。在经济学中许多重要的问题都是这样的。例如，和平时期的财政刺激计划的影响是什么？

判断研究危机时的另一个问题。假设两个变量 x 和 y 是相关的，两个变量之间的关系可以是因果关系（X 导致 Y）、因果倒置（Y 导致 X），或者有第三个变量 Z，Z 驱动 X 和 Y，判断则是指确定究竟是哪一种关系。显然，这对经济学者来说是一个重要问题。现在假设一个问题是这样的：在危机期间引入的不良资产救助计划（TARP）是否具有积极的影响？TARP 是 2008 年 10 月 3 日通过的一项法律，即在金融危机期间拨款 7 亿美元。问题是，政府选择了特定银行来配置不良资产救助计划的拨款，所以我们很难清晰地梳理出因果关系。TARP 和非随机选择的银行谁是因谁是果，或者在危机中还有其他变量导致了不良资产救助计划和银行的行为？判断难且不够明确。那么我们就不试图回答这个问题了吗？

有此问题的例子很多。我在序言中提到，20 世纪阿根廷的经济问题在很大程度上是由糟糕的经济政策造成的，这样的说法一定要建立在发生的事情的基础上。但这问题复杂，很难验证。一定程度上，它是路径依赖的，一个政策的有效性也依赖于过去的政策。这是难以客观验证的事情的另一个例子。我们就不研究漫长时间段内的政策历史了吗？然而这些都是我们必须面对的问题。

答案就是注意统计显著性和判断。但是，在这方面对纯度的要求严重限制了可以解决的问题，更谈不上能够发表的了。坚持以"科学"

第十四章
看的理论与实践

的名义坚持保持纯粹使得经济学缺乏恰当性。严谨性和恰当性之间的权衡历来都是严谨获胜，导致恰当性下降。许多形式上正确的但无趣的论文得到了发表，而更有趣的论文却被忽视拒绝，因为他们正是在研究我们所遇到的问题。我主张增加恰当性的地位。我们仍然可以从少量样品中学到很多东西，特别是如果可以采取其他方法，举例来说，历史的方法，例如说简单的叙述。为了解金融危机，这在我看来是一个非常合理的方法，但我们必须了解更多所发生事情的细节并找到了一些新的数据来支持叙述。

金融危机极大地暴露了目前收集的数据的短缺性。因为相关数据的缺乏，对学者和监管者而言，理解危机是十分困难的。我花了大量时间试图从银行获得数据（没有人会帮助），并从交易商朋友（帮助很大）那里获得数据。我们所得数据的有限程度令人震惊。

目前，主要的数据来自于美联储的资金流量数据，该数据包含了经济部门资产和负债的资产负债表；美国联邦存款保险公司的状况和收入报告，报告包含了美国银行的资产负债表和收入报表的信息；以及国民收入和生产核算，这主要衡量了国家作为一个整体的经济活动。没有测量到的是"风险"和"流动性"这两个变量，它们也是和金融危机最密切相关的。事实上，在衍生品市场，测量现金工具或者使用会计概念根本不再够用。在过去的五十年里测量系统没有重大的改变。

我的同事马库斯（Markus Brunnermeier）（普林斯顿大学的）和阿文德·克里希纳穆尔蒂（Arvind Krishnamurthy）（西北大学的）和我一起提出了一个新的金融机构度量系统，目的是衡量其风险变化的灵敏度（Brunnermeier, Gorton Krishnamurthy, 即将出版）。我们提出了一个度量系统，可以回答像下面那样的问题：如果房价要下降5%，10%，15%等，贵公司会获得或失去多少钱？换句话说，我们提议收集衡量公司价值对大量风险因素变动的弹性的数据。我们建议像这样定期收集大量数据；例如说，每季度收集一次。此外，我们也提出了流动性的量度方法。

　　这样的数据在很多方面都是有用的，但其中两个方面极为重要。第一，政府监管机构将能更好地及时了解情况。除了标准的数据集，监管机构还可以根据具体情况征求答复。这不会阻止危机，但它将使我们对风险的累积有更好的理解。第二，最终随着时间的推移，数据越来越多，经济学就可以对风险有一个充分的了解：它是如何建立起来的，它聚集在哪里，其周期性变化，和不同风险之间的相互作用。新的研究议程将开始，理解系统性风险和金融危机的新模型也会因此产生。当前宏观经济学的概念脱胎于国民收入数据集合。新的数据将产生一个新的宏观经济学。

　　我们的提议是希望建立新的信息基础设施。这设施无法由学术界建立。但幸运的是，有一种方法可以开始这个项目。多德—弗兰克法案规定建立"金融研究办公室"（OFR），并将其作为财政部的一部分，用以提高提供给决策者的财务数据的质量。OFR权力极大。它具有传唤权，所以它可以责令企业提供信息，如交易头寸、交易、人力资源记录和奖金数额。它有权对金融机构征税以弥补其预算。且法律规定，当OFR的负责人在国会作证时，没有人可以查看他的证词。因此，该机构具有巨大的自主权。该OFR应该建立这样的信息基础设施。OFR也应该规定收集历史数据，这样，关于金融危机的一个更全面的数据集就可以被用来研究了。

　　经济学已经到了一个岔路口。我认为这其实就是批评家的看法，克鲁格曼和沃尔克的观点，以及其他人的看法。而我十分同意。我们可以通过历史、制度的细节以及测量来拥抱现实，或者我们可以选择忽略我们金融危机的教训、失败以及长时间的不恰当性。

文献注释

文献注释

这些注释不是对于学术作品的详尽介绍，只是对相关文献的梗概摘要。在书中，很多引文的出处我都没有提及，而是放到了这里，正文中也有一些对相关文献和其他材料简短的介绍。

前　言

相比于我在前言中的介绍，阿根廷由于其长期的政策失误值得我们更多的关注。尽管阿根廷在书中多次提及，现在我只是讨论这一点。比如，关于阿根廷的内容，Della Paolera 和 Taylor（2001），Taylor（1994），联合经济委员会（the Joint Economic Committee），美国国会（2003），和 Mundlak，Cavallo 和 Domenech（1989）都有提及，阿根廷央行官员的数据来源于 Dreher，Sturm 和 De Haan（2010）的一系列数据。

第一章　介　绍

"大缓和"是指从 20 世纪 80 年代中期开始的一段很短的时间。在那段时期，经济学家纠结于如何衡量政策好坏，尤其是货币政策，他们想知道货币政策的变化是否可以解释宏观经济在这 20 年时间里趋向稳定的状态。这是一个很重要的问题，也是我在最后一章将要回归的问题。问题在于，在没有足够数据的情况下，如何评价政策。这和上面提到的阿根廷事件是类似的。

有很多关于大缓和文献。若想要了解文献中的调查，可以参见 Stock 和 Watson（2002 年）的文献，对于实证的调查，参见 Summers（2005 年），对于大缓和最常见的解释有三种：更好的货币政策，存货管理的改变，以及运气，参见 Gali 和 Gmbeti（2008 年）。我在文中的观点是在大缓和期间，影子银行开始发展。宏观经济学家过于关注有限的数据，却不能看到相关联的金融中介，使得他们无法观察到风险的递增或者银行系统的变化。我觉得他们错误地分析了他们看到的现实。这些问题在第十四章也有提及。

平稳期

Diamond 和 Dybvig（1983 年）文中强调了交易时间与真正投资时间的错配问题。这是金融中介运行的核心点——也是这样的错配导致了银行负债的脆弱性。这点对于理解银行负债不稳定是私人银行的内在因素这一观点至关重要。

自由银行

几乎所有的美国银行史书籍都会提到自由银行时代，相关文献参见 Knox（1900），Hepburn（1915 年）或者 Dewey（1918 年）。比如 Redlich（1952 年），Sumner（1896 年），Dwyer（1996 年），和 Bodenhorn（2000 年）给出了对自由银行时代不同的观点，Lanier（1922）一文中倾向于纽约州的银行史。

Hugh Rockof 以及后来的 Art Rolnick 和 Warren Weber 颠覆了许多之前关于自由银行很混乱的成见。Rockof（1974，1975 年）开启了关于自由银行时代的现代学术研究。Rolnick 和 Weber（1983，1984 年）重新审视了"野猫银行"的存在，他们认为这其实并不是一个问题。他们认为自由银行时代的失败是由于债券抵押品的价值有时会下降。在这一点上，我持赞同观点。文中关于纽约自由银行持有债券情况的数据是来源于 Rolnick 和 Weber（1984 年）。

根据 Gorton（1996，1999），我研究了银行券价值，发现银行券市场在金融学意义上是有效率的；票据的定价是合理的，根据传统的观念，银行券流通得越远，持有者卖出看跌期权的价格就越高。增加距离相当于增加了期限。

但是，尽管有一些野猫银行的存在，银行券的二级市场也很有效率，但是交易技术在经济学上是没有效率的。

"经济效率"和"市场效率"参见 Dow 和 Gorton（1997）。Dillistin（1949）介绍了银行券交易的困难。当代的学术资源，我所引用的一部分，认为银行券交易代价是昂贵的。

其他关于自由银行的研究包括 Economopoulos 和 O'Neill（1995）Hasan 和 Dwyer（1994），和 Ng（1988）。

州政府违约

在 1839 年到 1843 年之间，美国九个州拖欠债务，其中有五个州拒付他们所有或者部分的债务。这个问题参见 English（1996），Kim（2003），Wallis（2004），Wallis, Sylla 和 Grinath（2004），和 Dove。

《国民银行条例》

许多关于内战的书中都有介绍国民银行条例的背景资料，但更详细的信息在萨蒙·蔡斯的传记中有涉及，他是时任美国财政部部长，并且主持了该条例的修订。见 Niven（1995）。Gould（1904）提供了许多关于国民银行条例及其修正案的细节。另请参阅 Bolles（1910）。Million（1894）在书前提到了关于 1863 年国民银行条例的辩论。

经济周期时间表

有关经济周期时间表，参见 Davis（2006，2004）和 Romer

(1988)。Fels (1951)，说起 1893 年的大恐慌，这样写道："有充足的理由不去盲目接受国家经济调查局的数据，至少不接受 19 世纪 70 年代的那几个月的数据"（336）。Miron 和 Romer（1990）指出，"金融危机真正发生的时间的差异，对试图寻找到恐慌和衰退因果关系的学术作品有很大影响。"（332）。Burns 和 Mitchell（1946）是最开始提供时间表的学者。

支票

关于支票的使用，在 19 世纪就有几篇文章：见 Dunbar（1887）和 Fisher（1895）。Fisher（1895）研究了 52 个央行的审计官调查报告，参见第 394 页。此外，关于支票使用方面，Kinley（1910，1897）。Gorton（1984，1985b）讨论了支票出现后，清算中心的作用。Gilbert（2000）分析了美国联邦储备系统的支付中的作用系统。

第二章 创造平稳期

总的来说，我是参照了 Summer（1896）和 Redlich（1968）的美国银行业历史。尤其是在国民银行时代，参照了 O. Sprague（1910），Gorton（1988），Calomiris 和 Gorton（1991），Grossman（1993），和 Wicker（2000）等人的文献著作，有许多书籍和文献都涉及了恐慌事件，这里只提到了一些恐慌事件。

存款保险

很早之前，州政府就开始尝试存款保险制度，一直到 1907 年恐慌并由 Golembe（1960）和 Calomiris（1989，1990，1992）都对早期实践进行讨论过。Cooke（1909），研究过 19 世纪初的制度，包括俄克拉荷马州的制度体系。类似的内容在 Robb（1921，1934）的书中也可找到。

关于联邦存款保险制度的通道部分，我是参见了 Calomiris 和 White（1994）和 Flood（1992）的文章。以及 Gayer（1935）的著作。

存款保险系统在世界范围内已经有了广泛的研究。纵观保险制度在世界各地，Demirgüç - Kunt 和 Detragiache（1998）说："显性存款保险制度的存在使得银行不健全更可能"（83）。这个制度设计的确很重要，但也许是最重要的因素是健全的法律体系和严格的银行监管。这一问题还可以参阅 Laeven（2002），Demirgüç - Kunt（1992，1992b），Demirgüç - Kunt 和 Kane（2002），和 Demirgüç - Kunt，Kane 和 Laeven（2008）。

贝克，Demirgüç - Kunt 和 Levine（2006）在对 69 个国家在 1980—1997 年的实证研究中发现比较集中的银行系统是不太可能出现的危机。正如前面提到的，20 世纪 80 年代和 90 年代大规模的银行合并潮增加了美国银行业的集中度。

加拿大

关于加拿大的问题，参见 Johnson（1910）和 Bordo，Rockoff 和 Redish（2010）的著作。Grossman（1994）观察了英国，加拿大银行和其他十个国家在大萧条期间的银行稳定性。Beck（2002）讨论了德国中央银行与大银行俱乐部式的设计安排。

第三章 金融危机

在衡量金融危机时，有很多现实的问题需要考虑。最重要的问题就是该事件是否是一个"危机"。显然，这个问题的解决会影响到危机发生频率的计算。另一个重要问题是金融危机发生确切的起始日期和结束日期。学术界在危机时间的确定和某些事件是否构成"危机"的问题有很大的争议。Boyd，De Nicolò，和 Loukoianova（2011）介绍了四种危机的分类，都是基于 Caprio 和 Kingebiel（1996，1999）的研究。这四种分类分别在以下作者及其著作中提及：（1）Demirgüç–Kunt 和 Detragiache（2002，2005）；（2）Caprio，Klingebiel，Laeven，和 Noguera（2005）；（3）Reinhart 和 Rogof（2009a）；和（4）Laeven 和 Valencia（2008）。Boyd，De Nicolò，和 Loukoianova（2011），这些分类有各自的特点，有显著的不同性。这个问题很可能是因为危机一般是把显性的政府干预视为起点。由于市场情况变化政府不得不有所行动，因此政府干预时，危机已经开始了。但是这样的干预可能会有迷惑性或者断断续续，因为危机开始的日期是基于真实的数据，这个日期可以向前推或者前后延迟一年。危机结束日期的确定就更复杂了。我们如何决定危机结束日期？这些问题都有待日后的研究。

危机发生的频率

危机发生的频率仍然是未解决的问题。Laeven 和 Valencia（2008）确定了发生在 1970 年至 2007 年之间的 124 个系统性银行危机。Reinhart 和 Rogof（2008a）提醒说，"用全样本分析发达经济体后，浮现在我们眼前的就是一系列的银行危机。"世界金融中心，英国，美国和法国在这方面尤为突出，分别发生了 12 次，13 次，15 次金融危机。他们继续指出，从"二战"后到这次危机，其发生的频率下降。但是，纵观 120 年，从 1880 年至 2000 年，Bordo，Eichengreen，Klingebiel，和 Martinez–Peria – Peria（2001 年），认为危机发生的频率自 1973 年以来增加了一倍。

Eichengreen 和 Bordo，（2002）认为 1945 年与 1973 年之间发生了 38 次金融危机和 1973 年和 1997 年之间发生了 139 次金融危机。Caprio 和 Klingebiel（1997）认为在 20 世纪 70 年代末和 1997 年之间，在 93 个国家中发生了 112 次银行危机（其中有 56 个国家发生了 51 次疑似危机），另外 Reinhart 和 Rogof（2009 年 a）。Kaminsky 和 Reinhart（1999 年），Caprio 和 Klingebiel（1996 年，1997 年），以及 Bordo, 和 Murshid（2001）等人，还提供了危机发生频率的列表和证据。Schularick 和 Taylor（2009 年，12）指出，"在 1945 年至 1971 年期间银行业几乎没有发生危机；但自 1971 年以来……危机变得越来越频繁。"这意味着平稳期是世界范围的，可能是由于好运气。但我们对此无法确定。这是另一个重要的研究课题。

Laeven 和 Valencia（2008，19）也说到了危机发生期间银行挤兑的频率：

银行挤兑是银行危机的常见现象，62% 的危机都经历了存款总量突发性的骤降。存款总量比 GDP 下降幅度平均每月达到了 11.2%，而且最高的一次达到了 26.7%。严重的挤兑经常是系统性的，但它也导致了存款搬家现象，大量的存款转向了更安全的银行。比方说，在 1997 年的印度尼西亚危机，在 2007 年的十月和十二月期间，私人的国民银行损失了 35 万亿印尼盾存款，而国有银行和外资及合资银行分别获得了 12 万亿和 2 万亿印尼盾的存款（Batunanggar，2002）。类似的事情也发生在巴拉圭，在对第三次和第四次大银行干预后，存款者从这些银行转向了那些看起来更安全的银行。

尽管银行挤兑在危机中十分常见，其发生时间这一问题仍然无法确定，也就是说，现代社会的危机是要根据政府行动的消息来确定还是经济衰退的消息来确定？这也是研究的一个主要问题。

金融危机或者银行恐慌的定义

Calomiris 和 Gorton（1991，96）"当银行系统中大部分或者全部银行的债权人突然要求将其债务兑换为现金，以至于银行停止兑付，或者像在美国这样，整个银行系统通过发行清算所贷款证明来避免停止兑付，出现这样的情况时，银行恐慌就发生了。"

Reinhart 和 Rogoff（2008a）"我们通过两类事情来确定银行发生危机：（1）银行挤兑导致破产，或者一个或者多个金融机构的政府部门的兼并收购；（2）如果没有挤兑发生，一个重要金融机构倒闭，兼并并购或者接受大规模的政府救助，就意味着其他金融机构也会有类似的结局。"（TABLE A2 P58）这个定义的第二部分说明了政府的存在以及可能的干预的必要性。

Laeven 和 Valencia（2008）说过：

首先，我们给系统性银行危机下定义。在我们的定义下，在系统性银行危机中，一个国家的企业和金融行业出现了大量违约事件，金融机构和企业很难及时偿还合同中的债务。结果就是，不良贷款急剧增加和全部或大部分银行系统总资本耗尽。与这种情况相伴而来的还有骤降的资产价格（如股票和真实房地产价格）因为在危机发生之前资产价值一路上涨达到最高点，同时期，实际利率急剧增加，资本流动放缓或逆转。尽管在一些情况下，危机的发生是由存款者挤兑引发的，但是在大多数情况下，我们普遍认为系统性重要的金融机构都难逃厄运。

Bordo, Eichengreen, Klbiel 和 Martinez–Peria（2001，4）将金融危机定义为"金融市场波动的时期，主要特点是金融市场参与者出现了严重的流动性或偿付性问题以及政府干预去控制这些问题。"

正文部分的定义涵盖了"如果政府没有实施显性或隐性的干预，市场没有预期，那么金融危机就会出现大规模的挤兑"的情况。反事实也正是这一点。在第 14 章中,我讨论了理解这样反现实的重要性。之前的一些定义是基于实证的,如不良贷款迅速增加或者政府大规模救助银行业的情形。正如上面讨论的,这些看起来是很实用的定义,但应用起来却很困难。但是为了理解这些事件的根本原因,我十分关注银行挤兑以及这些反现实。

第四章 流动性和秘密

银行的输出就是债务这样的观点是来源于 Diamond 和 Dybvig (1983) 和 Gorton 和 Pennacchi (1993 年 a) 的著作。Gorton 和 Pennacchi 承袭 Diamond 和 Dybvig 的基本观点,即交易发生的频率比在实际投资的跨度更短。Diamond 和 Dybvig 和 Gorton 和 Pennacchi 都认为债务的最优契约。但两篇文章对"流动性"有不同的理解。在 Diamond 和 Dybvig 认为,银行债务可以帮助人们进行跨时期消费。短期债务中不存在期间交易,因此也就没有价格。在这个模型中,如果人们想早点兑现,他们可以去银行取钱,而不需要写支票找其他代理人。Gorton 和 Pennacchi 认为债务被设计为无风险的,因此当选择中间时期交易时,了解更多信息的人不会比不知情者受益更多。在正文中讨论的,关于价格存在的原因,以及票面折扣的存在都是需要提前交易的。我们通过价格来反映这些理念。

文中提到的,债务被设计为"无隐情的"或"信息不敏感",这样的观点来源于 Holmström (2008) 的文章,并且 Holmström (2012 年) 进一步发展了这一想法。Dang,Gorton 和霍姆斯特罗姆 (2011) 同样也发展了这个理念,并认为债务是最能够满足交易目的的工具,可以"提供流动性。"主要的原因就是债务是"信息最不敏感"的,这意味着它减少了代理人使用私人信息愿望,导致逆向选择,同样也意味着冲击来临时债务可以更好的保证价值。这不同于"无风险"。Dang, Gorton 和 Holmström 认为"危机"是对市场冲击的反应，在这样的冲击下无隐情的债务变得信息敏感。这就使得人们害怕逆向选择，就是你在交易中可能会遇到一个更懂行情的对手，他会因此而从你这里获益。危机导致了交易量的下降，因为人们做空债券，或者发生逆向选择。无论哪种情况出现，都代表着危机的发生。

清算所

清算所在 1853 年起源于纽约市，它是伴随着支票的产生而建立的，在联邦储备体系存在之前一直是美国的银行系统中重要的一部分。清算所是美国银行业历史上不可或缺的一部分，因此在讨论银行问题时不涉及清算所是不可能的。最经典的著作来自 J. 坎农（1910a）和吉本斯（1859）。最近也有一些研究关于美国清算中心，包括 Timberlake（1984），Gorton（1984，1985b）和 Gorton 和 Mullineaux（1987）。Gorton 和 Huang（2003，2006）提出了一个理论，解释如何清算所工作。这些论文都强调了清算所在宏观调节方面的作用。

关于清算所贷款证明的一部分参见 J. Cannon（1910b）和 Redlich（1968）详细介绍了清算所贷款及其演变，同样乔治·S. 科的文章也有所涉及。这些内容参见第十七章的 Redlich。Redlich 在附录，第 424～447 页中也提到了科的生平。Swanson（1908a，1908b）讨论了 1860 年的危机中结算中心贷款的问题。

来源于定期证券借贷工具（TSLF）的内容将在下面讨论。

第五章　信贷激增和狂热

Minsky（1982）和 Kindleberger（2005）在其作品中都提到了金融

危机是信贷扩张的结果这样的想法。Gorton 和 Ordoñez（2011）提出的关于危机和信贷繁荣之间关系的模型。

Schularick 和 Taylor（2009）研究了 14 个发达国家在这一时期 1870 年至 2008 年的状况。他们的结论是："所有的数据模型表明，在危机发生的前五年的信贷繁荣都指示了金融危机的高风险性"（20）Schularick 和 Taylor 观察前五年的信贷情况，以不同的方式来衡量差异 erent 信贷（银行实际总资产，或银行实际贷款总额）。Laeven 和 Valencia（2008 年 9 月）认为信贷繁荣是"可以被定义为金融危机前三年私人信贷的每年平均增长量比每年 GDP 总量的数值超过 10%。"他们研究了在 1970 年至 2007 年里 42 个国家发生的危机，并得出结论：金融危机也经常伴随着信贷扩张，其中有 30% 的金融危机，在它发生之前，信贷迅猛增长。私人信贷的每年平均增长量比每年 GDP 总量的数值大概是 8.3%，在智利的例子中高达 34.1%。（19）

Demirgüç – Kunt 和 Detragiache（1998）找到了支持"银行危机发生前会出现信贷繁荣"这一想法的证据，Hardy 和 Pazarbaşioglu（1998）发现了有力的证据，证据显示在危机发生前，私人部门信贷呈现着出现泡沫以及泡沫爆破的过程。Gourinchas，Valdes 和 Landerretche（2001）研究了大量的信贷繁荣时期和发现在这种情况下发生银行危机的可能性更大。其他论文也有提到。

还有一个关于信贷繁荣定义的问题。有些作者认为信用繁荣的标准是用一个给定的年度百分比变化私人信贷占 GDP 的比例。其他作者研究了私人信贷相对的增长。不同的研究，参见 Demirgüç – Kunt 和 Detragiache（1998），Kaminsky 和 Reinhart（1999），Collyns 和 Senhadji（2002），Eichengreen 和 Mitchener（2003），Hume 和 Sentence（2009），和 Mendoza 和 Terrones（2008）。

墨西哥龙舌兰危机

我涉及墨西哥龙舌兰危机是要以其作为信贷繁荣导致危机的一个例

子。谈到这一危机,可以说的文献还有很多很多。例如,请见 Folkerts-Landau 和 Ito(1995),Gil-Diaz 和 Carstens(1996),Sachs, Tornell,和 Velasco(1996),Gil-Diaz(1998),和 McQuerry(1999)。

证券化

关于证券化的数据来自 2011 年 4 月 14 日 Tom Deutch 于住房金融服务委员会下属的资本市场和国家赞助公司委员会前所做的声明,以及联邦储备委员会《G19:消费者信贷》(2009 年 9 月),见 http://www.federalreserve.gov/releases/g19.htm。关于证券化的大体介绍请见 Gorton 和 Metrick(forthcoming a)和 Gorton 和 Souleles(2006)。

信贷繁荣和资产价格

看起来信贷繁荣和资产价格上升之间似乎有联系。Reinhart 和 Rogoff(2008b)观察了发达经济体的金融危机,发现这些样本有一个显著的相似之处,即在每次金融危机之前实际住房价格都会爬高。Hilbers,Lei,和 Zacho(2001)分析了七次银行危机并发现在所有这些案例中"住宅房地产价格急剧上升(平均来说,实际价格上升超过 20%),然后,在金融困境开始之前,其价格便开始下降(两年间下降超过 15%)。在那之后,不动产价格继续下降。一般来说,住宅房地产价格会总共下降 35%。在商业资产价格中有一个大体上相似的发展过程。"(29)。Reinhart 和 Rogoff(2008a,2009b)显示,发达经济体中自 20 世纪 70 年代中期以来,史上六次主要的银行危机都与楼市泡沫有关。他们证明了这一模式在很多新兴市场危机(包括 1997 年至 1998 年的亚洲金融危机)中同样能找到。在发达市场国家和新兴市场国家,房价下降的幅度大体相似。

不清楚的是，是银行的贷款助推了资产价格的上升呢，还是资产价格的上升另有原因，而银行只是给愈发有价值的资产贷款而已？Rajan 和 Ramcharan（2012）解决了这一问题——信贷可得性是否会导致资产价格的上升。他们研究了1917—1920年美国农产品价格的暴涨和崩盘。在国家层面，产品价格中外生变量的影响很大，因为不同国家生产的农作物不同。他们发现信贷可得性确实会导致土地价格的通胀。

早期的信贷繁荣

美国历史早期的故事经常讨论信贷和资产价格的关系。Hibbard（1965）和 Sakolski（1932）都对美国早期的土地繁荣进行了讨论。Hibbard 讨论了公共土地政策的历史；Sakolski 记录了早期与土地相关的价格暴涨的故事。

铁路

在美国的发展历程中铁路所起的作用一直是人们研究的课题。见 Jenks（1944），Chandler（1965），Fishlow（1965），Fogel（1971，1964）和 R. White（2011）。Chandler 认为铁路公司是一个现代的高效的公司形式。R. White（2011）是与 Chandler 对立的修正主义者。Fogel（1971）是辩解说铁路不是驱动19世纪美国经济腾飞的独一无二的必要产业的典型代表。铁路债券融资是否通过创造大量债务作抵押来助力经济增长的问题没被研究过，一部分原因是确定铁路还有多少没偿还的债务的事情更受关注。所以我们不知道，例如说，铁路债券对于金融交易或者保险公司的组合来说是否是一个高质量的抵押品。

20世纪20年代的佛罗里达土地繁荣

见 Frazer 和 Guthrie（1995），Vanderblue（1927a，1927b），Vickers（1994）和 E. White（2009）。

其他土地繁荣

Hoyt（1933）包含了 100 年芝加哥土地价格的数据。Van Dyke（1890）讲述了 19 世纪晚期加利福尼亚南部土地价格暴涨的故事。

拿走大汤碗

这一引用来源于 William McChesney Martin 的《商业：马丁时代》，时代周刊，1970 年 2 月 2 日。

第六章　危机的发生时间

代理人的信念或者期待是如何形成的，他们是如何决定到银行去挤兑的呢？可能有一个比上述问题简单的问题：他们的信念在什么时候是如何改变的？在正文中讨论的实验证据来源于 Gorton（1988）。Gorton（1988）对国民银行时代进行了研究，认为在一个经济体中，当人们收到关于某些已倒下的非金融企业的债务的信息时，这是衰退的一大征兆，他们就会去拥有那些企业债权的银行去挤兑。这一章的大部分的内容都是以这个研究为基础的。

也有一些关于某一具体银行的有趣研究，让我们一睹恐慌动力的浓烈。例如，见 Kelley 和 ÓGráda 和 ÓGráda 和 White（2003）。这些作者在研究 1854 年恐慌时，仔细检查了纽约市移民工业储蓄银行的详细记录。

中央银行时期的金融危机经验上也是与宏观经济的恶化和货币危机相关联的。例如，Demirgüç–Kunt 和 Detragiache（1998）对 1980—1994 年时期做了考察，"发现国民生产总值的低速增长、过高的实际利率和通胀率会显著增加发生我们样本中的系统性危机的可能性"（83）。也可参考例如 Kaminsky 和 Reinhart（1999）等。

前美联储时期

概况是由 Redlich（1968），Sumner（1896），O. Sprague（1910），Gorton（1988），Calomiris 和 Gorton（1991）和 Wicker（2000）提供的。这些来源，特别是 Wicker（2000），还谈到了下面列出的个别恐慌。同时，美国个别恐慌的不完整清单如下：

1837 年和 1839 年恐慌：见 McGrane（1924），Temin（1969），Rousseau（2002），Wallis（2005，2002）。

1857 年恐慌：见 Callender（1858），Gibbons（1859），Van Vlerk（1943），Huston（1983，1987），Calomiris 和 Schweikart（1991），Kelley 和 ÓGráda（2000），ÓGráda 和 White（2003）。

1873 年恐慌：见 Journalist（1873），Fels（1951）。

1884 年恐慌：见 Fels（1952）。

1890 年恐慌：见 Wirth（1893）。

1893 年恐慌：见 Lauck（1907），Stevens（1894），Warner（1895），Carlson（2005）。

1907 年恐慌：见 Andrew（1908a，1908b），O. Sprague（1908），Noyes（1909），Moen 和 Tallman（1992，2000，2010），Bruner 和 Carr

(2009)。

1914 年恐慌：见 O. Sprague（1915），Silber（2007a, 2007b）。

关于美国经济研究局经济循周期中 GNP 的下降、于 1920 年 1 月达到顶峰、于 1921 年 7 月触底，见 Romer（1988）。

后美联储时期

Gorton（1988）认为联邦储备系统的引进使得存款人的行为与国民银行时期相比从根本上改变了。关于联邦储备系统对利率的影响，见 Shiller（1980），Miron（1986）和 Mankiw, Miron, 和 Weil（1987）。

关于 20 世纪 20 年代的银行倒闭和大萧条，见 Calomiris（1990），Calomiris 和 Mason（1997, 2003），Wheelock（1992），Alston, Grove, 和 Wheelock（1994），和 Saunders 和 Wilson（1996）。

Ohanian（2010）强调了大萧条的奇异，但是因为别的原因。他认为大萧条比之前所有的恐慌都要更严重。

关于美国复兴银行公司，见 Sprinkel（1952），Nash（1959），和 Mason（2003）。

一家银行耻于去再贴现窗口，是众所周知的事情，但这大部分是基于轶事而得出的。如果这是个反事实，那么这就必然是这样的。也就是说，如果一家银行因为感到耻辱而不去再贴现窗口，那么我们就没法知道它们感到耻辱。然而，在 2007 年至 2008 年的金融危机中，我们有机会去衡量这一耻辱。见 Armantier, Ghysels, Sarkar, 和 Shrader（2011）。这些研究报告是银行愿意付出 37 个基点来避免去再贴现窗口的来源。

宾夕法尼亚－纽约中央运输公司

宾夕法尼亚－纽约中央运输公司是战后第一家违约的投资级的公

司，见 Kidwell 和 Trzcinka（1979）。在 1970 年 6 月 24 日至 7 月 15 日之间，未偿还的商业票据数额降低了几乎 10%，见 Stojanovic 和 Vaughn（1998）。也见 Calomiris（1994）和 Brimmer（1989）。

危机和衰退

我们将衰退的实际影响从金融部门的问题的影响中区分出来。金融危机是否使得衰退更为严重了呢？金融危机是否是更严重的衰退中内生的一部分？证据显示，严重的金融危机是与持久而严重的经济下滑相关的，还可能让经济下滑变得更严重。见 Reinhartand Rogoff（2009a）。

正式地表明国民银行时代的恐慌使得萧条更为严重是困难的。Grossman（1993）和 Jalil（2009）提供了一些证据。Grossman（1993）对国民银行时代做了研究，他总结到"国民银行时期银行的倒闭对整个经济活动有实质上的负面影响"（317）。Dell'Ariccia、Detragiache，和 Rajan（2008）通过分析 1980 年至 2000 年来自 41 个国家的平行数据也得到了这一结论。识别的策略基于这样的观点——对银行融资更为依赖的行业在银行危机发生后受到的伤害更大。他们发现就是这样的。另外一个有趣的研究是 Peek 和 Rosengren（2000），他们的研究显示债权人是日本银行的美国企业在危机中会受到影响。

关于后美联储时期，见 Bernanke（1983）和 Cerra 和 Saxena（2008）。Bernanke（1983）研究了大萧条。Cerra 和 Saxena（2008）分析了多国在大型负面冲击之后的恢复情况。他们对 1960 年至 2001 年 190 个国家的情况做了研究，发现产出的大量下降与金融危机是相关的。但是其严重性和持续性是否是金融危机所导致的则还是一个开放性问题。我们不知道详细的关于影响发生作用的途径的信息。还有，我们难以分清发源于金融部门的危机的损失究竟是由于对中央银行、政府等可能介入金融部门的机构的介入的不确定而产生的，还是由于对政府可能介入之后的影响而产生的。

第七章　脱离历史的经济理论

斯通图在 Stone（1963）中被首次适用，在斯通的诺贝尔奖获奖演讲（Stone［1997］）中再次被使用。

我对于现代宏观经济学发展历程的总结是相当简短的。Lucas 和 Sargent（1981）和 Miller（1994）在理性预期革命文学中收集了很多学术论文。Chari（1998）对 Robert Lucas 的作品进行了概述。Greenwood（1994）总结其方法论。

关于菲利普斯曲线，见 Fuhrer（1995）。

在宏观经济学中，用于分析的时间序列较短是普遍的问题。在 Kydland 和 Prescott 之后研究员通过研究 1941 年至 1996 年共 55 年的事情，更新了陈旧的经济周期事实，例如 Stock 和 Watson（1999）。

第八章　危机期间的债务

萨福克银行体系

在南北战争之前，波士顿的萨福克银行在东北部扮演着准中央银行的角色。关于萨福克银行体系，见 Whitney（1878），Lake（1947），Mullineaux（1987），Calomiris 和 Kahn（1996）和 Rolnick, Smith, 和 Weber（1998）。

债务和危机的法制史

我对债务和危机法制史的介绍非常简短。虽说不会改变正文的基本概述，可以回顾的案件还有很多。例如，为了正文的简洁，我遗漏了另一个重要的案例，这个案例来自南卡罗来纳州，被称作"银行案"。南卡罗来纳州不是一个实行自由银行制度的州。在南卡罗来纳州的银行许可证中没有规定暂停兑换宽限期的条款。1837年5月18日南卡罗来纳州的银行暂停了硬币的兑换，并持续到1838年9月1日。然而，在1839年10月至1840年7月21日，银行再次暂停了兑换。1840年，州立法会通过法案，要求所有暂停兑换的银行要上交州政府罚金，罚金是所有流通在外的未偿付票据的5%。法案还要求银行每月汇报它们的情况，允许总货币监理官审阅这些报告。否则，银行将会失去其许可证，不得不关闭其业务。Clark（1922）描述了接下来发生的事情：

除了乔治城银行外，州里所有的银行都在1837年5月至1838年9月之间暂停了兑换。查尔斯顿的5家银行在839年10月到1840年7月期间暂停了硬币的兑换。在这5家银行中，3家银行接受了法案的条款，避免了因该条款而被没收许可证。根据上述提到的法案中的条款，首席检察官代表本州对所有违法的银行开始进行诉讼。该判例案件被称作南卡罗来纳州诉南卡罗来纳银行。我们将会看到，这个案子剑指当时南卡罗来纳州最老也许也是最著名的银行。在1801年前，正是这家银行发行票据并使它们得以流通，当时这家银行参与了查尔斯顿的银行业务，其被那些后来成为了其合并者的那些高层管理人员管理着。（152）

这一案件的历史在 Clark（1922）和 Lesesne（1970）中有所讨论。此案紧接着法案的颁布而发生，被看作是十分重要的，以至于南卡罗来纳州命令出版审判笔录；见 South Carolina Court of Errors（1844）。

利文斯顿规则

对于我来说，利文斯顿案是对危机中银行不应被清算的观点的第一次清晰的表现。它将危机定义为全面停止兑换发生的一个事件。我第一次读到利文斯顿诉纽约银行案是在 Hammond（1957）。实际上，我第一篇出版的文章是试图理解利文斯顿案的一次尝试，虽然我并没有在文章中提到这个案件——可能我应该提到它。见 Gorton（1985a），题为《论银行暂停兑换》。Hammond 只在一个段落中提到了此案，但他显然认识到了此案的重要性：

传统上或原则上说，一个公开断然拒绝履行偿债义务的债务人是应受处罚的，有证据让我们一定程度上相信立法者接受了这一原则。然而，法庭却持有不同的看法。在所有的银行都统一行动时，法庭不认为拒绝支付硬币是银行没有偿还能力的一个证据。这相当于就是从司法的角度承认——银行钞票是钱而不再只是用来处理债权人和债务人之间权利义务关系的本票，这一事实是在长期实践中建立起来的，被除了最保守的商人、平均地权论者和顽固的理论家之外的所有人所接受。（693）

Bolles 在其详尽的《论现代银行业规则》（1907）中对费里诉银行案做了如下总结：

暂时的无力拿出钱来履行银行的义务并不意味着银行没有偿还能力。由于银行将其大部分存款都贷出去了，则会有银行无法立刻用现金偿付的时候。如果它们明智地放贷，贷款到期时很可能会偿还，则存款人和股东们都不会遭受损失，此时放贷的银行不是没有偿还能力的。（794）

另一个例子是 Zane（1900）。

银行有无偿还能力

Braver（1936）提供了一个对法制史的概述。Bliss 和 Kaufman（2007）将美国公司破产程序与银行破产程序进行了对比。也见 Hüpkes（2005）。

大萧条时期的银行假期

大萧条时期的银行假期以及随后的立法在几乎所有关于大萧条历史的书中都有描述，例如 Preston（1933）。也可参考《1933 年紧急银行救助法案》，美国详细法律条文（第 73 届国会，1933）。

罗斯福总统的炉边讲话在 Silber（2009）中有谈及。

Lourie（1943）和 Bishop（1949）讨论了与敌贸易法。

联邦储备法案第 13 条第 3 款

见 Fettig（2008）和 Mehra（2010）。

州的债务延期偿付

Coleman（1974）展示了债务人和债权人在美国的互动历史，讨论了保留法的历史。

Alston（1983，1984）和 Wheelock（2008a，2008b）讨论了大萧条时期美国农民的状况。Feller（1933）给出了延期偿付的历史，在附录中给出了关于延期偿付的美国立法列表。Prosser（1934），Rogers（1933—1934），和 Amundson 和 Rotman（1984）聚焦于明尼苏达州。

Amundson 和 Rotman（1984）也简要讨论了一下 1983 年明尼苏达州抵押贷款的延期偿付。Knapp（1983）给出了最近立法方面的更多信息。Skilton（1943）对 1933 年后的延期偿付进行了讨论。Rogers（1933—1934），Levy（1997—1998）和 Roots（2000）讨论了相关的法律问题。

Spector（2008）讨论了美国布莱斯德尔案判决的影响，判决是在阿根廷危机时期做出的。

第九章 平稳期及其结束

传统银行模式的衰落已被很多人写过了，这方面的著作很多。但还是很难将来自银行业外部的竞争的影响与解除管制的影响拆分开。这是可以研究的一个话题。

传统银行模式的变化

Berger, Kashyap, 和 Scalise（1995）详细地记载了美国受监管的银行业所发生的变化。对其变化做出了如下总结："实际上，在过去的 15 年之间，美国银行业的所有方面都发生了巨大的变化"（55）。

他们将 20 世纪 80 年代和 90 年代前五年描述成"毫无疑问的自大萧条以来美国银行业史上最混乱的时期"（57）。1992 年 D'Arista 和 Schlesinger 也观察到了这些变化，写道："过去 20 年来，美国银行体系已被多功能金融寡头的扩张与不被规制的平行银行体系的出现重塑了。与证券化等强大的趋势一道，这些事件已经破坏了 60 年前由新交易法案所建立起来的严格划分的信贷市场和资本市场秩序"（1992，2）。在很多其他文献中，也可参考 Bryan（1988），Barth, Brumbaugh, 和 Litan（1990, 1992），Boyd 和 Gertler（1993, 1994）和 Edwards 和 Mishkin

（1995）。

　　银行业的变化大多是受非银行业竞争者的创新所刺激的。关于货币市场共同基金的增长，见 Cook 和 Duffield（1979）和 Gorton 和 Pennacchi（1993b）。关于银行资产负债表的资产一侧也有竞争者，亦即商业票据和垃圾债券。关于垃圾债券，见 Taggart（1988），Perry 和 Taggart（1988），Loeys（1990），Benveniste，Singh，和 Wilhelm（1993），和 Molyneux 和 Shamroukh（1996）。文中关于垃圾债券增长的数据来自 Taggart（1988）和 Perry 和 Taggart（1988）。Benveniste，Singh，和 Wilhelm（1993）提供了证据证明垃圾债券与银行贷款之间是替代品的关系。关于商业票据，见 Post，Schoenbeck，和 Payne（1992），Hurley（1977），Becketti 和 Morris（1992）和 Calomiris，Himmelberg，和 Wachtel（1995）。

　　银行对这些变化做出回应，回报率只在20世纪90年代早期回到了解除管制前期的水平。见 Humphrey 和 Pulley（1997）和 Keeley 和 Zimmerman（1984）。来自于垃圾债券和货币市场共同基金的竞争，以及解除管制（例如，解除利率上限的管制），使得银行特许证的价值贬损，进而导致银行增加风险和减少资本。这在 Keeley（1990），Gorton 和 Rosen（1995）和 Demsetz，Saidenberg，和 Strahan（1996）中有记录。

　　对银行的管理也在这一时期发生了巨大的变化。Berger，Kashyap，和 Scalise（1995）总结了这些改变。

　　银行对于传统银行经营模式的没落做出的一个回应是证券化的创造。关于证券化，见 Gorton 和 Souleles（2006）和 Gorton 和 Metrick（forthcoming a）。银行，包括被管制的存款机构和其他金融机构，创造了资产抵押债券的供给。Pozsar（2011）描述了机构财富管理的兴起是如何导致资产抵押债券需求的产生的。关于机构投资者的兴起，见 Fender（2008），Gonnard，Kim，和 Ynesta（2008）和 Davis 和 Steil（2001）。

在过去的25年间，美国非金融机构所持有财富的数额急剧增加。文中"从1980年至2006年，美国工业企业现金与资产比率从10.5%增加到23.2%，翻了一番还多"来源于Bates，Kahle，和Stulz（2008）。也可参考Foley，Hartzell，Titman，和Twite（2006）。

影子银行的发展

想了解更多关于影子银行的发展的信息，可以查阅Gorton（2010）和Gorton和Metrick（2010b）。他们还论述了回购市场的规模。

"'平稳期'很大程度上是因为银行监管的设计和存款保险的出现"这个观点是和20世纪70年代后期和80年代初期的特许权价值下降有密切联系的。特许权价值无法观察到的，因此它下降的证据在某种程度上是间接的。对于"平稳期"实际上还需要更多的研究。

金融创新

想了解更多关于回购的发展的信息，可以查阅Garbade（2006）；关于GCF回购，可查看Fleming和Garbade（2003）；关于破产法的演变，可查看Krimminger（2006）；证券化过程中的特殊目的公司结构创新在Garton和迈特里克Metrick的书中也有谈论（forthcoming a）。

第十章　道德风险与大而不倒

马库斯（Marcus）指出，银行业中的道德风险在银行租赁价格足够高的时候并不会发生。也就是说，"股票持有者得利的时候正是政府遭受损失的时候，因此面临了更多的风险"，但当破产使得银行家失去了珍贵的垄断利润许可——即银行执照——时，前述的这种逻辑也就发生了改变。从经验上讲，想要找到道德风险在银行运行当中是种普遍的现象的证据也是很难得。一些对于 S 和 L 危机的研究声称找到了一些证据，但是即使在这两个危机当中，关于这些证据是否和阿克罗夫和罗默（Akerlof 和 Romer，1993）所形容的"乘火打劫"——或"道德风险"相关。因此一个过去的 25 年里人们认作是事实的观点——即"道德风险"——似乎是长在一双摇摇晃晃的经验的脚上的。

全球的存款保险制度

在前文，我提到已经有许多人研究了全世界的存款保险制度。可以翻阅 Demirguc – Kunt 和 Detragiache（1998），Laeven（2002），Demirguc – Kunt（1992a），Demirguc – Kunt 和 Kane（2002）和 Demirguc – Kunt，Kane，和 Laeven（2008）。

早期的存款保险体系

早在 20 世纪早期的存款保险计划之前，美国就存在内战前的州存款保险方案的经验。这其中包括了纽约安全基金系统（New York Safety Fund System）；详见 Chaddock（1910），及 Calomiris（1990）和 Weber（2010）。

20 世纪的州保险计划大多在美国中西部实施且反映了美国历史上最大的群众运动平民主义运动的影响（详见 Goodwin [1978]）。堪萨斯市国家清算所的信息来源于 Kniffin（1916，329 和 159）。

伊利诺伊大陆银行

联邦存款保险公司（FDIC）1981 年到 1985 年的主席威廉·艾萨克

（William Isaac）在他给众议院的演讲当中指出，伊利诺伊大陆银行将会引起其他更广泛的银行挤兑。（Isaac 1984）。沃尔克（Volcker）关于大陆银行应当被政府救市的观点在 Volcker（1984b）当中提及。同时可参见 Volcker（1984a）。

救助伊利诺伊大陆银行是 Swary（1986）和 Wall 和 Peterson（1990）的主题。想了解更多关于"大而不倒"的信息，参见 Laufman（1985），O'hara 和 Shaw（1990）和 Morgan 和 Stiroh（2005）。

政府对大陆银行的接管发生在 1984 年。7 年之后，该银行被出售给美洲银行。原来的股东损失了一切；但债权人和优先股股东却没有损失。FDIC 损失了 16 亿美元。参见 Isaac（2009）。

1884 年和 1890 年的恐慌——清算所救助银行

关于在 1884 年和 1890 年的恐慌中纽约市清算所救助银行的观点来自 Wicker（2000）。R. Barnett（1884）讲述了 1884 年发生的事。还可参见 O. Sprague（1910）。其他同时代的材料还有 Coe（1884），H. Cannon（1884），和 New York Clearing House Association（1884）。

1907 年的恐慌

Wicker（2000）也论述了 J. P. Morgan 和无须救助尼克伯克信托公司（Knickerbocker Trust）的决定。1907 年的大恐慌在 O. Sprague（1910），Wicker（2000），Bruner 和 Carr（2009）和 Moen 和 Tallman（1992）中都有论述。Neal（1972）论述了 19 世纪后期信托公司的崛起。当时，信托公司是影子银行的一种。

第十一章 银行资本金

银行资本的北京由 Morgan（1992）提供。

美国 1993 年银行法案要求监管者考虑"资本结构的充足性"，但直到 1982 年也无意实行外在的资本要求。以风险为基础的资本要求在 1990 年生效，而 1991 年通过的联邦存款保险公司改进法（the Federal Deposit Insurance Corporation Improvement Act，FDICIA）则明确要求监管者强迫银行服从监管。相似的趋势在全球范围内都在发生。Keeley（1988），Morgan（1992），Baer 和 McElravey（1992），Gilbert，Stone，和 Trebing（1985）都论述了资本标准的历史。

1988 年，G10 国及瑞士、卢森堡的银行监管者们协调了他们的政策，将关注的重点放在对风险资本的要求。这就是所谓的"巴塞尔协议"。详见 Committee on the banking Regulations 和 Supervisory Practices（1987），Kapstein（1991）。Wagster（1996，1999）调查了巴塞尔标准对银行的影响。Goodhart（2001）研究了 1975 年到 1997 年巴塞尔委员会的历史。

另外，还有一些论文关注于资本要求的影响，比如 Keeley（1988），Baer 和 McElravey（1992）以及 Gropp 和 Heider（2010）。Gorton，Lewellen，Metrick（2011）讨论了最近的金融危机的背景下的资本比率（Capital Ratio）。

Diamond 和 Rajan（2000）和 Gorton 和 Winton（2000）论述了银行资本的理论。

我第一次看到的表明 1834 年以来资本比率的下滑的图表来自于 Berger，Herring，和 Szego（1995），我就在怀疑为什么包括在世界其他各国，资本比率都是一个下滑的趋势。但是仍然需要有研究进一步解释这一现象。表明世界各国的资本比率都在下滑的图表来自于 Grossman（2007），他的论文同时还指出了一些可能的原因。Brewer，Kaufman，和 Wall（2008）调查了更近的一段时间内世界各国的银行资本比率。

有人认为银行资本比率的长期下滑来源于技术革新，但是这一观点还没有得到正式的研究。银行业技术进步的许多方面都有助于解释资本比率的下降。我在这儿只指出其中一些。详见 Redlich（1952）关于 1780—1914 年银行管理的发展的内容，Carter（1992）论述了 1863 年到 1913 年银行流动性和自由裁量的准备金管理的发展。Premdergast（1906）则研究了信贷分析的发展史。正如他所说的："在过去十年，银行和企业的信贷员对信贷的研究表现了极大的兴趣"（v）。除此之外，他论述了信贷部门的作用和信息的来源，以及信息的共享，他写道："互换信用情报是信贷经济的一个最新的重大进展"（203）。关于技术进步的其他思考与讨论方面包括了银行破产法的发展——这使得债务的追收更加便利，以及会计方法的发展等。还有许多银行业技术革新的其他思考与讨论方面，我在这儿只是举出了它们当中非常小的一部分，并不能囊括全部的研究。

第十二章　有权有势的人，危机的成本以及金融危机的矛盾

亚洲金融危机期间的印度尼西亚

作为亚洲金融危机的一部分，印度尼西亚的危机是发生在 30 年的持续增长后的。这场危机极具破坏性，同时也是现代危机成本的一个最佳例子，尽管——如果我们能更精确地计算成本的话——我猜测日本的

与危机相关的长期经济停滞带来的成本更高。关于更多亚洲金融危机中的印度尼西亚的经历可以参见 Enoch，Baldwin，Frecaut，和 Kovanen（2001），Hill（1999），Batunanggar（2002），Friend（2003），Djiwandono（2005）等。

危机成本

至少对于很大一部分的国家发生的金融危机，目前为止没有一个很好的方法可以测量他们的危机成本。危及成本的相关文献着眼于将财政的总成本和产出的减少作为衡量"成本"的指标。但正如我在正文当中所论述的，这两种测量方式在理论和实践操作上都是有问题的。然而，由于缺乏别的更好的测量方式，研究者们只能采用这两种方法。另外，在测量危机成本方面，还有一些其他思考与讨论的问题。测量的前提是界定危机开始和结束的时间，其中确定危机结束时间尤为困难。许多文献就论述了这些问题。

在正文的条形图中，我用总财政成本占 GDP 的比重和产出的损失占 GDP 的比重来表示危机的成本。这些条形图的数据来源于 Laeven 和 Valencia（2008），他们的数据最为广泛。李文（Laeven）和 Valencia（Valencia）解释道：

我们所计算的是危机发生后五年内的总财政成本，数据来源于 Hoelscher 和 Quintyn（2003），Honohan 和 Laeven（2003），《国际货币基金组织职员报告》（IMF Staff Report）以及各国政府和机构的出版报告。根据危机前一年的实际 GDP 的走势推断若危机没有发生的趋势实际 GDP（trend real GDP），并将危机的四年内（包括危机发生的那一年）的真实的实际 GDP 和趋势实际 GDP 的差求和，作为产出的损失。另外，最小实际 GDP 增长率指的是危机的三年间的最低实际 GDP 增长率。(6)

其他思考与讨论的研究在计算危机成本上方法相同，但是几乎所有的研究都是根据世界银行（World Bank）的数据，因此与上述研究最大的不同就在于对于"产出损失"的定义。Hoggarth，Reis，以及 Saporta（2001）发现，在危机期间的累积产出损失是很大的，估计平均年损失GDP15%～20%。他们研究了 Caprio 和 Klingebiel（1999）和 Barth，Caprio，和 Levine（2000）报告的 24 年的危机。Hoggarth，Reis 和 Saporta（2001）写道：

我们发现，危机期间的累积产出损失是很大的，平均年损失GDP15%～20%。与过去的研相比，我们还发现，平均来看，危机期间发达国家损失的产出和新兴经济体一样多，甚至比新兴经济体还要多。此外，与没有在危机期间发生严重银行问题的相邻国家相比，发达国家在危机期间损失的产出显得非常大，占到了年 GDP 的 10%～15%。

在正文当中，我提到了将危机发生国与发生了经济活动下滑但没有银行危机的相似的邻国进行比较的想法。这个想法来源于 Hoggarth，Reis，and Saporta（2001），这篇论文就使用了这样的方法。

还可参见 Boyd，Kwark，和 Smith（2005）。

社会、医疗和精神成本

上述这三种成本更难以度量，但同时也非常重要。相关论文参见 Currie 和 Tekin（2011），Hurd 和 Rohwedder（2010），以及 Deaton（2011）。柯里（Currie）和德（Tekin）收集了严重受到取消赎买抵押权冲击的三个州的急诊病房到访人数和出院人数。他们发现，在亚利桑那州、弗罗里达州和新泽西州，接近取消赎回产权的区域里，因焦虑和自杀倾向而就诊的案例比其他地区要高，高血压和其他身体疾病的发病率也相对较高。相比白人，这样的结果在黑人中更为明显。Hurd 和 Rohwedder（2010）使用调查数据发现，2008 年 11 月到 2010 年 4 月间危机的影响更加广泛。根据调查，人们对于未来很悲观。相似的，Deaton（2011）发现：

在2008年秋季——大约在雷曼兄弟倒闭的时候，以及在2009年的春天——股票市场处于最低谷的时候，调查显示美国人的生命预期发生了急剧下降，忧虑急剧增加，积极的心态也大大减少。到2010年年末，尽管高失业率仍在持续，这些指标都有很大的恢复，尽管相比2008年1月，忧虑仍然更多，生命预期更低。

损失的来源：美国储贷银行危机（S & L）的例子

关于美国储贷危机的文献有非常多。在我看来，这些文献当中最好的是两本书：Black（2005）和 Pizzo, Fricker, 和 Muolo（1989）。排名第三位的是 Akerlof 和 Romer（1993）这篇论文。Curry 和 Shibut（2000）对储贷危机的清算成本进行了估计，而 Seidman（1993）则从一个监管者的视角来探讨这一危机。赛德曼（Seidman）是储贷危机时期联邦存款保险公司的主席。还可参见 Kane（1989）和 Barth（1991）。

财政成本和危机是如何解决有关——这一概括性的观点在 Dziobek 和 Pazarbasioglu（1997），Frydl（1999），Hoggarth, Reis, 和 Saporta（2001），Honohan 和 Klingebeil（2003）当中都有所论述。还可参见 Kaufman（1985）和 Kaufman 和 Seelig（2002）。

亡羊补牢：对待危机时的政治问题

举个例子，在新兴市场国家，倒闭的银行不大可能在选举前被政府接管。这个观点来自于 Brown 和 Dinc（2005）。还可参见 Brown 和 Dinc（2011）。在一篇经典的论文当中，Caballero, Hoshi, 和 Kashyap（2008）给出了日本政府对危机忍耐所产生的影响的例子。另外，政治干预也是一个问题:"在 Caprio - Klingebeil 数据库的银行资不抵债的 86 个例子里（1980—1994），至少有 20 个存在'裙带关系（Cronyism）'——即过多的政治干预——是与借贷或其他思考与讨论类似行为相关的"。而草率的金融自由化也可能引起问题，参见 Caprio（1998）。Laeven 和 Valencia（2008）写道：

> 现有的经验性研究显示，给银行以及他们的借款人提供帮助会适得其反——造成银行更多的损失，银行常常滥用政府对他们的容忍态度，而以牺牲政府利益为代价进行徒劳的冒险。容忍的一个典型结果就是银行净值产生了一个更深的洞，严重增加了救助银行的税收负担，甚至产生比没有这种容忍政策时还要更糟糕的信贷供给收缩和经济下滑。

更多关于这种容忍政策的经验性证据，参见 Demirguc - Kunt 和 Detragiache（2002），Honohan 和 Klingebiel（2003）和 Claessens, Klingebiel, 和 Laeven（2003）。比如，Batunanggar（2008）就写道：

> 采取快速而果决的行动重构银行体系的困难，加上政府的政治干预，使得银行危机的解决无效且成本更高 [De Luna - Martinez（2000），Batunanggar（2002 和 2004）]。对问题严重性的认识不足或迟延解决方式总是增加了牵涉的矛盾和成本。（Sheng, 1992）。另外，在印度尼西亚的例子当中，Batunanggar（2002 和 2004）发现，缺乏金融安全网络、危机管理框架及指导以及政治干预都是这种缺乏效率的、延长的、成本高昂的银行危机解决方式的原因。（原文的引用）

和这个话题相关的著作还有 Alesina 和 Drazen（1991）和 Rodrik（1999）。

危机的好处？

允许经济随着时间愈加脆弱是可能存在好处的，还是政府永远应当对防止信贷激增有所作为？这个问题的另一个表述是，金融自由化和金融创新是不是比金融抑制更有助于经济增长？在 Ranciere, Tornell, 和 Westermann（2008）中提出了这个问题。他们认为以下情况可能性很大：

在一个金融自由化的国家，系统性风险的产生减少了有效资本成本，并放松了借款约束。只要冲击没有发生，金融自由化都促成了更多的投资和经济增长。当然，当一个冲击确实发生了，金融中介忽然倒闭的短期影响是非常巨大的。

Gorton 和 Ordonez（2011）构建了一个信贷激增的正规模型，该模型显示信贷激增最容易滋生金融脆弱性和危机。我们只是对这个重要的话题知之甚少。

第十三章 2007—2008 年的恐慌

更多关于 2007—2008 年的恐慌的细节，可以参见 Bernanke（2009, 2010）、国际清算银行的年报（Annual Report, 2009）、Brunnermeier（2009）、Gorton（2010），Gorton 和 Metrick（2010a, 2010b, forthcoming b）、Hordahl 和 King（2008）、Krishnamurthy（2010）以及其他许多文献。Wessel（2010）对危机进行了一个描述。Gorton（2010）和 Gorton 和 Metrick（2010b, forthcoming b）对回购的挤兑提供了一个经验性的描述。Covitz, Liang, 和 Suarez（2009）描述了资产支持商业票据市场的挤兑。

因为相关方面的数据非常的贫乏，我们对于这场危机的许多方面并不了解。非常不幸，数据没有被收集，或者也不可能被收集，否则也许我们能够对这张危机了解更多。

对于回购市场规模也存在着许多估计，但是也都仅限于估计。Gorton 和 Metrick（forthcoming b）对此有所论述。考虑到挤兑集中在一小部分公司——自营商银行——也许一场危机的发生并不需要很多的回购协议。但我们并不确定。另外，尽管我们在相当的程度上知道交易行容易受到回购的损害，然而我们却对每个银行具体发生了什么几乎一无所知。一个信息来源是金融危机咨询委员会（Financial Crisis Inquiry Commission）进行的采访调查，可以从网上找到该信息：http://cybercemetery.unt.edu/archive/fcic/20110310171826/http://fcic.gov/resource/interviews。

然而，还有其他的证据能够帮助确认回购挤兑的基本情况。一些这样的证据来源于对定期证券借贷工具（Term Securities Lending Facility，TSLF）的研究。TSLF是美联储危机时期使用的一种设施，实施于2008年3月11日，专门用于解决交易行的ABS问题——即ABS的抵押作用难以为继。这种抵押品的估值折扣（haircut）在增加。需要注意的是，回购的"剃头"意味着钱从银行取出。TSLF的特殊之处在于交易行可以机构债——ABS或投资级的公司债——向美联储借出美国的长期国库债。美联储的其他思考与讨论设施是将抵押物换取现金。TSLF是唯一的一种将一种债券兑换为另一种债券的设施。Fleming, Hrung, 和 Keane (2010a, 2010b) 和 Hrung 和 Seligman (2010) 都描述并分析了TSLF。

Hrung和赛里格曼Seligman关注的是TSLF国库债与私人债之间的兑换这一特点。但是他们同时记录了各式改变经济体中的国库券的总量的借贷项目。他们的主要发现在于，由于TSLF的实行所造成的抵押物的增加缩小了联邦基金利率和回购利率的差额。换句话说，它通过用高质量的抵押物交换低质量的抵押物，有助于缓解交易行的压力。

另一种证据是由Beltratti和Stulz（forthcoming）提供的，他们从30个国家的大银行中选取了两个样本，一个样本包含资产超过500亿美元的165家银行，而另一个样本则包含资本超过100亿美元的386家银行。这些银行中的大多数都是全能性的银行——也就是说，他们将存款业务和经纪自营业务相结合，比如摩根大通或花旗银行。他们分析的时期是2001年7月1日到2008年12月31日。这篇论文得到了很多发现，以下是其中的一个小结："我们的发现与'糟糕的银行治理使得危机更加严重'这一观点相左，但同时对'依靠短期资本市场融资的银行更具脆弱性'这一观点呈支持态度。"

在正文中，我关注的是两个交易者私下地订立契约的双边回购市场。回购市场的一个更小但同时也非常重要的部分是三方回购市场，在该市场中存在着一个中介，即第三方银行。可参见Copeland, Martin, 以及Walker（2010）。Copeland, Martin, 以及Walker（2010）发现，第三方银行并没有相继增加剃头；相反地，存款者的撤资反倒出现了直线下跌。还可参见Duffie（2010）。

商业银行资产负债表扩大的数据来源于He, Khang, 和Krishnamurthy（2010，118）。这篇论文还有其他思考与讨论有意思的发现。总的来说，他们发现，大量使用回购融资的"部门——尤其是对冲基金和中间—代理业务部门——都减少了他们持有的资产，而能够得到更多稳定的资金来源的商业银行部门则增加了资产的持有。"

在论述危机的教训时，我论述了中央银行的角色，而还有非常多的文章论述这一话题。一些有意思的著作包括Flandreau 和 Ugolini（2011）和Bignon, Flandreau, 和Ugolini（2012）。要评估这次金融危机中中央银行的干预无疑需要很长的时间，但相关的话题可参见Tucker（2009），Madigan（2009），以及Goodhart（2010）。

第十四章　看的理论与实践

Gorton（1988），Calomiris 和 Gorton（1991），Donaldson（1992）和 Grossman（1993）都研究了国民银行时代。

信息和观点的形成

经验上,我们对于人们的观点是如何形成的还知之甚少。在了解和测度观点的问题上,我思考的一个例子是我和 Ping He(Gorton 和 He 2008)。那篇论文研究了产生很多均衡解的无数次重复博弈,结果取决于经纪人的观点。论文中的"经纪人",指的就是银行。银行的观点决定于别的银行的观点,而银行对别的银行的观点的观点又取决于现在和过去的信息。作为一个理论性的论文,它对于政策并没有多大关系,因此理论上讲,一个人可以通过某种方式逼进均衡解。但是如何做呢?我们对于观点是如何形成的还缺乏了解。

相反地,我们经验上地决定了均衡,也就是说,既然银行针对他们对手的观点所形成的策略是由公共信息决定的,那么通过将这种公共信息参数化,我们可以来"检验"这个模型,然后我们就可以用这种测量结果来代表观点。换句话说,我们观察了银行可得的信息,并据此推理出实际上这正是银行为了形成他们的观点而观察到的信息。接着我们根据模型,构建了一个观点的代理参数。我们发现,美国银行信用卡贷款、商业和工业贷款以及银行的收益都与模型所预测的相同。银行信用周期是一个系统性风险。另外,我们还发现,与上述结果相适应的,我们的观点代理参数——我们把它叫做行为区别指数(Performance Difference Index,PDI)——是银行股权回报的资产定价模型中的一个价格因素。更重要的是,PDI 也同时是非金融部门的一个价格因素,而且随着企业的规模减少,它的作用就更明显。

我们得出的结论是,"观点"是可以通过经验的方法研究的。找到一个合适的观测环境并不是那么容易,而且研究的重要一步就是猜测什么样的信息被用于形成观点。但是你仍然可以发现一个对于政策毫无帮助的模型——有着多重均衡解的模型——也可以是有用的。通过它,监管者可以了解信息环境的何种变化将会帮助防止模型中发生的信贷收缩。

但是其他思考与讨论的一些分析途径也蕴含着丰硕的成果。调查可能起到非常重要的作用。例如，Case 和 Shiller（2003）用调查来尝试对房价是否存在泡沫下定论。对文字的分析也非常有用。Tetlock，Saar–Tsechansky，和 Macskassy（2008）量化了金融方面的新闻报道的语言，他们分析表明了这样一个对语言的量化性的测量是如何能够预测单个企业的账面所得和股票收益的。还可以参见 Tetlock（2007）。

经济运行当中，信息的生产是如何组织的，以及信息的生产是否影响了观点的形成，这些问题都逐渐得到了经验上的探索。Gomes, Gorton，和 Madureira（2007）显示了采用证券交易委员会（Securities 和 Exchange Commission）的一个特殊的规则是如何导致股票分析师离开小企业，发生内在的再分配的。小企业最终产生了更高的资本成本。